A MAIS BREVE HISTÓRIA DA EUROPA

A MAIS BREVE HISTÓRIA DA EUROPA

UMA VISÃO ORIGINAL DAS FORÇAS QUE MOLDARAM O NOSSO MUNDO

JOHN HIRST

SEXTANTE

Título original: *The Shortest History of Europe*
Copyright © 2012 por John Hirst
Copyright da tradução © 2018 por GMT Editores Ltda.

Todos os direitos reservados. Nenhuma parte deste livro pode ser utilizada ou reproduzida sob quaisquer meios existentes sem autorização por escrito dos editores.

TRADUÇÃO: Fernanda Abreu e Paulo Geiger
PREPARO DE ORIGINAIS: Ângelo Lessa
REVISÃO: Ana Grillo, Hermínia Totti e Luis Américo Costa
DIAGRAMAÇÃO: Ana Paula Daudt Brandão
CAPA: Estúdio Insólito
IMPRESSÃO E ACABAMENTO: Cromosete Gráfica e Editora Ltda.

CIP-BRASIL. CATALOGAÇÃO NA PUBLICAÇÃO
SINDICATO NACIONAL DOS EDITORES DE LIVROS, RJ

H573m

Hirst, John (John Bradley), 1942-2016
A mais breve história da Europa / John Hirst ; [tradução Fernanda Abreu, Paulo Geiger]. - 1. ed. - Rio de Janeiro : Sextante, 2023.
272 p. ; 21 cm.

Tradução de: The shortest history of Europe
ISBN 978-65-5564-615-3

1. Europa - História. I. Abreu, Fernanda. II. Geiger, Paulo. III. Título.

23-82323

CDD: 940
CDU: 94(4)

Meri Gleice Rodrigues de Souza - Bibliotecária - CRB-7/6439

Todos os direitos reservados, no Brasil, por
GMT Editores Ltda.
Rua Voluntários da Pátria, 45 – Gr. 1.404 – Botafogo
22270-000 – Rio de Janeiro – RJ
Tel.: (21) 2538-4100 – Fax: (21) 2286-9244
E-mail: atendimento@sextante.com.br
www.sextante.com.br

Sumário

Introdução 7

HISTÓRIA MAIS BREVE

CAPÍTULO 1 Europa clássica e Europa medieval 11
CAPÍTULO 2 Europa moderna 35
INTERLÚDIO O toque do clássico 61

HISTÓRIA MAIS LONGA

CAPÍTULO 3 Invasões e conquistas 73
CAPÍTULO 4 Formas de governo I 91
CAPÍTULO 5 Formas de governo II 109
CAPÍTULO 6 Imperadores e papas 133
CAPÍTULO 7 Línguas 153
CAPÍTULO 8 As pessoas comuns 169
INTERLÚDIO Por que a Europa? 187

FORÇAS DESTRUTIVAS

CAPÍTULO 9 Industrialização e revolução 199
CAPÍTULO 10 Duas guerras mundiais 223
POSFÁCIO O destino da Europa está no Leste 255
por Filip Slaveski

Lista de mapas e imagens 269

Introdução

SE VOCÊ GOSTA DE IR DIRETO ao final do livro para saber o que acontece, vai adorar este aqui. Nele, os finais aparecem logo depois do começo. Ele conta a história da Europa seis vezes, cada uma por um ponto de vista.

Estes textos foram apresentados pela primeira vez como aulas de introdução à história da Europa para estudantes universitários. Em vez de começar pelo princípio e conduzir o tema de maneira linear até o final, eu dava aos alunos uma rápida visão geral e depois retornava com mais detalhes.

As duas primeiras aulas esboçam a história da Europa como um todo. Essa é, de fato, a história mais breve. As seis aulas seguintes abordam, cada uma, um tema específico. O objetivo é aprofundar o entendimento voltando aos fatos e examinando-os em maiores detalhes.

Uma narrativa contém uma trama – começo, meio e fim. A civilização tem outro tipo de história. Nós nos sentimos cativados pela história de uma civilização quando imaginamos que ela tem uma ascensão e queda. Meu objetivo aqui é captar os elementos essenciais da civilização europeia e ver como têm sido reconfigurados ao longo do tempo, mostrar como coisas novas tomam forma a partir de antigas e como o que é antigo persiste e retorna.

Livros de história tratam de muitos acontecimentos e pessoas. Mas o que significa tudo isso? Quais são os elementos realmente importantes? Essas são as questões que sempre tenho em mente.

Muitas pessoas e muitos acontecimentos que fazem parte de outros livros de história não estão presentes neste.

Após o período clássico da história, este livro trata principalmente da Europa Ocidental. Nem todas as partes da Europa têm a mesma importância na formação da civilização europeia. Por exemplo: a Renascença na Itália, a Reforma Protestante na Alemanha, o governo parlamentar na Inglaterra e a democracia revolucionária na França foram acontecimentos que geraram mais consequências do que as divisões da Polônia.

Fundamentei este livro na obra de sociólogos da história, sobretudo Michael Mann e Patricia Crone. A professora Crone não é especialista em história europeia – sua especialidade é o Islã –, mas num pequeno livro chamado *Pre-Industrial Societies* (Sociedades pré-industriais) ela incluiu um capítulo intitulado "The Oddity of Europe" ("A singularidade da Europa"). Trata-se de um tour de force, uma história inteira em 30 páginas, quase tão breve quanto a história mais breve aqui contada. Ela me forneceu o conceito da formação e reformulação da mistura europeia, apresentado em minhas duas primeiras aulas. Minha dívida com a professora Crone é enorme.

Durante alguns anos na Universidade La Trobe, em Melbourne, contei com a sorte de ter como colega o professor Eric Jones, um grande incentivador da abordagem generalizada da história e em cujo livro *The European Miracle* (O milagre europeu) eu me baseei amplamente.

Não reivindico originalidade para este livro, exceto quanto ao método. As aulas a seguir foram ministradas na Austrália a alunos que tinham estudado muito a história do país mas que não conheciam quase nada da civilização da qual faziam parte.

Esta edição conta com uma nova seção que aborda em detalhes os séculos XIX e XX.

John Hirst

HISTÓRIA MAIS BREVE

CAPÍTULO 1

Europa clássica e Europa medieval

A CIVILIZAÇÃO EUROPEIA É SINGULAR porque é a única que se impôs ao resto do mundo. Fez isso mediante conquista e colonização, pelo poder econômico, por meio da força de suas ideias e porque dispunha de coisas que todos os outros queriam. Atualmente, todos os países se valem das descobertas científicas e da tecnologia provenientes do Velho Continente, e a ciência foi uma invenção europeia.

Em seu início a civilização europeia era constituída de três elementos:

1. A cultura da Grécia e da Roma antigas.
2. O cristianismo, uma ramificação peculiar da religião dos judeus, o judaísmo.
3. A cultura dos guerreiros germânicos que invadiram o Império Romano.

A civilização europeia era uma mistura: a importância desse fato ficará clara à medida que avançarmos.

QUANDO BUSCAMOS AS ORIGENS DE NOSSA FILOSOFIA, arte, literatura, matemática, ciência e medicina, bem como de nossas ideias sobre política, descobrimos que em todos esses empreendimentos intelectuais somos levados de volta à Grécia Antiga.

Em seus dias de glória, a Grécia não era um estado único, mas uma série de pequenos estados – cidades-estado, como hoje são chamadas. Na prática, eram cidades rodeadas por um terreno; qualquer um podia entrar nelas a qualquer hora. Os gregos queriam pertencer a um estado como nós pertencemos a um clube: era uma confraria. Foi nessas pequenas cidades-estado que surgiram as primeiras democracias. Não eram democracias representativas; não havia eleições para escolher os membros de um parlamento. Todos os cidadãos do sexo masculino se reuniam num lugar para discutir questões de interesse público e votar leis e políticas.

Conforme essas cidades-estado gregas cresciam em população, enviavam emissários para estabelecer colônias em outras partes do Mediterrâneo. A leste, elas se fixaram no que é hoje a Turquia; ao sul, na costa norte da África; e a oeste, na Espanha, no sul da França e no sul da Itália. E foi na Itália que os romanos, então um povo muito atrasado que habitava a pequena cidade de Roma, encontraram os gregos pela primeira vez e começaram a aprender com eles.

Com o tempo, os romanos construíram um império imenso que abrangia a Grécia e todas as colônias gregas. Ao norte, as fronteiras eram dois grandes rios, o Reno e o Danúbio, embora às vezes eles tenham sido ultrapassados. A oeste, era o oceano Atlântico. A Inglaterra pertencia ao Império Romano, mas a Escócia e a Irlanda, não. Ao sul a fronteira era delimitada pelos desertos do norte da África. A leste, era mais indefinida, porque lá havia impérios rivais. O Império Romano contornava o mar Mediterrâneo; uma parte do território ficava no que hoje é a Eu-

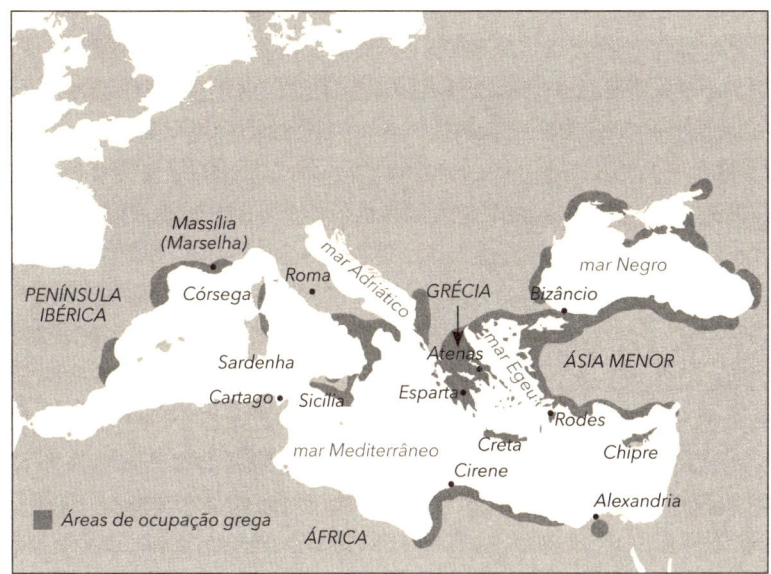

Antigas cidades e colônias gregas, c. 550 a.C. A civilização grega prosperou com o comércio e as colônias agrícolas em torno dos mares Mediterrâneo e Negro.

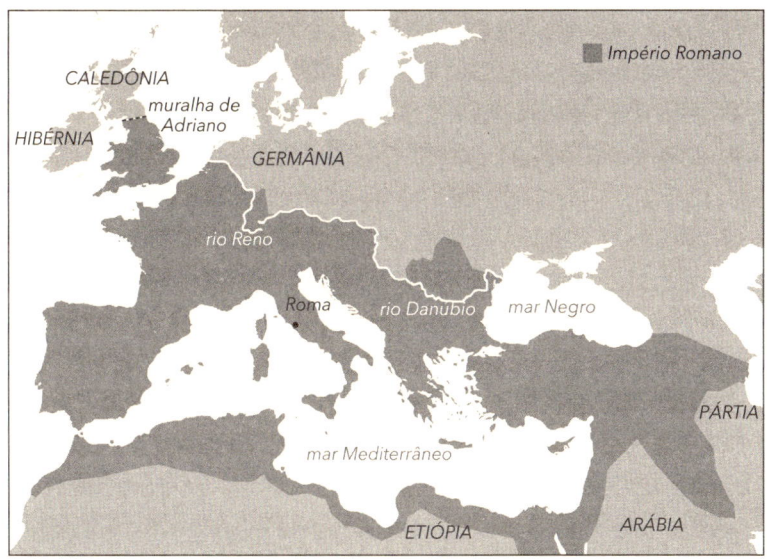

A extensão do Império Romano por volta do século II d.C.

ropa, mas a outra não: abrangia a Turquia, o Oriente Médio e o norte da África.

Os romanos guerreavam melhor do que os gregos. Eram superiores na lei, que usavam para comandar seu império. Eram melhores na engenharia, útil tanto na guerra quanto para comandar um império. Mas em todas as outras coisas eles reconheciam a superioridade dos gregos e os copiavam com toda a humildade. Um membro da elite romana sabia falar tanto grego quanto latim (a língua dos romanos) e ou enviava o filho para estudar numa academia em Atenas ou empregava os serviços de um escravo grego para ensinar o filho em casa. Assim, quando dizemos que o Império Romano era greco-romano, foi porque os romanos assim quiseram.

A geometria é o modo mais rápido de demonstrar quão inteligentes eram os gregos. A geometria que se aprende na escola é grega. Muitos já devem ter esquecido, por isso vamos começar com o básico. A geometria parte de algumas definições primordiais e se desenvolve a partir delas. Tudo começa com o ponto, que, segundo a definição grega, ocupa um lugar, mas não tem dimensão. É claro que tem dimensão – a largura da manchinha que marca um ponto na página –, mas a geometria é uma espécie de mundo de faz de conta, um mundo idealmente puro. Segundo: a linha tem comprimento, mas não largura. Terceiro: a linha reta é a linha mais curta possível unindo dois pontos. A partir dessas três definições já se pode criar uma definição do círculo: em primeiro lugar, é uma linha que forma uma figura fechada. Mas como se formula a ideia da circularidade? Pensando bem, é algo muito difícil. Pode-se definir um círculo dizendo que é um conjunto de pontos equidistantes de um ponto fixo.

Além dos círculos, existem as linhas paralelas – que se estendem ao infinito sem jamais se tocarem –, triângulos com todas as suas variedades, quadrados e retângulos e outras formas re-

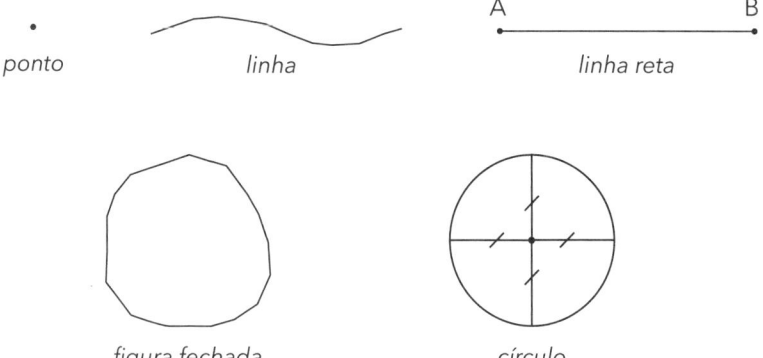

gulares. Essas figuras, formadas por linhas, são todas definidas – têm características nítidas, e suas possibilidades, suscitadas pelas interseções e sobreposições, são exploradas. Tudo é provado a partir do que foi estabelecido antes. Por exemplo, com base nas propriedades das linhas paralelas, pode-se demonstrar que os ângulos internos de um triângulo somam sempre 180 graus (veja o quadro na página 16).

A geometria é um sistema simples, refinado, lógico, bastante satisfatório e bonito. Bonito? Os gregos o achavam bonito, e esse simples fato é fundamental para entender a mentalidade grega. Os gregos praticavam a geometria não apenas como um exercício, como nós fazemos na escola, nem só para usos práticos em levantamentos topográficos ou navegação. Eles consideravam a geometria um guia para a natureza fundamental do Universo. Quando olhamos ao nosso redor, somos impactados pela variedade do que estamos vendo: diferentes formas, diferentes cores. Toda uma gama de coisas acontecendo ao mesmo tempo – de forma aleatória, caótica. Os gregos acreditavam que haveria uma explicação simples para tudo isso: a de que, subjacente a toda essa variedade, deve haver algo simples, regular, lógico que a explique. Algo como a geometria.

A GEOMETRIA EM AÇÃO

Linhas paralelas não se encontram. Podemos definir essa característica dizendo que uma linha reta que cruze as paralelas criará ângulos alternos iguais – ou seja, os dois ângulos formados no cruzamento com uma das paralelas são iguais aos formados no cruzamento com a outra. Se não fossem, as duas linhas estariam convergindo ou divergindo, não seriam paralelas. Usamos letras do alfabeto grego para identificar um ângulo – e, no diagrama à esquerda, α marca os ângulos iguais. O uso de letras do alfabeto grego na geometria nos faz lembrar suas origens. A seguir, usamos as três primeiras letras: alfa (α), beta (β) e gama (γ).

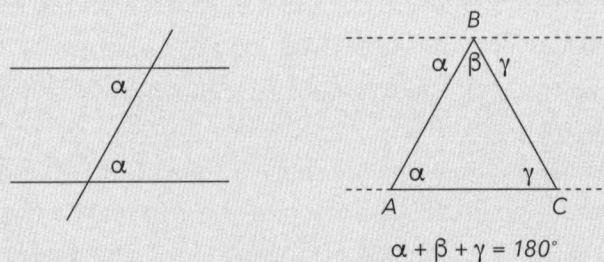

$\alpha + \beta + \gamma = 180°$

A partir dessa definição, podemos determinar a soma dos ângulos dentro de um triângulo qualquer. Posicionamos o triângulo ABC, à direita, entre duas linhas paralelas: o truque da geometria é saber como usar o que já se sabe para chegar ao que não se sabe. O ângulo α no ponto A é igual ao ângulo no ponto B também marcado como α – tudo isso com base no fato de que são ângulos alternos criados pela linha AB (lado do triângulo) com as paralelas. Da mesma forma, o ângulo γ em C é igual ao ângulo γ no ponto B. A linha pa-

ralela de cima agora é formada pela soma de três ângulos: α + β + γ. Juntos, eles formam uma linha reta, e sabemos que uma linha reta representa um ângulo de 180 graus.

Assim α + β + γ = 180 graus. E, usando propriedades de linhas paralelas, estabelecemos que a soma dos ângulos internos de qualquer triângulo também é α + β + γ. Portanto, a soma dos ângulos internos de qualquer triângulo é 180 graus.

Usamos linhas paralelas para provar uma propriedade dos triângulos.

Os gregos não praticavam a ciência como nós a praticamos, partindo de hipóteses e testando-as com experimentos. Eles achavam que, engrenando a mente e pensando muito, poderiam obter a resposta certa. Assim, desenvolveram um sistema de palpites inspirados. Um filósofo grego disse que toda matéria é feita de água, o que demonstra quão desesperados estavam por alcançar uma resposta simples. Outro disse que toda matéria é constituída de quatro coisas: terra, fogo, ar e água. Outro disse que toda matéria é feita de pequenas coisas que ele chamou de átomos – e acertou em cheio.

Quando a ciência como nós a conhecemos surgiu, há 400 anos, 2 mil anos após os gregos, abalou os ensinamentos centrais da ciência grega, que na época ainda eram vigentes. Mas abalou os gregos seguindo exatamente o palpite grego de que as respostas deviam ser simples, lógicas e matemáticas. Newton, o grande cientista do século XVII, e Einstein, do século XX, disseram que só é possível chegar perto da resposta correta se ela for simples. Ambos conseguiram dar suas respostas na forma de equações matemáticas que descreviam a composição e o movimento da matéria.

Muito frequentemente os palpites gregos estavam errados, bem errados. A premissa fundamental de que as respostas deveriam ser simples, matemáticas e lógicas poderia estar errada também, mas acabou se demonstrando correta. Esse é o maior legado que a civilização europeia deve aos gregos até hoje.

Podemos explicar por que os gregos eram tão inteligentes? Acho que não. Os historiadores são capazes de esclarecer muitas coisas, mas, quando deparam com algo realmente grande – por exemplo, o motivo pelo qual nessas pequenas cidades-estado havia mentes tão lógicas, ágeis e sagazes –, não têm uma explicação convincente. Tudo que os historiadores podem fazer, como qualquer outra pessoa, é se perguntar: "Por quê?"

Eis aqui outro milagre. Estamos chegando ao segundo elemento da mistura europeia. Os judeus acreditavam que havia um único Deus. Esse era um conceito bastante incomum. Os gregos e os romanos adotavam a crença, mais difundida, de que havia diversos deuses. Aliás, os judeus acreditavam em algo ainda mais extraordinário: que seu Deus único cuidava deles de modo especial; que eles eram o povo eleito. Em troca, os judeus tinham de seguir a lei de Deus, cujo fundamento eram os Dez Mandamentos, entregues aos judeus por Moisés, o líder que os libertara da escravidão no Egito. Os cristãos mantiveram os Dez Mandamentos, que continuaram sendo o centro do ensinamento moral no Ocidente até pouco tempo atrás. As pessoas conheciam os mandamentos pelo número. Por exemplo, podia-se dizer que alguém nunca descumpriria o oitavo mandamento, mas às vezes descumpria o sétimo. Aqui estão os Dez Mandamentos, conforme registrados no segundo livro da Bíblia, o Êxodo, capítulo 20:

E Deus falou todas estas palavras: Eu sou o Senhor, o teu Deus, que te tirou do Egito, da terra da escravidão.
1. Não terás outros deuses além de mim.

2. Não farás para ti nenhum ídolo, nenhuma imagem de qualquer coisa no céu, na terra ou nas águas debaixo da terra.
3. Não tomarás em vão o nome do Senhor teu Deus, pois o Senhor não deixará impune quem tomar o Seu nome em vão.
4. Lembra-te do dia de sábado, para santificá-lo. Trabalharás seis dias e neles farás todos os teus trabalhos... pois em seis dias o Senhor fez os céus e a terra, o mar e tudo o que neles existe, mas no sétimo dia descansou. Portanto, o Senhor abençoou o sétimo dia e o santificou.
5. Honra teu pai e tua mãe, a fim de que tenhas vida longa na terra que o Senhor teu Deus te dá.
6. Não matarás.
7. Não cometerás adultério.
8. Não furtarás.
9. Não darás falso testemunho contra o teu próximo.
10. Não cobiçarás a casa do teu próximo. Não cobiçarás a mulher do teu próximo, nem seus servos ou servas, nem seu boi ou jumento, nem coisa alguma que lhe pertença.

Os Dez Mandamentos eram apenas o começo da lei moral. Os judeus tinham um sistema legal muito complexo e detalhado que cobria os temas que toda lei costuma cobrir – crime, propriedade, herança, matrimônio –, mas também a alimentação, a higiene, a administração doméstica e o ritual de sacrifícios a Deus no templo.

Apesar de acreditarem ser o povo eleito, os judeus não tiveram a vida dos sonhos. Frequentemente foram humilhados; seu país foi conquistado e eles foram para o exílio; mas, mesmo com tantos contratempos, nunca duvidaram de que Deus existe ou de que os amava e cuidava deles. Quando a desgraça os atingia, concluíam que não tinham cumprido adequadamente a lei, que tinham ofendido Deus. Assim, na religião dos judeus – bem como no cristianismo – a religião e a moral estão estreitamente ligadas, o que não acontece em todas as religiões. Os romanos e os gregos adoravam deuses que agiam de modo imoral, tinham casos amorosos e tramavam uns contra os outros. Na religião romana os deuses podiam punir, mas em geral não por causa de alguma ofensa moral, e sim porque alguém não havia feito os sacrifícios em homenagem a eles adequadamente ou com frequência suficiente, por exemplo.

Jesus, o fundador do cristianismo, era judeu, e seus primeiros seguidores foram judeus. Na época em que Jesus pregou seus ensinamentos, os judeus, mais uma vez, não controlavam o seu país – a Palestina era uma distante província do Império Romano. Alguns seguidores de Jesus esperavam que ele liderasse uma revolta contra Roma, e seus oponentes tentaram induzi-lo a fazer uma declaração nesse sentido.

– É certo pagar imposto a César ou não? – perguntaram-lhe.

– Mostrem-me a moeda usada para pagar o imposto – pediu ele. – De quem é esta imagem e esta inscrição?

– De César – responderam.

– Então, deem a César o que é de César e a Deus o que é de Deus.

Jesus conhecia muito bem a lei e os preceitos judaicos, e seus ensinamentos partiram daí. Alguns deles visavam a sintetizar a essência da lei. Esta era uma dessas sínteses: ame o Senhor de todo o seu coração, de toda a sua alma e de todo o seu entendimento, e ame o seu próximo como a si mesmo.

Não fica claro se Jesus estava dizendo que as pessoas podiam ficar com a síntese e esquecer todos os detalhes. Ou se estava dizendo que os detalhes são importantes – no que concerne à higiene, ao sacrifício e todo o resto –, mas a síntese é um guia para as coisas mais importantes ainda. Os estudiosos discutem em que medida Jesus permaneceu dentro do judaísmo ou estava rompendo com ele, mas uma coisa é certa: ele ampliou o alcance dos antigos ensinamentos morais de modo a torná-los muito rigorosos e, pode-se até pensar, inalcançáveis. Reflita a respeito do que ele disse no Sermão da Montanha sobre amar seus inimigos, segundo o Evangelho de são Mateus, capítulo 5:

> Vocês ouviram o que foi dito: "Ame o seu próximo e odeie o seu inimigo." Mas eu lhes digo: amem os seus inimigos e orem por aqueles que os perseguem, para que vocês venham a ser filhos de seu Pai que está nos céus. Porque ele faz raiar o Seu sol sobre maus e bons e derrama chuva sobre justos e injustos. Se vocês amarem aqueles que os amam, que recompensa receberão? Até os publicanos fazem isso! E se vocês saudarem apenas os seus irmãos, o que estarão fazendo de mais? Até os pagãos fazem isso! Portanto, sejam perfeitos como perfeito é o Pai celestial de vocês.

Nesse momento Jesus estava transformando o códice judaico num sistema universal de amor.

Jesus foi apenas um dos muitos mestres e profetas de seu tempo. Eles despertavam a suspeita dos líderes da religião judaica e, no caso de Jesus, esses líderes cooperaram com os romanos para que Jesus fosse executado. Mas Jesus era diferente desses outros mestres, porque, depois de morto, ressuscitou – ou assim acreditaram seus seguidores. Portanto, não foi apenas um mestre, um profeta ou um bom homem. Seus seguidores acreditavam que ele era filho de Deus e que algo de importância cósmica aconteceu quando Jesus foi crucificado. Deus havia sacrificado a si mesmo para salvar a humanidade da condenação, consequência do pecado original do homem que trouxera o mal para o mundo.

Acreditando em Cristo você poderia se salvar e após a morte não seria condenado ao fogo do inferno, podendo ficar com Deus no céu por toda a eternidade.

Seria essa religião apenas para os judeus ou era para todos? Após a morte de Jesus, seus seguidores estavam divididos. Os tradicionalistas diziam que você só poderia se tornar cristão caso primeiro se tornasse judeu e seguisse todas as regras rigorosas estabelecidas para os judeus no Antigo Testamento. Isso incluía a circuncisão, que para homens adultos é uma cirurgia dolorosa. Se fosse seguido esse caminho, o cristianismo continuaria a ser uma seita muito pequena da fé judaica e provavelmente teria desaparecido ou, pelo menos, com certeza não seria importante nos dias de hoje.

Mas venceu a outra facção, que afirmava que o cristianismo era uma religião totalmente nova. Não era necessário se tornar judeu antes de ser cristão; todas as restrições da lei judaica podiam ser ignoradas; Cristo nos libertou de tudo isso; seus ensinamentos sobre o amor superam qualquer coisa que a lei judaica possa oferecer. Essa era a visão de Paulo, o primeiro grande missionário da Igreja e, segundo alguns, o fundador do cristianismo, porque quando Jesus morreu essa crença era uma questão unicamente judaica. Jesus era judeu, seus seguidores eram judeus e alguns deles queriam que continuasse assim. Foi Paulo quem disse com todas as letras que essa religião era para todos, e, a partir de então, o cristianismo se tornou, ao menos potencialmente, uma religião mundial. No período de 300 anos ela havia se disseminado por todo o Império Romano.

O terceiro grupo na mescla europeia foi o dos guerreiros germânicos que invadiram o Império Romano. Eles viviam perto das fronteiras ao norte e no século V as penetraram, jorrando como uma inundação. Em 476 d.C. tinham destruído o Império Romano do Ocidente. Foi na França, na Espanha e na Itália que a mistura da civilização europeia começou a tomar forma.

Os germânicos eram iletrados e não deixaram registros escritos, portanto dispomos de pouquíssima informação sobre eles antes da invasão. O melhor relato – provavelmente não em primeira mão – é o do historiador romano Tácito, no século I da era cristã. Ele descreve os chefes e companheiros que viviam e combatiam juntos, e viviam para combater:

> No campo de batalha, para o comandante é uma desgraça ser superado em coragem por seus companheiros, e, para os companheiros, não se equiparar em coragem a seu comandante. Quanto a sair vivo da batalha após seu comandante ter caído, seria uma infâmia e uma vergonha para o resto da vida. Defendê-lo e protegê-lo, conceder a ele o crédito por seus próprios atos de heroísmo – é isso que eles entendem como lealdade. Os comandantes lutam pela vitória; os companheiros, por seu comandante. Quando a terra onde nasceram fica estagnada num longo período de paz, muitos jovens nobres vão deliberadamente em busca de outras tribos onde uma guerra esteja em andamento. Os germânicos não apreciam a paz. É mais fácil alcançar a fama enfrentando perigos e só é possível manter um grande grupo de companheiros por meio da violência e da guerra. Os companheiros estão sempre pedindo algo a seus comandantes: me dê aquele cavalo de guerra, me dê aquela lança ensanguentada e vitoriosa. Quanto às refeições, com toda a sua fartura, e apesar da comida rústica, elas servem simplesmente como pagamento. Essa prodigalidade deve contar com a guerra e a pilhagem para alimentá-la. É mais difícil convencer um germânico a arar sua terra e esperar seu fruto anual com paciência do que a desafiar um inimigo e obter o mesmo prêmio à custa de ferimentos. Ele considera sem graça e indigno obter com suor o que se pode obter com sangue.

Assim eram os que, 300 anos depois, assumiram o controle do Império Romano.

Já examinamos os três elementos, então agora vamos resumi-los. O conceito grego era de que *o mundo é simples, lógico e matemático*. O conceito cristão era de que *o mundo é perverso e só Cristo salva*. O conceito dos guerreiros germânicos era de que *guerrear é divertido*. É essa improvável mistura que se junta para constituir a civilização europeia.

ENSINAMENTOS GRECO-ROMANOS — O mundo é simples, lógico e matemático

CRISTIANISMO — O mundo é perverso; só Cristo salva

GUERREIROS GERMÂNICOS — Guerrear é divertido

Como esses três elementos se juntaram? Considere, primeiro, a conexão do cristianismo com o mundo greco-romano. De tempos em tempos, as autoridades romanas tentavam extirpar o cristianismo. Apoderavam-se dos livros sagrados, confiscavam propriedades da Igreja, prendiam e torturavam cristãos, executavam os que não repudiavam Cristo.

Os romanos eram, em geral, muito tolerantes. Governavam um império composto por várias raças e religiões; se você ficasse em paz no seu canto, os romanos estavam dispostos a deixá-lo seguir seu próprio caminho. Você podia se autogovernar. Podia praticar sua religião, com a seguinte ressalva: teria de fazer sacrifícios para o imperador. Os romanos acreditavam que o imperador era como um deus. O sacrifício que exigiam era superficial. Poderia ser um retrato ou uma estátua do imperador diante de uma pequena chama. Jogava-se uma pitada de sal na chama, que crescia. Isso bastava. Era como saudar a bandeira ou cantar o hino nacional. Os cristãos não faziam isso porque, como os judeus, diziam que só podiam cultuar um único Deus e não podiam tratar de forma alguma o imperador como deus. Em geral, os romanos isentavam os judeus de cultuarem o imperador. Eles os consideravam excêntricos e volúveis, mas os reconheciam como um povo antigo que ocupava certo território e tinha seu templo e seu Deus. Em contraste, os cristãos eram seguidores de uma religião nova, e qualquer um podia ser cristão, em qualquer lugar. Os romanos os consideravam subversivos que tinham de ser eliminados. Poderiam ter conseguido isso se tivessem mantido a perseguição a eles.

Foi então que aconteceu um milagre. Em 313 d.C., um imperador romano, Constantino, tornou-se cristão, ou pelo menos apoiou oficialmente as igrejas cristãs. Achou que o Deus delas poderia cuidar dele e do império melhor do que qualquer outro. Numa época em que o cristianismo estava longe de ser uma fé majoritária, o governante do Estado o abraçou; deu dinheiro às igrejas e endossou o poder dos bispos. Cinquenta anos depois, outro imperador cristão baniu todas as outras religiões. Quatrocentos anos depois de Jesus ter pregado numa conturbada e distante província do Impé-

Constantino (272-337), imperador romano que deu apoio oficial ao cristianismo em 313 d.C.

rio Romano, o cristianismo tornou-se a religião oficial e única do império. Os bispos e padres então desfilavam pelas cidades e saíam aos campos para destruir os templos pagãos. Esse foi o primeiro resultado da conexão entre os três elementos: *O Império Romano tornou-se cristão.*

Àquela altura, a Igreja era muito diferente do que tinha sido nos primeiros tempos. No início, grupos de cristãos se reuniam em casas particulares. Três ou quatro séculos depois, havia uma hierarquia completa de funcionários remunerados em tempo integral: padres, bispos e arcebispos. Um dos bispos – o bispo de Roma – conseguiu fazer de si mesmo o papa e governar a Igreja. A Igreja tinha um sistema legal e tribunais e prisões próprias para aplicar sua lei. Ela controlava não só as questões da Igreja como outras muito importantes – por exemplo, o matrimônio e a herança. A Igreja administrava e aplicava seu próprio sistema de cobrança de impostos, porque todos eram obrigados a pagar para sustentá-la.

Quando o Império Romano desmoronou, a Igreja sobreviveu – ela era como um governo em si. A figura do papa era paralela à do imperador romano, controlando a hierarquia que lhe era subordinada. Vemos aqui a segunda conexão na formação daquela mistura: *A Igreja se torna romana.*

Após o colapso do Império Romano, a Igreja preservou os ensinamentos da Grécia e de Roma (na verdade, ela já estava fazendo isso desde antes). Esse é um desdobramento surpreendente, porque todos os escritores, filósofos e cientistas da Grécia e da Roma antigas eram pagãos, não cristãos. Por que a Igreja cristã daria atenção a eles? Um grupo dentro dela achava que não deveria fazer isso, que os escritos dessas civilizações eram mentirosos e que a única verdade estava em Cristo. "O que Atenas tem a ver com Jerusalém?", questionou Tertuliano. Mas essa visão não prevaleceu.

Os cristãos não tinham criado seu próprio sistema educacional. Assim, quando o cristianismo começou a ordenar e sistematizar suas crenças, se apoiou em pessoas formadas na tradição greco-romana, que usavam a filosofia e a lógica gregas para explicar e defender o cristianismo. Esses eruditos cristãos achavam que as ideias dos grandes filósofos e moralistas da Grécia e de Roma eram em parte verdadeiras, embora as do cristianismo, claro, representassem toda a verdade. Mas os filósofos gregos poderiam ser usados como um guia para a verdade e para discutir sobre a verdade. Assim, apesar de serem pagãos, a Igreja preservou e utilizou os escritos deles. Esta é a terceira conexão entre as partes que formam a mistura europeia: *A Igreja preserva o conhecimento greco-romano.*

Quando os germânicos invadiram o Império Romano, não pretendiam destruí-lo. A ideia era saquear, se apoderar das melhores terras para nelas se estabelecer e aproveitar as coisas boas da vida. Eles aceitavam de bom grado a lei do imperador. O problema foi que, no século V, a invasão foi tão grande, e eles tomaram tantas terras, que nada restou sob controle do imperador. Na verdade, o Império Romano chegou ao fim porque não tinha mais terras para governar.

Os guerreiros germânicos descobriram que teriam de administrar as sociedades que tinham invadido – o que não era exatamente sua pretensão – e precisariam fazer isso em circunstâncias muito adversas. Eles mesmos eram iletrados; no caos que tinham provocado, o que restava da administração romana desabou; o comércio e as cidades encolheram. Os chefes guerreiros se instalaram como reis, criaram pequenos reinos e começaram a lutar entre si. Reinos se erguiam e caíam num piscar de olhos. Isso foi muitos séculos antes de aparecerem os primeiros contornos dos Estados modernos da Europa Ocidental: França, Espanha e Inglaterra.

Os governos eram extremamente fracos, tão fracos que não conseguiam coletar impostos. (Para nós isso parece um paradoxo – um governo que não coleta impostos!) Em vez de ser o chefe, o guerreiro germânico tinha se tornado rei e arrendava terras para seus companheiros, que por sua vez haviam se tornado a nobreza sob a condição de fornecer um exército para o rei quando preciso. Eles enviariam quantos soldados fossem necessários. Mas, na prática, os nobres começaram a tratar a terra como se fosse deles e a ter suas próprias ideias quanto ao número de soldados a enviar, seu nível de qualidade e para quais propósitos.

Hoje em dia, os chefes de Estado passam as guardas de honra em revista. Eles caminham entre as fileiras, aparentemente inspecionando os soldados, talvez lhes dirigindo uma ou duas palavras. Essa é a réplica de uma antiga prática medieval em que o rei de fato inspecionava os soldados que lhe tinham sido enviados, perguntando a si mesmo: que tipo de escória eles me enviaram desta vez?

Os reis estavam sempre lutando para conseguir mais poder: para serem capazes de governar sem depender dos nobres, para terem seu próprio sistema de cobrança de impostos, para obterem controle total sobre o exército e para terem sua própria burocracia. Mas, como tinham partido de uma posição tão desvantajosa, havia algumas coisas que nunca seriam capazes de ameaçar. A propriedade privada tornara-se sacrossanta; os nobres tinham transformado terras que haviam recebido em arrendamento, e sob determinadas condições, em propriedade privada. Isso sempre impunha uma limitação aos governos, de modo que, apesar de os poderes dos reis europeus terem aumentado, eles nunca se equipararam aos déspotas orientais, que eram donos de tudo o que havia em seus reinos.

Se um déspota oriental precisasse de recursos, ele simplesmente confiscava a propriedade de alguém ou enviava suas tropas, como se estivesse num bazar e pudesse pegar um monte de mercadorias. Governos europeus, mesmo quando chamados de "absolutistas", nunca poderiam agir assim. *Nem tudo é do rei* era o fundamento da concepção europeia de governo. Do direito à propriedade privada deriva o conceito de direitos individuais, componente central da tradição ocidental. A noção de que deve haver limites para o governo surgiu porque, no início, o governo era de fato extremamente limitado.

A limitação do governo também foi importante para o desenvolvimento econômico. A segurança da qual desfrutavam os comerciantes foi fundamental para que o crescimento econômico europeu tenha decolado num nível não alcançado em qualquer outra parte.

Sabendo o que já sabemos sobre esses guerreiros e seu comportamento, não devemos nos surpreender com o fato de que, logo após invadir o império, eles se tornaram cristãos. A Igreja foi a única instituição que sobreviveu ao colapso do Império Romano. Frequentemente era o bispo que ia tratar com o bando de guerreiros que chegava querendo pilhar a terra. Era o bispo que dizia: "Vocês podem ficar com a terra naquela margem do rio, mas por favor deixem o restante conosco." Talvez ele mostrasse o palácio do ex-governador romano, que o chefe não teria dúvida em reivindicar para si, e sugerisse que em breve faria uma visita para ajudá-lo a governar o lugar. Em pouco tempo, os bispos convenceram os guerreiros de que matariam mais inimigos se aceitassem o Deus cristão. Os bárbaros foram conquistadores de um tipo peculiar, pois aceitaram a religião do povo que tinham conquistado. A Igreja deixou bem claro para esses novos governantes, reis e nobres que um de seus deveres era apoiar a fé cristã. Esta é a última conexão entre os elementos da mistura europeia: *Guerreiros germânicos apoiam o cristianismo*.

Assim, resumindo todas as conexões,

O IMPÉRIO ROMANO *torna-se* CRISTÃO

A IGREJA CRISTÃ *torna-se* ROMANA

A IGREJA *preserva* OS CONHECIMENTOS GRECO-ROMANOS

GUERREIROS GERMÂNICOS *tornam-se* CRISTÃOS

chegamos à seguinte conclusão:

É uma mistura muito estranha, não é? Esses elementos não são aliados naturais. A combinação é instável. Ela acabou se rompendo, mas a união durou quase mil anos – de cerca de 476 d.C., ano da queda do Império Romano, até aproximadamente 1400. Esse é o período que os historiadores chamam de Idade Média, ou período medieval. Aqueles que estudam a história de um ponto de vista mais amplo consideram que o ano 1400 marca o início dos tempos modernos. Com isso, configuram--se três eras na história da Europa: antiga ou clássica, medieval e moderna.

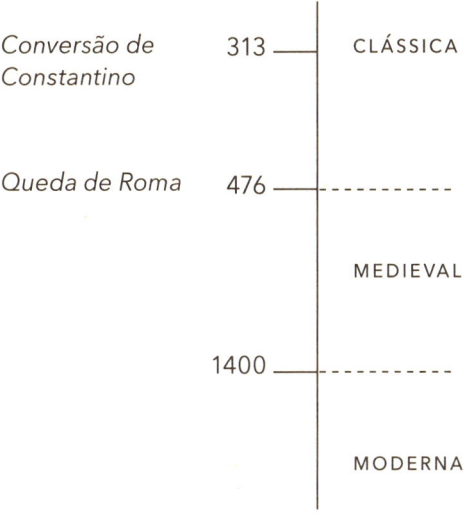

Ao longo da Idade Média, esse estranho trio manteve-se junto, mas todos os seus elementos passaram por mudanças. Veja o cristianismo, por exemplo. O que quer que acontecesse, não era uma religião afeita à guerra. Jesus disse: "Ame seus inimigos." Os primeiros cristãos se recusavam a cumprir serviço militar, um dos motivos pelos quais os romanos suspeitavam deles. Mas agora os cristãos estavam associados aos guerreiros germânicos. A religião que prega que devemos oferecer a outra face era apoiada por homens de ferro. Que tipo de contradição é essa? Não tão grande quanto parece, porque, depois de ser adotado por Constantino e ter se tornado a religião oficial do Estado, o cristianismo precisou mudar sua postura em relação à violência. Governos têm de lutar, e, se a Igreja queria o apoio de governos, teria de aceitar que às vezes os governos podem empreender batalhas justas.

Porém, ao se alinhar com esses guerreiros, a Igreja não aceitou totalmente os valores deles. Com o passar dos séculos, o guerreiro se tornou um cavaleiro, um paladino. O cavaleiro gostava de lutar, se orgulhava de sua aptidão para a luta, mas só o fazia por

O rei Carlos Magno, dos francos, afivela uma espada na cintura de Rolando, o qual, reza a lenda, morreu combatendo os muçulmanos na Espanha.

boas causas. A Igreja o encorajava a combater os não cristãos – o que de fato parecia uma boa causa. Para isso, promoveu as cruzadas à Terra Santa, que tinha caído nas mãos de muçulmanos. Concessões especiais eram oferecidas a quem combatesse lá.

Um cavaleiro também protegia os fracos, especialmente mulheres de alta linhagem. Assim, com essa nova implicação moral de sua luta, um homem se tornava cavaleiro numa espécie de cerimônia religiosa. A espada era colocada no altar de uma igreja cristã e depois afivelada na cintura do cavaleiro, que a partir de então sairia pelo mundo para fazer boas ações com ela.

Essa atitude de proteger e prestar homenagem às damas perdurou por muito tempo na cultura europeia. Depois que os cavaleiros desapareceram da história, ela se tornou a atitude dos "cavalheiros", descendentes dos cavaleiros cristãos. Um cavalheiro demonstrava seu respeito pelas mulheres levantando-se quando uma dama entrava no recinto, recusando-se a se sentar enquanto houvesse mulheres de pé e tocando o chapéu para cumprimentá-las. Aprendi isso na escola e considero uma informação difícil de esquecer. Nisso eu sou uma relíquia viva da Idade Média.

A Igreja cristã preservou ensinamentos greco-romanos e os usou para dar suporte a sua doutrina.

Vamos examinar outra tensão que surgiu a partir dessa mistura: a preservação, pela Igreja cristã, dos ensinamentos greco-romanos. Foi um processo ativo – a Igreja não se limitou a guardar os livros em armários e simplesmente os encontrou lá tempos depois. Eles só sobreviveram (e apenas por isso hoje podemos lê-los) porque a Igreja os copiou e recopiou durante a Idade Média. Não havia impressão de livros; os manuscritos apodreciam e pereciam. Foram os monges que, nos mosteiros, muitas vezes sem saber o que estavam copiando (daí os muitos erros), preservaram grande parte desses tesouros da Grécia e de Roma.

Em sua interpretação original, essa literatura apresenta uma filosofia, um sistema de valores e uma postura diante da vida que não são cristãos, mas pagãos. A questão é que, na Idade Média, a Igreja conseguiu manter tamanho controle sobre a vida intelectual que ninguém jamais interpretou essa literatura de acordo com os termos originais. Em vez disso, a Igreja aproveitou dos textos tudo o que queria, juntou os pedaços que tinha selecionado, acrescentou-os a passagens da Bíblia e construiu com isso uma teologia cristã, isto é, um relato sobre Deus e o mundo de Deus e seu plano de salvação. Assim, a filosofia, a lógica e o aprendizado gregos foram postos a serviço e como suporte do cristianismo. Novas descobertas de textos antigos não perturbavam os doutos; eles as aproveitavam para tecer uma nova versão de sua teologia.

Vamos fazer um resumo do funcionamento dessa mistura na Idade Média. Temos *guerreiros germânicos tornando-se cavaleiros cristãos* e temos *ensinamentos greco-romanos dando suporte ao cristianismo*. A Igreja, no centro dessa estranha aliança, manobra para manter a coisa toda unida. Os ensinamentos são cristãos, os cavaleiros são cristãos, o mundo é a *cristandade*, o reino de Cristo.

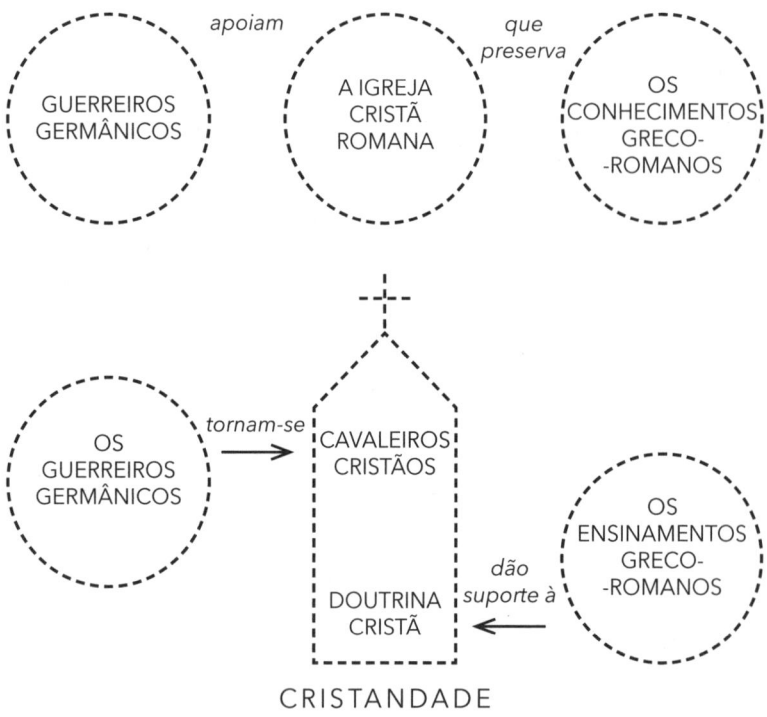

Após o ano de 1400, essa estranha aliança começa a se fragmentar e nasce o que os historiadores chamam de Era Moderna.

CAPÍTULO 2

Europa moderna

A MISTURA QUE FORMOU A CIVILIZAÇÃO EUROPEIA era instável. Durou bastante tempo – toda a Idade Média, mil anos –, porém seus componentes não se harmonizavam uns com os outros. Por volta de 1400 a mistura começou a se desfazer. Isso ocorreu pela primeira vez na Renascença.

A Renascença é descrita frequentemente como a descoberta, ou redescoberta, dos ensinamentos greco-romanos. Mas a questão é que essa cultura não chegou a se perder e ser redescoberta, embora na época tenha havido alguns novos achados. O que mudou foi que, em vez de se ter a Igreja usando o conhecimento antigo como suporte de sua teologia, agora havia eruditos, pessoas instruídas – sobretudo fora da Igreja –, que estavam interessadas em imaginar o mundo greco-romano como ele existia na época em que os conhecimentos foram produzidos. Elas queriam produzir arte como os artistas antigos produziam, construir prédios como os dos antigos, escrever em latim como escreviam, pensar como pensavam. Elas se imaginavam de volta a um mundo anterior ao delas, que era pagão e não cristão – algo que a Igreja tinha ocultado enquanto usava esse conhecimento para os próprios fins.

Também era um mundo mais "mundano". Os antigos se preocupavam muito mais com os homens e suas ações terrenas do que com a vida após a morte. Eles celebravam a aptidão e os poderes do homem e não se importavam com sua depravação. O mundo no qual os eruditos da Renascença agora entravam tinha a mente muito aberta. Entre os antigos filósofos, havia uma enorme variedade de opiniões sobre como viver e pensar melhor. Seus debates eram especulações não restringidas pela camisa de força que a Igreja tinha imposto ao pensamento.

No entanto, os eruditos da Renascença não atacaram diretamente o cristianismo. Eles variavam em suas atitudes individuais, mas de modo geral sua maneira de ver a religião cristã era semelhante à visão dos antigos no tocante à religião em geral. Isto é, que a presença da religião não era um problema – na verdade, consideravam-na uma coisa boa ou necessária, mas havia muitos outros assuntos interessantes. O papel da religião não era o de controlar tudo o que havia na vida e no pensamento, como tinha sido o objetivo da Igreja. Uma vez rompido esse controle, o pensamento europeu tornou-se muito mais arrojado, aberto e assertivo que antes.

Com a Renascença, começa o longo processo de secularização da sociedade europeia. Mundo secular é aquele no qual pode existir religião, mas como uma questão privada, ou como uma associação de pessoas que se prendem a certas crenças. Nele, a religião não domina a sociedade, não impõe suas regras e seus rituais nem controla o pensamento.

O que aconteceu na Renascença foi que indivíduos de certa cultura e tradição se imaginaram em outra cultura e tradição. Depois disso, ninguém é mais o mesmo. Nada jamais parecerá ser absolutamente certo e definitivo. Não pela última vez, os pensadores europeus ficaram perplexos.

Os homens da Renascença foram os primeiros a chamar a época da Grécia e da Roma antigas de Era Clássica. Clássico aqui significa o que há de melhor: uma composição clássica, um desempenho clássico, algo que não pode ser superado. Eles acreditavam que as realizações dos antigos na literatura, na arte, na filosofia e na ciência não tinham sido superadas, ou eram insuperáveis. Eles mesmos estariam fazendo muito se conseguissem chegar perto de igualá-las. Assim, a Renascença rompeu a mistura de elementos europeus com a mensagem: *Os clássicos são o suprassumo.*

Nosso sistema de contagem do tempo funciona sobre duas bases diferentes, o que é um lembrete constante da natureza mista de nossa civilização. Contamos os anos a partir do nascimento de Cristo, e com isso ainda nos reconhecemos como uma civilização cristã. A abreviação d.C. significa *depois de Cristo*. Usa-se também a.D., abreviação do latim *anno Domini*, "no ano do Senhor" (que, na verdade, não nasceu no ano 1º da era cristã, mas provavelmente em 6 ou 4 a.C. – *antes de Cristo*). Por outro lado, o modo como dividimos o tempo em eras – clássica, medieval e moderna – nada tem a ver com o cristianismo. Corresponde à visão da Renascença, segundo a qual o mundo clássico chegara ao máximo da perfeição e depois a humanidade se desviara e perde-

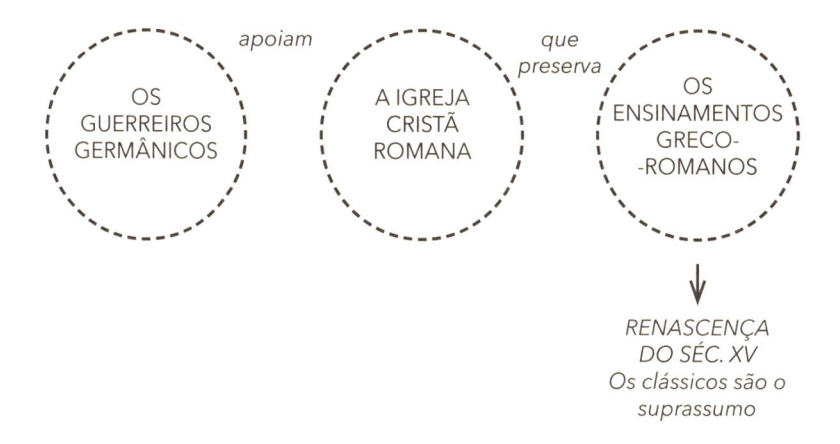

(OS GUERREIROS GERMÂNICOS) —*apoiam*→ (A IGREJA CRISTÃ ROMANA) —*que preserva*→ (OS ENSINAMENTOS GRECO-ROMANOS)

↓

RENASCENÇA DO SÉC. XV
Os clássicos são o suprassumo

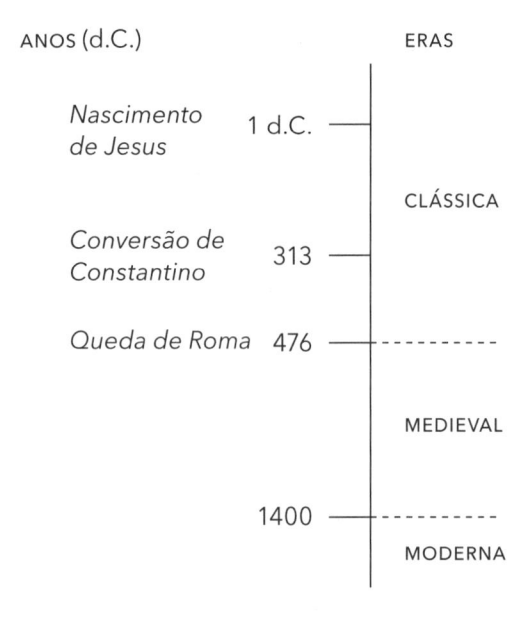

ANOS (d.C.)		ERAS
Nascimento de Jesus	1 d.C.	
		CLÁSSICA
Conversão de Constantino	313	
Queda de Roma	476	
		MEDIEVAL
	1400	
		MODERNA

ra contato com seu legado. Esse intervalo entre a Era Clássica e a Era Moderna foi a assim chamada Idade Média, que é exatamente a época em que a Igreja foi proeminente na vida intelectual e social. Assim, a divisão em clássico, medieval e moderno é uma formulação que nada tem de cristã.

As três esculturas mostradas na página a seguir podem ilustrar essa divisão em clássico, medieval e moderno. A primeira é uma escultura grega antiga, o que explica por que um dos braços não existe mais (poucas esculturas gregas originais sobreviveram; em geral, o que temos são cópias romanas que estão longe de ser tão boas). Trata-se do deus Hermes com o infante Dioniso, esculpidos por Praxíteles. O corpo humano como objeto de beleza e perfeição é uma invenção grega. Como afirma o historiador da arte Kenneth Clark, deve-se distinguir o nu do corpo despido. O nu basta-se a si mesmo, está muito à vontade nesse estado; o corpo despido está sem suas roupas e fica reduzido na ausência delas. Claro que a maioria dos corpos masculinos não tem esse aspecto. Os gregos

Hermes, *de Praxíteles* (à esquerda); *Deus confronta Adão e Eva*, das portas de bronze na catedral de Hildesheim (no centro); *Davi*, de Michelangelo (à direita).

não representavam um determinado corpo. Eles visavam a atingir a perfeição do corpo e empregavam sua matemática para estabelecer proporções que fossem as mais agradáveis e belas.

Ao centro está uma escultura em relevo que mostra uma visão medieval da forma humana; ela está nas portas de bronze da catedral de Hildesheim, na Alemanha. Representa Adão e Eva depois de terem comido o fruto proibido por Deus. Adão está culpando Eva; Eva está culpando a serpente; ambos estão com vergonha de sua nudez, que cobrem parcialmente. Não se trata, em absoluto, de nus; eles personificam o ensinamento cristão de que o corpo é um mal, origem do pecado.

À direita, eis Michelangelo na Renascença, tomando os gregos como modelo e retornando ao conceito deles em relação ao nu. Ele representa seu Davi como a perfeição em forma humana: o homem como incorporação de algo de espírito elevado, nobre e belo – como diz Hamlet: "Na ação é como um anjo, na percepção é como um deus."

O movimento do nu para o despido e de volta para o nu representa a transição do clássico para o medieval e daí para o moderno, que era como a Renascença se compreendia.

A Renascença foi a primeira grande ruptura do mundo medieval; a segunda foi a Reforma Protestante no século XVI. Seu objetivo era fazer a Igreja cristã voltar a ser como antes de se tornar romana. Como vimos, a Igreja adquiriu características romanas porque cresceu dentro do Império Romano. Quando o império desmoronou, a Igreja continuou com seu papa (cuja figura era como a do imperador), com arcebispos e bispos (que eram como os administradores do antigo Império Romano), e abaixo deles, em cada local, com os padres. Esse corpo santo tinha leis, punições, prisões e sistema de impostos próprios.

O papa e os bispos governavam a Igreja e determinavam quais ensinamentos ela transmitiria. A Igreja oferecia a salvação, mas apenas pelos meios que ela controlava. Para ser salvo, você precisava dos padres e dos bispos. Tinha de fazer comunhão, assistir à missa e precisava de um padre para realizar a mágica de transformar o pão e o vinho no corpo e no sangue de Jesus. Também recorria a um padre para ouvir sua confissão, conceder-lhe o perdão e estabelecer as penitências por seus pecados. O padre poderia determinar quantas ave-marias você teria de rezar, que fizesse uma peregrinação ou, para uma transgressão grave, que fosse açoitado diante do altar. Se fosse rico e estivesse morrendo, o padre poderia lhe dizer com muita firmeza que você só entraria no céu caso legasse boa parte dos seus bens à Igreja.

Na Idade Média, quase todos os padres, bispos e arcebispos ingressavam na Igreja não por serem especialmente pios ou religiosos, mas porque aquela era a maior e mais opulenta organização da época. Eles entravam no clero pelo mesmo motivo que hoje se entra no serviço público, numa grande corporação, na política ou numa universidade: para ter um emprego, realizar um trabalho interessante, receber um bom salário, viver bem e exercer o poder. Na Igreja havia muitas oportunidades de enriquecer e de oferecer emprego a amigos e parentes.

Por outro lado, essa organização rica, espoliadora e corrupta era também a guardiã que preservava os ensinamentos de Jesus e os relatos dos primeiros cristãos. Jesus e seus seguidores tinham sido pessoas humildes, mas agora os papas e os bispos moravam em palácios. Jesus tinha advertido contra os perigos da riqueza, e os primeiros cristãos se reuniam, simplesmente, uns nas casas dos outros. Tudo isso está registrado na Bíblia, portanto esse documento sagrado da Igreja poderia ser dinamite nas mãos de seus críticos. Como a Igreja conseguiu escapar durante tanto tempo de uma crítica devastadora?

Acontece que, como a Bíblia era em latim, pouquíssimas pessoas eram capazes de lê-la. A Igreja se proclamava a primeira e maior autoridade na interpretação das Escrituras. Se alguém as usasse para criticar o ensinamento ou a ação clerical, tornando-se um incômodo, era considerado herege e queimado na fogueira; isto é, como falso fiel, um perigo para si mesmo e para a cristandade. Mas no século XVI, com a Reforma, houve um herege que escapou. Seu nome era Martinho Lutero.

Lutero era um monge que levava sua religião a sério. Estava muito angustiado quanto à própria salvação: o que poderia fazer, tão pecador, para se salvar? Então, ao ler a epístola de Paulo à Igreja em Roma, subitamente ele se acalmou. Nela, Paulo diz que a fé em Cristo salvará você. Disso Lutero deduziu que não é preciso *fazer* nada para ser salvo e que, *acima de tudo*, não é preciso se pôr à mercê dos pa-

Martinho Lutero, *de Lucas Cranach, 1532.*

dres e seguir suas instruções. Tudo o que você precisava fazer era acreditar, ter fé. A mensagem central luterana é: *só a fé o salvará*. Creia em Cristo e você será salvo. Mas, como crente, é claro, você vai querer fazer coisas que agradem a Deus; como diz a Igreja, praticar boas ações, agir como Cristo disse que deveríamos agir.

Mas essas ações em si não o ajudarão a se salvar. É nisso que diferia fundamentalmente o ensinamento protestante do católico. Os católicos enfatizavam as boas ações como parte do processo da salvação. Sair em peregrinação, dar dinheiro aos pobres: tudo isso ajudava sua causa perante Deus. Lutero disse que não – como seria possível nós, pecadores e corruptos, fazermos algo para nos tornarmos aceitáveis aos olhos de Deus? A única coisa que podemos fazer é acreditar na promessa de Deus para, com isso, sermos salvos.

Essa é uma espécie de religião do tipo "faça você mesmo". Segundo Lutero, todo aquele enorme aparato que a Igreja tinha construído durante séculos era desnecessário. A ideia não foi bem aceita em Roma. O papa rejeitou as críticas de Lutero à Igreja e seus novos ensinamentos sobre a salvação. Lutero replicou com violentas denúncias contra o papa. *Quem este homem pensa que é? Ele é o representante de Cristo na Terra, assim nos dizem, mas na realidade é inimigo de Cristo, é o anticristo. Vive na pompa, usa uma tríplice coroa, quando você chega até ele tem de beijar-lhe os dedos do pé, para se movimentar ele é carregado na altura dos ombros de seus servos – apesar de sabermos pela Bíblia que Cristo andava a pé.*

A Bíblia: essa era a chave para a crítica de Lutero à Igreja. Se algo não constava nas Escrituras, não se justificava a Igreja insistir em praticá-lo. A Bíblia era a única autoridade. Após romper com Roma, a primeira coisa que Lutero fez foi traduzir as Sagradas Escrituras para o alemão, de modo que todos pudessem lê-la e se tornassem os gestores de sua própria salvação.

A Reforma Protestante queria reestruturar a Igreja baseando seus ensinamentos e sua prática na Bíblia. Queria restaurar as práticas de seus primórdios. A mensagem da Reforma era: *O cristianismo não é romano.*

Por que Lutero escapou de ser queimado como herege? Há vários motivos para isso. Um deles foi a invenção da imprensa com tipos móveis. Todas as críticas e denúncias de Lutero à Igreja foram imediatamente impressas e circularam por toda a Europa. A imprensa era uma invenção nova, tinha apenas 50 anos quando Lutero começou seu ataque à Igreja. Antes de o papa conseguir se organizar para derrotar Lutero, este já era conhecido por todos, bem como suas críticas. Não se tratava de um herege com um punhado de simpatizantes em um país, como já havia acontecido tantas vezes antes. Em pouquíssimo tempo, esse homem já contava com uma legião internacional de seguidores.

Outra razão para Lutero ter sobrevivido foi que alguns príncipes alemães receberam bem esse ataque a Roma. Na época, a Alemanha não era um país único, mas um conjunto de muitos estados, os territórios germânicos, ou Germânia. Em parte, foi devido a isso que a Igreja exerceu mais influência na Alemanha do que na França e na Inglaterra, países unificados. A Igreja possuía uma imensa quantidade de terras, quase metade das terras em certos lugares, coletava do povo grandes quantias em impostos, e o papa designava os bispos sem pedir a opinião dos príncipes. Ao seguir Lutero, os príncipes se capacitaram a tomar as terras da Igreja, designar seus próprios bispos e deter o fluxo do dinheiro para Roma. Os príncipes se tornaram os protetores de Lutero e foi em seus reinos que a Igreja luterana começou a se desenvolver. Ela se estabeleceu em cerca de metade da Alemanha, de onde o luteranismo se expandiu para o norte – Suécia, Dinamarca e Noruega. A Inglaterra adotou sua própria versão de protestantismo: a Igreja da Inglaterra, ou Anglicana.

Em pouco tempo já havia diversos rivais da Igreja de Roma. As igrejas protestantes assumiram várias formas de acordo com o país. Cada uma era autossuficiente, constituindo uma série de igrejas nacionais, enquanto a Igreja Católica era uma organização internacional. Quando as pessoas começassem a ler a Bíblia por si mesmas, como Lutero e outros reformadores encorajavam que fizessem, logo encontrariam nela motivos para criticar o próprio Lutero – o movimento protestante continuou a produzir novas igrejas porque não havia mais uma autoridade central para controlar a crença e o culto.

Durante mais de 100 anos, católicos e protestantes se combateram em guerras. Cada lado considerava que o outro estava totalmente errado, não por ser outro tipo de cristão, nem por ser não cristão, mas por ser um anticristão, um inimigo da Igreja verdadeira, que só poderia ser preservada se o outro lado fosse eliminado. Essa doutrina homicida levou a massacres. Era melhor um católico ou protestante ser morto do que vê-lo pregar uma doutrina totalmente ofensiva a Deus e prejudicial a Sua Igreja na Terra. Mas, depois de lutarem durante um século sem que nenhum lado vencesse, os dois chegaram a uma espécie de

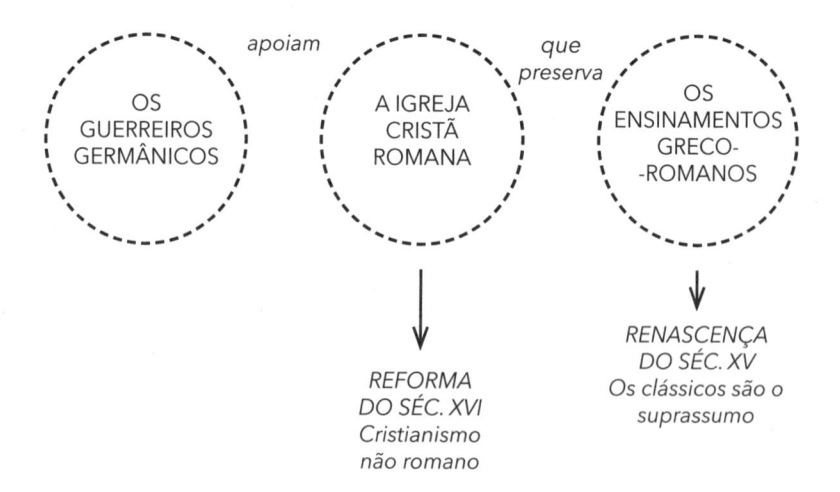

OS GUERREIROS GERMÂNICOS —apoiam→ A IGREJA CRISTÃ ROMANA ←que preserva— OS ENSINAMENTOS GRECO-ROMANOS

↓ REFORMA DO SÉC. XVI
Cristianismo não romano

↓ RENASCENÇA DO SÉC. XV
Os clássicos são o suprassumo

longa trégua e, aos poucos, surgiu a noção de tolerância. Primeiro, foi aceita a existência de países protestantes e países católicos. Depois – um grande salto –, que talvez tipos diferentes de cristão pudessem conviver pacificamente em um país, algo no qual nem protestantes nem católicos tinham acreditado no início.

A Renascença e a Reforma foram movimentos retrógrados. Estavam tentando separar uma parte da mistura europeia fundamental do resto. A Renascença retrocedia aos ensinamentos greco-romanos. Os reformadores protestantes retrocediam à Igreja cristã antes de ela assumir sua estrutura romana. A Igreja Católica tinha acolhido os documentos centrais para ambos os movimentos. Havia preservado os ensinamentos greco-romanos – os quais a Renascença usou para escapar de sua autoridade intelectual – e criado e santificado a Bíblia – que os reformadores protestantes usaram para romper a teologia e a unidade da própria Igreja Católica.

AGORA PRECISAMOS EXAMINAR O PROCESSO pelo qual a cultura europeia se tornou visionária; como passou a acreditar no progresso e que com o tempo as coisas melhorariam, o que é algo muito estranho de se conceber. A crença no progresso ocorreu como resultado da Revolução Científica do século XVII. Esse é o período no qual começa a nossa ciência moderna.

No início do século XVII, os gregos ainda eram a autoridade no que dizia respeito ao Universo e a como ele funcionava. Seu ensinamento central era de que a Terra estava no centro do Universo e de que os outros planetas giravam em torno dela, inclusive a Lua e o Sol. A Terra, de acordo com os gregos, era imóvel; não parecia estar se movendo – que força poderia movê-la? Ela era estacionária, um reino impuro; aqui as coisas se modificavam e decaíam, mas os céus eram um reino puro, perfeito, imutável. Por que os outros planetas se movimentam em círculos? Porque o círculo é a forma perfeita. Um dos ensinamentos da geometria grega é que existem formas perfeitas: o quadrado é uma delas; o círculo, outra. Assim, os planetas se movimentam em círculos e, como o céu é o reino perfeito, não precisa de qualquer força para movimentá-los. Os planetas giram numa perfeita harmonia circular.

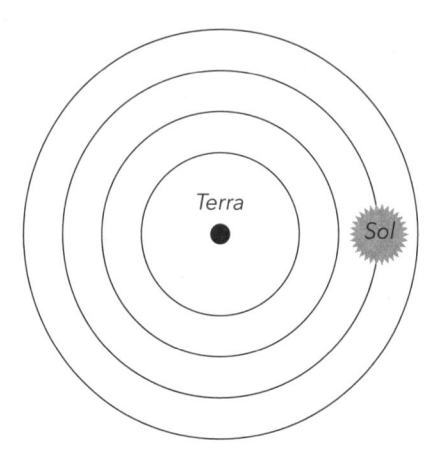

No século XVII esse conceito foi derrubado por aquele que até hoje consideramos o verdadeiro. O Sol está no centro do sistema solar; os planetas giram em torno do Sol, não em círculos, mas em elipses; a Terra é um dos planetas que giram em torno do Sol; e em torno da Terra gira a Lua. O sistema é um só – acabaram-se os reinos separados: a Terra impura e o céu puro. Esse sistema único é todo explicado por uma lei ou uma série de leis.

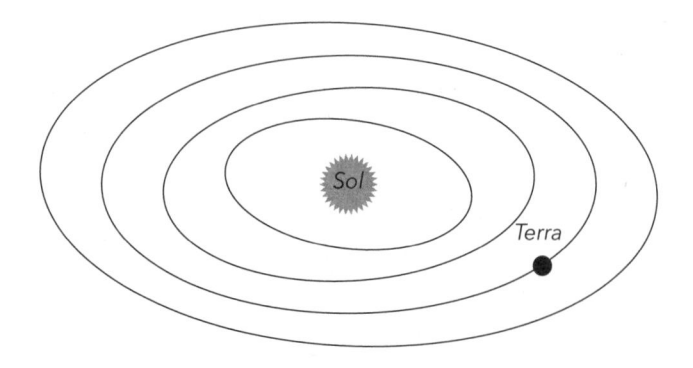

O que faz com que a Terra e os planetas se movimentem? A resposta, disse Isaac Newton, é que todo objeto no Universo continuará a se movimentar em linha reta, a menos que outro atue sobre ele. Uma força que está sempre presente é a atração universal entre os corpos. Todos os corpos atraem uns aos outros: este livro está sendo atraído para a Terra, a Lua é atraída para a Terra, a Terra é atraída para o Sol. As marés altas e baixas são resultado das mudanças na força de atração entre a Terra e a Lua. Esse é o sistema único que mantém toda a matéria unida. Agora podemos determinar por que os planetas se movimentam do modo como se movimentam. Duas forças atuam sobre eles: a tendência a se movimentarem em linha reta e a tendência a serem atraídos para o Sol. O resultado da soma das tendências é que um planeta é impulsionado num curso elíptico em torno do Sol.

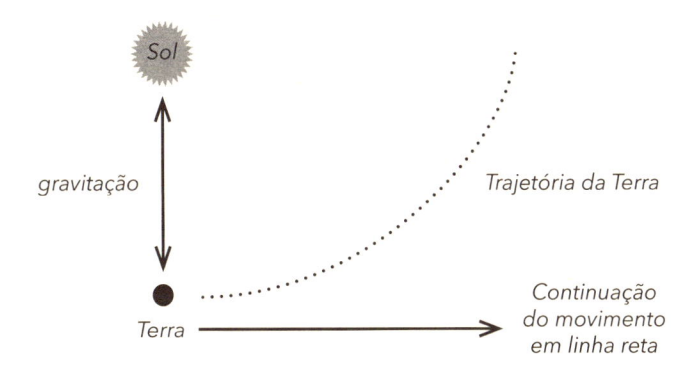

Sol

gravitação

Trajetória da Terra

Terra

Continuação do movimento em linha reta

A essa atração entre os corpos Newton denominou "gravitação", e ele conseguiu formular a força de gravitação entre dois corpos quaisquer com sua Lei da Gravitação Universal. A lei é expressa numa fórmula matemática e diz que a força de gravitação aumenta quanto maiores forem os corpos e que se relaciona diretamente com suas massas. A força de atração enfraquece à medida que aumenta a distância entre os corpos: nesse caso, existe uma relação inversamente proporcional. Na verdade, a força diminui rapidamente à medida que os corpos se afastam. A força de atração corresponde ao quadrado do aumento da distância. Assim, duplicar a distância torna a força quatro vezes menor (2^2, ou seja, 2 × 2), e triplicá-la torna a força nove vezes menor (3^2, ou seja, 3 × 3). Claro, isso também vale para a aproximação. Se um objeto está a determinada distância de outro mas reduz em quatro vezes a distância, a força de atração aumenta em 16 vezes (4^2). Eis a seguir a fórmula (a única equação com que vou chatear você) que Newton usou para medir a atração entre a Terra e o Sol.

$$F = G \frac{m_1 \times m_2}{r^2}$$

onde: *F é a magnitude da força gravitacional entre dois corpos*
G é a constante gravitacional
m1 é a massa do primeiro corpo
m2 é a massa do segundo corpo
r é a distância entre os dois corpos

Uma equação como essa nos faz lembrar que a matemática está no centro da ciência e que o pressentimento dos gregos acabou se revelando verdadeiro: o mundo é simples e as leis que o governam são expressas em fórmulas matemáticas. Os cientistas do século XVII viraram de cabeça para baixo os ensinamentos gregos sobre o Universo, mas o fizeram usando o método matemático grego.

Que conquista magnífica foi descobrir, de onde nós estamos – sobre a Terra, que é o terceiro planeta a partir do Sol –, como funciona todo o sistema! Foi natural que os humanos tivessem se colocado no centro do Universo. Foi natural terem se guiado pela evidência de seus sentidos para assumir que a Terra não se movimentava. Foi apropriado terem respeitado os ensinamentos dos magníficos gregos. Mas, contra todas essas tendências, a ciência triunfou no século XVII.

A mensagem da Revolução Científica foi: *Os gregos estavam errados*. A grande reverência pelos clássicos havia se rompido. Tínhamos feito mais do que nos igualar a eles; nós os tínhamos superado.

Os cientistas eram inteligentes, mas aonde os levou a inteligência? Eles tinham descoberto que os humanos não estavam no centro do Universo. Este é um dilema comum no Ocidente: somos muito inteligentes, mas a todo momento descobrimos novas evidências de que somos insignificantes. O pior estava por vir no século XIX, quando Darwin apresentou a ideia de que humanos e macacos têm ancestrais em comum – mais um rebaixamento do homem e sua presunção. Não estamos no centro do Universo, não somos uma criação especial e descendemos do reino animal num sistema de ocorrências fortuitas.

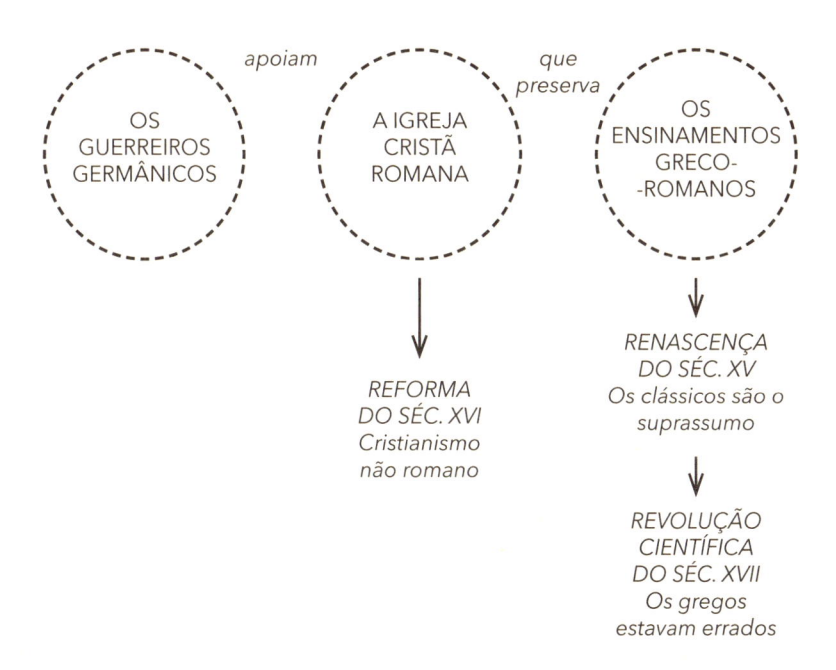

OS GUERREIROS GERMÂNICOS —apoiam→ A IGREJA CRISTÃ ROMANA —que preserva→ OS ENSINAMENTOS GRECO-ROMANOS

↓ REFORMA DO SÉC. XVI
Cristianismo não romano

↓ RENASCENÇA DO SÉC. XV
Os clássicos são o suprassumo

↓ REVOLUÇÃO CIENTÍFICA DO SÉC. XVII
Os gregos estavam errados

A Igreja, tanto a protestante quanto a católica, se opôs ao novo conceito de que o Sol estava no centro do Universo e de que a Terra girava em torno dele. Segundo a Bíblia, Deus tinha criado a Terra, depois o Sol, a Lua e as estrelas acima do planeta. Posteriormente, a Igreja precisou se render e declarou que os cientistas estavam certos – como tornou a fazer após ter contestado Darwin. Nas duas ocasiões, perdeu muito de sua autoridade.

A geração que se seguiu à Revolução Científica não achou que as descobertas tivessem reduzido a importância do homem, pelo contrário: pensou que, se, usando a razão, tínhamos descoberto como operava todo o sistema e o descrito com exatidão usando a nossa matemática, então poderíamos usar a razão para ir além – fazer com que essa razão influencie a vida humana e a melhore a ponto de torná-la irreconhecível. Esse desejo de transformar a razão em um fator soberano foi o que deu vida ao Iluminismo, também chamado Esclarecimento, um movimento intelectual do século XVIII que visava a aplicar a razão para dar um novo formato à sociedade, ao governo, à moral e à teologia.

O Iluminismo nasceu e foi mais forte na França. Os pensadores desse movimento consideravam que o mundo estava sendo governado pela ignorância e pela superstição. As duas grandes forças irracionais da sociedade eram a Igreja (isto é, a Igreja Católica) e o rei, que na França era um monarca absolutista. Elas mantinham suas posições sustentando-se na ignorância do povo. Para manter o povo bem-comportado, a Igreja vendia histórias de milagres e de punições eternas no inferno. Os reis vendiam a ideia de que tinham sido ordenados por Deus e de que questionar sua autoridade seria uma afronta à religião, por isso o povo não tinha alternativa senão obedecer. Uma das figuras do Iluminismo resumiu seu programa da seguinte maneira: "Eu gostaria de ver o último rei ser estrangulado com as entranhas do último padre."

Deve-se admitir que essa é uma visão exacerbada. O Iluminismo não foi um movimento revolucionário, nem mesmo político. Foi uma convergência de eruditos, escritores, artistas e historiadores que acreditavam que, à medida que a razão e a educação se disseminassem, a superstição e a ignorância perderiam força e as pessoas deixariam de acreditar em bobagens como milagres ou reis que governavam com a permissão de Deus. Quando as pessoas recebem educação, se tornam esclarecidas. O problema era que as principais figuras do Iluminismo não eram democratas; elas ficaram bem contentes ao ver um governante iluminista implementando seus planos para formar uma sociedade governada pela razão. Alguns monarcas na Europa do século XVIII foram, como se diz, déspotas esclarecidos. Aboliram as punições bárbaras e a tortura, codificaram suas leis e começaram a fazer alguma coisa no sentido de educar o povo.

A grande realização do Iluminismo francês foi a produção de uma enciclopédia. É a primeira grande enciclopédia moderna, notável porque não foi – como hoje imaginamos as enciclopédias – uma autoridade permanente escrita por sábios estabelecidos. Na verdade, foi uma enciclopédia radical, porque aplicava a razão a todas as coisas e não estabelecia uma hierarquia no conhecimento. Não começava, como gostaria a Igreja, falando sobre teologia e Deus. E onde se encontra Deus nessa enciclopédia? Sob as letras D (de *Dieu*) e R (de *Religion*). Essa enciclopédia é uma indexação alfabética do conhecimento, e o simples ato de fazê-la alfabética foi um desafio à Igreja e sua alegação de ser a dona das mais elevadas verdades. Todo conhecimento foi tratado da mesma maneira e submetido à mesma verificação. No verbete "Adoração", a enciclopédia advertia: "O modo de adorar o Deus verdadeiro jamais deve se desviar da razão, pois Deus é o autor da razão..."

Os editores precisaram ter muito cuidado para não atacar diretamente a Igreja ou o rei, porque a França do século XVIII ainda contava com uma censura, embora o censor tivesse demonstrado simpatia pela obra, sugerindo que o lugar mais seguro para guardar as chapas para impressão da edição seguinte seria sua própria casa! Examinando o verbete sobre a arca de Noé, percebemos como a enciclopédia navegava em águas perigosas. Começava perguntando qual o tamanho da arca e afirmava que devia ter sido bem grande, pois precisou acomodar não apenas dois animais de cada espécie da Europa como também das espécies do resto do mundo. E não só os animais, pois ficar na arca durante muito tempo exigiria que animais que serviam de alimento para outros permanecessem vivos. Dois ovinos – um carneiro e uma ovelha – não seriam suficientes; deveria haver centenas de cordeiros para alimentar os leões. Deve ter sido uma embarcação imensa, e ainda assim a Bíblia relata que ela foi construída por apenas quatro pessoas. Como devem ter sido grandes e fortes! Parecendo apresentar questões genuinamente plausíveis, a enciclopédia estava dizendo que essa história era absurda.

Os iluministas não se opunham necessariamente à ideia de Deus como criador ou um espírito idealizador no começo do Universo. Eles se opunham ao que chamavam de superstição e a como a Igreja usava isso para assumir o controle da mente dos homens. Odiavam o fato de a Igreja dizer às pessoas que elas iriam arder no inferno se fossem desobedientes. A mensagem do Iluminismo era: *Religião é superstição*. Por isso, a religião, que já fora um componente central na civilização europeia, devia perder a centralidade. A razão deveria tomar seu lugar. Se seguíssemos a *razão* e a *ciência*, haveria *progresso*. A seta horizontal que arremata a ilustração na página seguinte nos leva para fora da página, para longe da escuridão e em direção à luz.

O progresso era uma ideia nova. Os antigos não acreditavam em progresso, mas na existência de um ciclo de crescimento e deterioração: as instituições e a sociedade seriam puras e vigorosas na juventude, depois se instalaria um processo de corrupção;

```
   OS              apoiam    A IGREJA     que         OS
GUERREIROS                   CRISTÃ    preserva   ENSINAMENTOS
GERMÂNICOS                   ROMANA                  GRECO-
                                                    -ROMANOS
                                ↓            ↓
                            REFORMA      RENASCENÇA
                            DO SÉC. XVI  DO SÉC. XV
                            Cristianismo Os clássicos são o
                            não romano   suprassumo
                                             ↓
                                         REVOLUÇÃO
                                         CIENTÍFICA
                                         DO SÉC. XVII
                                         Os gregos
                                         estavam errados
                                             ↓
                                         ILUMINISMO
                                         DO SÉC. XVIII
                                         Religião é
                                         superstição

                                         RAZÃO,
                                         CIÊNCIA,
                                         PROGRESSO
                                         ----------->
```

a história se desenvolveria em ciclos. A Igreja não acreditava em progresso, ao menos não no progresso obtido por esforço humano independente de Deus, pois entendia que os humanos eram basicamente maus. Para ela, humanos guiados unicamente pela razão nunca seriam capazes de produzir uma sociedade perfeita.

As ideias do Iluminismo tiveram seu primeiro experimento na Revolução Francesa, no fim do século XVIII. Frustrando as grandes esperanças quanto ao que a razão seria capaz de fazer, quando reis e Igreja foram banidos do poder a Revolução Francesa não inaugurou uma nova era de esclarecimento; na verdade, gerou derramamento de sangue, tirania, ditadura. Mas, antes de isso acontecer, o último elemento da antiga mistura foi libertado de suas amarras pelo movimento do Romantismo do fim do século XVIII e início do século XIX.

O Romantismo acreditava em sentimentos, emoções – em todas as paixões. Nisso era o oposto do Iluminismo, que depositava sua fé na razão. Foi um movimento que abrangeu toda a Europa, porém foi mais forte na Alemanha, onde essas ideias foram trabalhadas com mais completude. Os adeptos do movimento romântico não queriam que a razão controlasse nossas emoções e paixões. Achavam que um grande escritor ou artista não era o que retomava com elegância um antigo tema dos clássicos, mas alguém capaz de desnudar a própria alma, demonstrar seu furor, suas angústias, seu desespero. A arte devia ser emocional e expressiva.

Essas ideias alemãs se desenvolveram numa consciente oposição às ideias do Iluminismo francês. Os alemães declararam que não era possível falar de forma abstrata sobre o homem e a sociedade porque os membros do gênero humano têm características diferentes, dependendo do país em que vivem. Somos modelados, diziam os românticos, por nossa língua e nossa história; elas estão incorporadas em nós. Assim, os alemães, por terem história e língua próprias, seriam sempre diferentes dos franceses. "Não existe essa coisa de uma razão universal, na qual acreditam esses intelectuais de salão franceses. Somos alemães e queremos explorar o germanismo de sermos alemães." Os românticos alemães queriam saber como tinham sido os guerreiros de seu povo antes de terem se mesclado com a civilização, com Roma e o cristianismo. Estavam tirando a Alemanha da mistura europeia. Gostavam daqueles homens das florestas, de seu vigor e vitalidade, de sua crueza. Não queriam seguir intelectuais fracotes. Reverenciavam os alemães que tinham vivido junto à terra e que sabiam o que significava ser alemão.

Nosso interesse e nosso respeito modernos pela cultura começam nesse momento, quando, pela primeira vez, intelectuais passaram a recolher elementos da cultura popular. Responder ao palavreado dos arrogantes intelectuais franceses sobre a razão significava calçar as botas e sair caminhando. Ir ao povo alemão, ir aos camponeses, registrar suas histórias e suas canções, pois era lá que você ia encontrar o verdadeiro esclarecimento. A mensagem do Romantismo era: *A civilização é artificial*. Ou seja, ela nos tolhe e nos constrange. É dentro da cultura tradicional que a vida é vivida em toda a sua plenitude.

Desde então essa visão ganhou força na sociedade ocidental. Ela irrompeu como uma onda na década de 1960. Uma das formas que assume é o clamor pela libertação: não vamos seguir nenhuma regra, vamos viver de um jeito simples, direto, sem rodeios, vamos cultivar nosso próprio alimento e tecer nossas roupas. Vamos deixar o cabelo crescer, viver em comunidades, ser sinceros sobre nossos sentimentos e francos ao lidar uns com os outros. E vamos nos inspirar nas pessoas mais autênticas – trabalhadores e camponeses, ou "o bom selvagem".

Os românticos também proveram a ideologia – o pensamento formal – para o nacionalismo, que continua sendo uma grande força no mundo moderno. O nacionalismo proclama que os povos são diferentes, e um povo que tem sua própria cultura e sua própria língua deve viver junto e ter seu próprio governo. Não basta elaborar de forma abstrata sobre o que torna um governo bom; se o governo não for o governo de seu próprio povo, ele não poderá ser bom. Os sérvios devem viver juntos e ter um governo sérvio. Os croatas devem viver juntos e ter um governo croata. Num país onde sérvios e croatas vivem juntos, nós, os sérvios, ou nós, os croatas, não podemos nos expressar completamente. A essência de ser sérvio ou croata não florescerá se não tivermos nosso próprio Estado: essa é a ideologia do nacionalismo.

O movimento romântico acreditava em *emoção, cultura, nacionalismo* e *libertação*, a seta que, no esquema da página seguinte, aponta na direção oposta à da razão, da ciência e do progresso.

Nosso quadro está completo. Nele se pode ver o que aconteceu ao longo do tempo desde 1400. Há um buraco no centro, lugar uma vez ocupado pela Igreja, que foi o centro da civilização durante a Idade Média. A Renascença, a Reforma, a Revolução Científica, o Iluminismo, o Romantismo: todos, cada um à sua maneira, reduziram a autoridade da Igreja.

A Igreja, isto é, a Igreja Católica, ainda exerce alguma autoridade, e, se você é uma pessoa esclarecida, pode achar que ainda vale a pena atacar o papa. Com certeza toda pessoa esclarecida acredita que o planejamento familiar é uma coisa boa, mas o papa diz que isso é contra o ensinamento de Deus e que nenhuma consideração pragmática pode torná-lo correto, mesmo que a maioria dos católicos do Ocidente ignore o papa no que se refere a esse assunto. Mas, no geral, temos seguido um grande processo de secularização.

As forças gêmeas da ciência e do progresso, por um lado, e da emoção e da libertação, por outro, ainda são muito fortes. Às vezes elas se fortalecem reciprocamente; às vezes se opõem uma à outra. Pense em como elas ainda nos dividem. Primeiro, leia o relato bíblico sobre a criação da humanidade no livro do Gênesis, capítulo 2:

> Então o Senhor Deus formou o homem do pó da terra e soprou em suas narinas o fôlego da vida, e o homem se tornou um ser vivente. Ora, o Senhor Deus tinha plantado um jardim no Éden, para os lados do leste; e ali colocou o homem que formara (...) Então o Senhor Deus declarou: "Não é bom

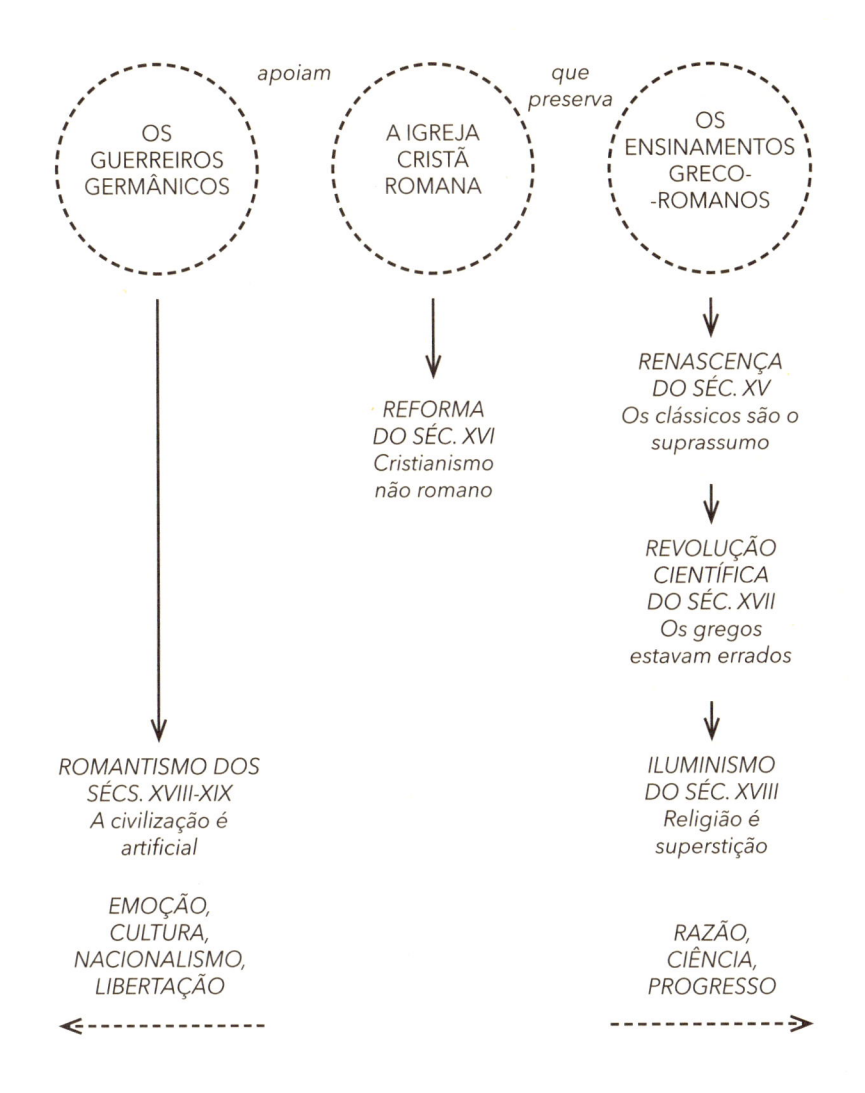

```
    ,--------.                  ,--------.              ,--------.
   ,'          `.   apoiam     ,'          `.   que    ,'          `.
  ;      OS      :------->    ;   A IGREJA   :preserva;      OS      :
  ;  GUERREIROS  ;            ;    CRISTÃ    ;------->; ENSINAMENTOS ;
  ;  GERMÂNICOS  ;            ;    ROMANA    ;        ;    GRECO-    ;
   `.          ,'              `.          ,'          ;   -ROMANOS  ;
    `--------'                   `--------'             `.          ,'
         |                           |                    `--------'
         |                           |                         |
         |                           ↓                         ↓
         |                       REFORMA                  RENASCENÇA
         |                       DO SÉC. XVI              DO SÉC. XV
         |                       Cristianismo             Os clássicos são o
         |                       não romano               suprassumo
         |                                                     |
         |                                                     ↓
         |                                                REVOLUÇÃO
         |                                                CIENTÍFICA
         |                                                DO SÉC. XVII
         |                                                Os gregos
         |                                                estavam errados
         |                                                     |
         ↓                                                     ↓
    ROMANTISMO DOS                                        ILUMINISMO
    SÉCS. XVIII-XIX                                       DO SÉC. XVIII
    A civilização é                                       Religião é
    artificial                                            superstição

    EMOÇÃO,                                               RAZÃO,
    CULTURA,                                              CIÊNCIA,
    NACIONALISMO,                                         PROGRESSO
    LIBERTAÇÃO
    <----------------                                     ---------------->
```

que o homem esteja só; farei para ele alguém que o auxilie e lhe corresponda." (...) Então o Senhor Deus fez o homem cair em profundo sono e, enquanto este dormia, tirou-lhe uma das costelas, fechando o lugar com carne. Com a costela que havia tirado do homem, o Senhor Deus fez uma mulher e a levou a ele. Disse então o homem: "Esta, sim, é osso dos meus ossos e carne da minha carne! Ela será chamada mulher, porque do homem foi tirada." Por essa razão, o homem deixará pai e mãe e se unirá à sua mulher, e eles se tornarão uma só carne.

O que você diria se eu sugerisse esquecer a biologia e a evolução e ensinar na escola de acordo com esse relato? "Não, não", você diria, porque é uma pessoa esclarecida, progressista. É de educação que estamos falando; se os pais quisessem que seus filhos aprendessem isso, poderiam, eles mesmos, ensinar. E se ficássemos com a biologia e a evolução mas ensinássemos também o relato cristão? "Não, não." A ciência demonstra que evoluímos a partir de animais; isso é tudo que se pode ensinar. Existem muitos criacionistas doidos por aí; não podemos permitir que eles tenham qualquer abertura nas escolas.

Agora leia outra história, contada pelos aborígines australianos:

Havia um velho que amava muito seu sobrinho. O jovem foi para um país distante, onde se apaixonou por uma moça. Os dois fugiram juntos, porém os anciãos da tribo os seguiram, pois ela tinha sido prometida a um deles. Eles mataram o jovem com um golpe de lança. Quando o velho, seu tio, ouviu isso ficou muito triste, pois o amava demais. Apesar da idade, viajou até o outro país para levar o corpo do sobrinho de volta para casa. Foi uma carga pesada para o tio, pois ele era mesmo muito velho e o jovem já era quase adulto. Mas ele conseguiu;

levou o corpo para casa, e ele foi sepultado adequadamente. Ainda hoje é possível seguir o caminho feito pelo velho. Onde ele parava e depositava o corpo no solo arenoso, nascia uma fonte. E onde ele pousava o corpo num solo rochoso existe hoje um espelho-d'água, cheio das lágrimas do velho.

Os aborígines tradicionais vivem num mundo encantado. Cada pedaço de terra tem sua história, que faz uma conexão entre seus ancestrais e a vida que eles vivem atualmente. Você acha que essas histórias deveriam ser preservadas? "Sim", você diria. Deveriam contá-las às crianças aborígines? "Sim, é claro." Deveriam ser ensinadas nas escolas? "Sim." E elas são.

No papel de um homem do Iluminismo, eu deveria dizer: "Se as crianças quiserem aprender a origem das fontes e das lagoas na rocha, devem estudar geologia."

"O quê?", você replicaria. "Não é disso que se trata."

Se eu disser, ainda fingindo ser um homem do Iluminismo, "Os aborígines viviam com medo da escuridão e da feitiçaria", você não prestaria atenção. Estaria fascinado. Os aborígines parecem viver uma vida mais completa, mais sadia, mais natural. Você fica entregue a um sentimento romântico.

Parece que você está dividido. No que diz respeito às nossas crianças, você quer que elas recebam apenas informações científicas. Por outro lado, parece ter inveja desses povos sem ciência cujas crenças tradicionais permanecem intactas.

Nosso destino é nos sentirmos dilacerados, divididos, confusos. Outras civilizações têm uma única tradição, e não essa estranha tríplice divisão. Não são tão suscetíveis aos tumultos, às reviravoltas e às confusões por que passamos em nossa vida moral e intelectual.

Temos uma ascendência muito misturada e não existe um lugar que possamos considerar nosso único lar.

INTERLÚDIO

O toque do clássico

NA RENASCENÇA, ERUDITOS E ESCRITORES achavam que a arte, a literatura e os ensinamentos da Grécia e de Roma poderiam talvez ser igualados, mas jamais superados. Por isso os rotularam de clássico: o que há de melhor. Durante dois séculos os homens debateram comparando as conquistas dos antigos com as dos modernos. O debate foi resolvido no século XVII, quando se demonstrou que a ciência grega estivera errada quanto ao Sol, à Terra, aos planetas e às estrelas. Dali em diante, houve menos reverência aos clássicos e mais esperança naquilo que nós, modernos, poderíamos realizar. Mas em alguns campos nosso ponto de partida ainda são os escritores greco-romanos. Quando olhamos para esses gigantes, ainda é possível ter aquela "sensação clássica".

Os três grandes filósofos de Atenas – Sócrates, Platão e Aristóteles – ainda são poderosas forças da filosofia. Costuma-se dizer que toda a filosofia ocidental é uma nota de rodapé na filosofia de Platão. Os três estavam intimamente conectados. Platão registrou as palavras de Sócrates, que filosofava mediante debates com seus colegas; Aristóteles foi pupilo de Platão.

Sócrates não alegava estar ensinando a verdade. Ele estabeleceu o método para alcançá-la, que consistia fundamentalmente em questionar tudo, não aceitar nada por seu valor nominal e presumir que uma simples opinião não tem fundamento racional. Sócrates fazia uma pergunta simples: "O que é um homem bom?" Um de seus colegas daria uma resposta, que Sócrates demonstraria conter uma grande lacuna. Em seguida, o mesmo homem, ou outro qualquer, faria outra tentativa – dessa vez mais cuidadosa. Haveria mais questionamentos e mais refinamentos nas respostas. Sócrates acreditava que, se sua mente se mantivesse clara e afiada, você conseguiria chegar à verdade. Não teria que ir buscá-la lá fora ou fazer pesquisa. A verdade existe; você tem de educar a mente para captá-la.

Esse método ainda carrega seu nome: o método socrático. É o que se pretende que seja usado em seminários universitários, nos quais o tutor, ou instrutor, não está lá para ditar a lei, mas para ajudar os estudantes a pensar com clareza e para conduzir um debate frutífero. Portanto, pode haver um diálogo como este:

> Tutor: Amanda, o que é revolução?
> Amanda: A derrubada de um governo pela força.
> Tutor: E se um estado for governado por um rei, e o irmão do rei o derruba e se torna o rei em seu lugar? Isso é uma revolução?
> Amanda: Ah, não!
> Tutor: Assim, nem todos os casos em que se usa a força para mudar um governo são revoluções?
> Amanda: Bem, não. Não todos os casos.
> Tutor: Então, o que mais é preciso, além do uso da força, para fazer uma revolução?

Há uma pegadinha nesse método. Pessoas inteligentes podem se dar bem com ele sem precisar ter muitos conhecimentos.

Sócrates, Platão e Aristóteles viveram em Atenas quando ela era uma democracia, nos séculos V e IV a.C. Todos eram críticos da democracia, e Sócrates entrou em rota de colisão com a Atenas democrática. Foi julgado por ignorar os deuses e corromper a moral dos jovens. Defendeu-se dizendo que não insistia com ninguém para que adotasse sua opinião, apenas questionava as pessoas para que elas encontrassem as razões das próprias crenças. Foi declarado culpado por um júri de 501 cidadãos, mas o resultado foi apertado. Em seguida, o júri teve que decidir qual pena seria imposta. A acusação pediu a pena de morte. A essa altura, supunha-se que o réu começasse a se desculpar, alegasse ter mulher e filhos e pedisse clemência. Sócrates recusou-se a rastejar. "Qual deveria ser a pena cabível a um indivíduo que tenha estimulado alguém a desenvolver seu bem-estar mental e moral? Talvez uma pensão vitalícia! Vocês podem até me banir da cidade, mas eu poderia fazer a mesma coisa na cidade seguinte. Onde quer que eu esteja, não posso viver sem questionar. Uma vida sem avaliação constante não merece ser vivida. Vocês poderiam impor uma multa, mas tenho muito pouco a oferecer; não sou um homem rico." Os seguidores de Sócrates, que já estavam ficando desesperados, se puseram de pé num salto e se ofereceram para pagar uma multa substancial. Mas, sem muita comoção, o júri optou pela pena de morte.

Geralmente, em Atenas as execuções eram imediatas, mas essa foi adiada devido a um festival religioso. Sócrates podia ter fugido, e as autoridades provavelmente gostariam que ele tivesse feito isso, mas ele rejeitou essa opção. "Por que tanto tumulto para me agarrar a uma vida que não posso viver para sempre?", questionou ele. "O objetivo não é viver, mas viver bem. Tive uma boa vida sob as leis de Atenas e estou pronto para aceitar minha pena." Ele se manteve muito filosófico até o fim. Quando o livraram das correntes, comentou quão próxima a dor está do prazer.

A execução seria bebendo um veneno chamado cicuta até o fim do dia. Seus colegas lhe imploraram que adiasse o máximo possível, pois o sol ainda não estava todo atrás das montanhas. Sócrates respondeu que faria um papel ridículo caso se agarrasse à vida. Bebeu o veneno com toda a calma, sem demonstrar desagrado, nem mesmo ao gosto. A cicuta mata muito rapidamente.

Acabei de contar a história da morte de Sócrates de um modo que demonstra simpatia pelo filósofo. Será possível contar a história de modo que você simpatize com a acusação? O filho do promotor tinha assistido aos debates filosóficos de Sócrates e se tornara um bêbado renegado. O acusador não estaria com a razão ao dizer que Sócrates era perigoso? Se tudo é questionado, a pessoa perde suas referências, sua postura. Não é possível viver apenas pela razão; é preciso haver costumes, hábitos, religião para dar uma orientação aos indivíduos e possibilitar a vida em sociedade.

É um caso no qual fica difícil argumentar. Em nossa cultura, existe um viés a favor de Sócrates. Nem sempre foi assim, mas o relato que Platão fez de sua morte sobreviveu para fazer dele o santo padroeiro do questionamento.

Platão ainda é o ponto de partida para uma questão central da filosofia: será que tudo aquilo que experimentamos com nossos sentidos é um guia verdadeiro para conhecer a realidade? Platão acreditava que o que vemos e experimentamos no mundo é apenas uma nebulosa representação do que existe em sua forma perfeita num outro reino sublime, espiritual. Temos mesas comuns aqui, mas também há mesas perfeitas em outro lugar. Mesmo conceitos abstratos, como os do bem e do mal, existem numa forma perfeita em outro lugar. Os humanos vieram desse reino; agora, no exercício de sua mente e de seu espírito, têm de redescobri-lo. Platão é o grande filósofo idealista: rejeitou a narrativa materialista do mundo.

Platão sabia que pessoas presas ao senso comum rejeitariam seus ensinamentos. Para elas, tinha uma resposta ainda hoje poderosa. Imagine um grupo de pessoas acorrentadas na frente de uma caverna. Não podem ver o que existe atrás delas, só olhar para dentro da cavidade. Atrás delas há uma estrada elevada e, mais além dela, uma grande fogueira, que ilumina o interior da caverna. Quando pessoas, animais e carroças passam pela estrada, projetam sombras na parede ao fundo da caverna, pois estão bloqueando a luz da fogueira. As pessoas acorrentadas verão apenas as sombras. Vão dar-lhes nomes e discutir sobre elas; vão racionalizar sobre elas; vão pensar que essas sombras são a realidade. Então, afaste uma pessoa da caverna e leve-a para o ar livre. No início ela ficará ofuscada pela luz, depois se sentirá confusa e surpresa com as cores e com objetos de três dimensões. "Mas lá embaixo pensávamos...", dirá. Sim, lá embaixo ela não era capaz de ver a verdade.

Aristóteles, discípulo de Platão, foi o grande sistematizador do conhecimento sobre o mundo natural e o Universo, tanto no reino da Terra quando no dos céus. Na Revolução Científica do século XVII, seu ensinamento de que a Terra era o centro do Universo foi derrubado. No entanto, as regras de Aristóteles sobre como pensar com clareza subsistem. Ele nos deu o silogismo, uma declaração em três partes que começa com duas premissas (uma afirmativa generalizada e outra específica) e delas tira uma conclusão. Eis um exemplo:

                Todos os gatos têm quatro patas.
                Milligan é um gato.
Portanto: Milligan tem quatro patas.

A conclusão está correta? Para que um silogismo tenha uma conclusão correta, as duas premissas têm de ser verdadeiras e a argumentação que leva à conclusão precisa ser válida. Nesse caso, gatos realmente têm quatro patas e digamos que Milligan seja um gato. Assim, as premissas são verdadeiras. Mas a argumentação é válida? Sim – se Milligan é um gato, e se todos os gatos têm quatro patas, Milligan realmente deve ter quatro patas. Mas eis uma argumentação errada sobre Milligan:

>Todos os gatos têm quatro patas.
>Milligan tem quatro patas.
>*Portanto*: Milligan é um gato.

A conclusão é incorreta, mesmo as premissas sendo verdadeiras, porque não há uma conexão clara entre Milligan e os gatos (ele poderia muito bem ser um cão). A argumentação não é válida porque não está dito nas premissas que *todos os animais de quatro patas são gatos*, até porque isso não é verdade. É possível ter um argumento válido mas uma conclusão incorreta; isso aconteceria se uma das premissas não fosse verdadeira. Por exemplo:

>Todos os gatos são pretos.
>Milligan é um gato.
>*Portanto*: Milligan é preto.

A argumentação é válida, mas a conclusão é incorreta porque a primeira premissa não é verdadeira. Existem regras formais para identificar e nomear todas as maneiras pelas quais um silogismo pode incorporar um raciocínio falso. Dá para ver por que se diz que os gregos nos ensinaram a pensar racionalmente.

As origens da medicina ocidental moderna remontam aos gregos, particularmente a Hipócrates, que viveu em Atenas durante a Era de Ouro, o século V a.C. Seus escritos sobreviveram, embora quase com certeza sejam uma compilação de diversos autores trabalhando segundo seus métodos e princípios. Hipócrates usou a razão para compreender a doença pressupondo que ela tinha causas naturais e com isso isolando-a de magia, feitiçaria e intervenção divina. Fez um estudo meticuloso da evolução de várias doenças e das circunstâncias nas quais as pessoas são acometidas por elas.

Tentando enxergar padrões na ocorrência das doenças, ele foi, na verdade, o primeiro epidemiologista. Impôs aos médicos a rigorosa obrigação de serem pessoas de alto padrão moral e discretas, comprometidas com o bem-estar de seus pacientes. De fato, seu trabalho definiu a profissão da medicina. Em alguns países, até hoje formandos em medicina fazem o juramento que ele desenvolveu e que leva seu nome: o juramento de Hipócrates. Por acaso, seus termos revelam qual era a situação da medicina na época dele:

> O procedimento que vou adotar será em benefício dos pacientes, de acordo com minha aptidão e meu julgamento, e não para prejudicá-los ou para qualquer coisa errada. Não lhes darei drogas mortais, mesmo que me peçam, nem os aconselharei a tomá-las, e sobretudo não ajudarei mulher que buscar o aborto. Em qualquer casa que eu venha a entrar, será para o benefício dos doentes e me esquivarei de malfeitos e de corrupção, especialmente qualquer ato de sedução, de homem ou mulher, de pessoa livre ou de servos. Do que quer que veja e ouça concernente à vida das pessoas, no exercício de minha profissão ou fora dela, e que não convém que seja divulgado, guardarei silêncio, considerando essas coisas segredos sagrados. Manterei minha vida e minha arte puras e santas.

Mas Hipócrates também legou à medicina ocidental o fardo de um grande erro que se originou da busca dos gregos pela simplicidade. Ele pensou que a saúde do corpo dependia do equilíbrio correto entre quatro elementos, ou humores: sangue, fleuma, bile amarela e bile preta. Até o século XIX esse conceito justificava a aplicação de sanguessugas quando se achava que o excesso de sangue era a causa de determinada doença. Nesse aspecto, Hipócrates foi considerado um clássico por tempo demais.

Os gregos foram superiores aos romanos em quase todos os ramos do conhecimento, mas não nas leis. O direito romano se desenvolveu de forma orgânica, com os vereditos dos juízes e os comentários de especialistas tornando-se parte da lei constituída. Embora os romanos fossem mais "pé no chão" do que os gregos, seu pensamento jurídico tinha mais do que um simples toque do idealismo grego. Quando examinavam as leis dos países que conquistavam, os romanos procuravam descobrir o que havia de comum entre elas – em quê todos concordavam que deveria ser a lei? Essa linha de investigação levou à noção de que existe uma lei natural – a lei em sua forma perfeita – que deveria ser usada para aprimorar as leis de qualquer sociedade e não poderia ser desconsiderada por nenhuma sociedade que tivesse compromisso com a justiça.

O compêndio mais completo da lei romana foi reunido no século VI por ordem do imperador Justiniano, que governou o Império Romano do Oriente, que sobrevivera ao ataque dos germânicos. Redescoberto no século XI, o código de Justiniano teve enorme influência. Um pouco menos na Inglaterra, onde uma lei comum própria já estava bem estabelecida, mas a lei inglesa para contratos foi influenciada pelo código. Eis, a seguir, duas questões relacionadas a contratos.

Considere um contrato de arrendamento. Se um cavalo arrendado for roubado, qual é a responsabilidade de quem o tomou arrendado? Resposta: ele tem de pagar pelo cavalo ao proprietário, porque deveria ter tomado conta dele. (Não consideramos aqui a hipótese de um seguro, pois os romanos não tinham isso.) Caso o cavalo fosse roubado com uso de violência, o arrendatário não seria responsável. Ele não teria de correr perigo para proteger o cavalo de outrem. Mas, se o arrendatário tivesse ficado com o cavalo além do prazo de arrendamento, seria responsável pela perda mesmo que o cavalo fosse roubado com uso de violência.

Agora, considere um ourives escolhido para fazer um anel. Isso é um contrato de venda do anel ou um contrato de aluguel do serviço do ourives? As regras que se aplicam a cada caso são diferentes. Se o cliente forneceu o ouro, o contrato é de aluguel do serviço do ourives. Se o ourives forneceu o ouro, o contrato é de venda do anel.

Pode-se ver como a lei era abrangente e detalhada e perceber a determinação de seus compiladores em estabelecer princípios justos em toda a variedade das transações humanas. Podemos escolher agir de forma diferente, mas saberemos que qualquer problema que surja já foi considerado. Ante esse grande edifício intelectual – obra de muitas mentes ao longo de séculos –, nós nos sentimos pequenos. Esse é o toque do clássico.

HISTÓRIA MAIS LONGA

CAPÍTULO 3

Invasões e conquistas

A INVASÃO DO IMPÉRIO ROMANO pelos povos germânicos foi a primeira de três grandes invasões. Depois deles, foi a vez dos muçulmanos e, por fim, dos nórdicos, ou vikings. Após anos de tumulto, a sociedade europeia se estabilizou e começou a se expandir – em cruzadas à Terra Santa, na expulsão dos muçulmanos da Espanha e depois pelo mar, para reivindicar os tesouros do mundo.

Estamos falando da queda do Império Romano e atribuímos uma data para esse acontecimento: 476 d.C. Mas apenas a metade ocidental do império caiu nesse ano. A oriental, que falava grego, sobreviveu mais mil anos tendo como capital Constantinopla, originalmente uma cidade grega chamada Bizâncio (em latim, Bizantium), o que deu o nome ao império no Oriente: Império Bizantino. Comentaremos sua queda mais tarde.

Para o Império Romano do Ocidente, o termo "queda" – assim como a atribuição de uma data – cria uma imagem enganosa. Não houve uma multidão de bárbaros nas fronteiras, um avanço constante em direção ao sul, um recuo dos romanos e um últi-

		séc. III	*Invasões germânicas*
Queda de Roma	476	séc. V séc. VI	*Invasões germânicas*
		séc. VII séc. VIII	*Invasões muçulmanas*
Carlos Magno	800	séc. IX	
Conquista normanda da Inglaterra	1066	séc. X séc. XI séc. XII	*Invasões vikings (nórdicos/normandos) Começa o ataque aos muçulmanos na Espanha Começam as cruzadas à Terra Santa*
Queda de Constantinopla	1453	séc. XV	*Expansão por mar para o oceano Índico e as Américas*

mo esforço de resistência em Roma. Nada disso. Foi, na verdade, uma invasão incomum. Você pode acompanhar no mapa da página seguinte os movimentos das diversas tribos germânicas.

As fronteiras no norte nunca foram barreiras absolutas. Sempre houve contato entre os povos em lugares de passagem convencionados, onde soldados romanos supervisionavam a troca de mercadorias. Por vezes, Roma chegou a se enfiar além das fronteiras usuais; no século I da era cristã, por exemplo, legiões romanas cruzaram o Reno e avançaram uma boa distância em território que hoje é a Alemanha. Foi uma incursão efêmera, porque os germânicos desbarataram essas legiões e, ao fazê-lo, obtiveram informações sobre Roma.

No século III, uma série de invasões germânicas quase destruiu o império. Foi uma época de grande instabilidade no governo de Roma; vários imperadores vinham e iam muito rapidamente, e os

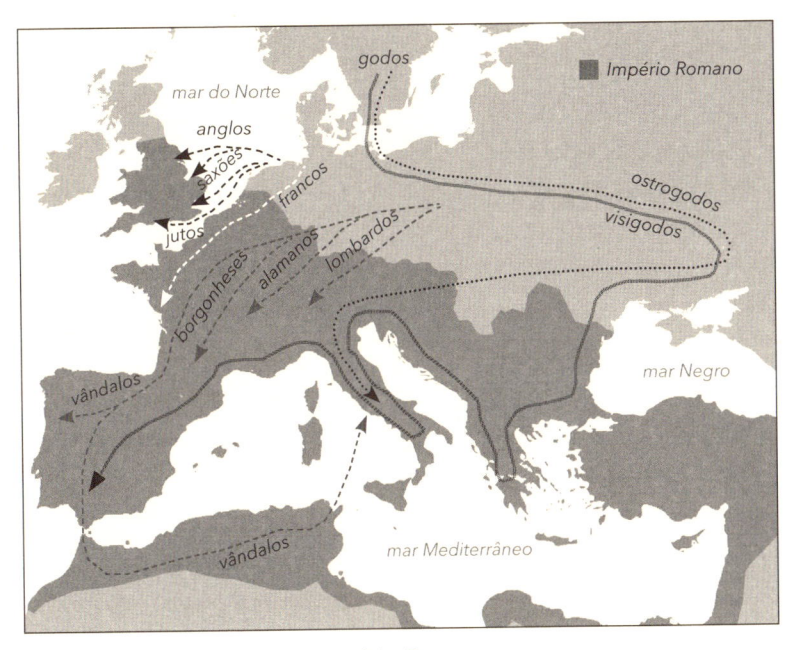

Invasores germânicos e o Império Romano.

invasores encontraram pouca resistência. O império sobreviveu, mas com enclaves germânicos estabelecidos em seu território. A essa época de caos seguiu-se Constantino, o imperador que deu apoio oficial ao cristianismo em 313, e ele se empenhou em organizar e fortalecer o império.

Os germânicos que tinham se estabelecido no império eram recrutados para o exército romano, de modo que, nas batalhas travadas para conter as invasões do século V, havia germânicos combatendo dos dois lados. Talvez metade, ou até mais, dos soldados romanos tivesse origem germânica, e eles serviam até como generais. Parece ser sinal evidente da fraqueza do império que os romanos tivessem de contar com germânicos para combater por eles. Na primeira metade do século XX, quando o pensamento sobre questões de raça era muito forte, surgiu uma resposta clara para qual fora o motivo da queda de Roma: os romanos cometeram o erro de confiar seu destino a um povo inferior. Hoje em dia, essa ideia, em seu aspecto mais cru, não é mais admissível. Mas um império que confia em recém-chegados para defendê-lo não pode estar bem das pernas.

Os germânicos não queriam se apoderar do Império Romano; eram invasores que não pretendiam ser conquistadores. Seu objetivo era participar do butim, se instalar na terra e viver bem. Estavam dispostos a reconhecer o governo do imperador.

Os imperadores, é claro, não queriam que eles saqueassem seus territórios. Enviaram legiões para derrotar ou expulsar os invasores, mas muitas vezes não obtinham sucesso. Em geral, o desfecho era que os germânicos permaneciam em enclaves mais ou menos independentes dentro do território romano. No fim das contas, restava pouca terra sob o controle do imperador, mas mesmo assim os germânicos achavam que deveria haver um imperador. Durante muito tempo os invasores da Itália sustentaram um imperador romano, até que por fim um general de uma tribo inimiga pôs fim a essa farsa. Em vez de apoiar fantoches, decidiu governar ele mesmo, abertamente. Foi o que aconteceu em 476. Não houve uma grande batalha final. Odoacro, um chefe de tribo, assumiu o poder, mas não se proclamou imperador. Em vez disso, chamou a si mesmo de rei da Itália. Os paramentos da realeza do imperador do Ocidente – a coroa e as vestimentas cerimoniais –, ele empacotou e enviou para Constantinopla, onde ainda havia um imperador, cuja soberania ele reconhecia. Os germânicos se deixaram cativar pela glória do que tinham conquistado sem querer.

Em lugar de um Império Romano do Ocidente, o que havia agora era uma série de minirreinos estabelecidos por diferentes tribos germânicas. Eles surgiam e desapareciam rapidamente; não conseguiam manter a antiga administração romana e assim a coleta de impostos logo cessava. Os conquistadores não possuíam uma capacitação básica, não tinham experiência em governar qualquer tipo de estado estabelecido. Estavam buscando ajuda e a encontraram na antiga classe dos proprietários de terra romanos e nos bispos. A mescla do velho com o novo estava acontecendo no topo da sociedade, porém até onde poderia descer?

É difícil conhecer os detalhes, porque quase não há evidências escritas desse período. Os germânicos eram iletrados; foi uma época de tumulto e caos, e poucos registros sobreviveram. O que está claro, porém, é que não foi uma invasão maciça, com os germânicos empurrando para trás os habitantes que encontravam. Também não foi um ataque de guerreiros homens – os germânicos levaram suas mulheres e crianças com a intenção de se estabelecer. Em alguns lugares, criaram densos assentamentos; em outros, eram ralos e esparsos. Para determinar quem havia se estabelecido e onde, os historiadores apelaram para evidências arqueológicas. Os germânicos sepultavam os mortos de modo diferente dos romanos; por isso, onde houvesse muita gente sepultada do modo germânico, era possível supor que houve densa presença deles. Os linguistas também deram sua ajuda. Se o nome de uma aldeia mudou nessa época e passou a soar germânico, presume-se que nela tenha existido um denso assentamento. Essa evidência, porém, talvez não seja tão forte; bastaria um único e dominante líder germânico determinar a mudança de nome. Se, por outro lado, os nomes referentes aos campos mudassem, a evidência seria mais determinante: eram efetivamente os germânicos que estavam fazendo o trabalho nessa região.

Durante um tempo, a lei romana e a lei germânica atuaram lado a lado. As pessoas eram julgadas de acordo com sua origem étnica. A lei romana tinha princípios claros concernentes à justiça, que os juízes aplicavam em casos específicos. Os primeiros juízes tinham criado as leis e suas decisões foram posteriormente reunidas em códigos; o maior deles foi compilado por Justiniano, imperador do Império Romano do Oriente, no século VI. A lei germânica, por outro lado, era uma forma regularizada da *vendetta*, monitorada e controlada pelos juízes. A parte lesada e seus parentes pediam compensação da parte ofensora e seus familiares. Mesmo em casos de assassinato, a questão era resolvida mediante pagamento à família do morto e o montante dependia do status da vítima – um aristocrata valia três vezes mais que uma pessoa comum.

Os romanos estabeleciam culpa ou inocência examinando evidências e testemunhos; os germânicos, pelo suplício do fogo, da água ou do combate. Por exemplo, mergulhava-se o braço de um suspeito em água fervente; se o braço não se curasse no prazo de três dias, o suspeito era culpado. Suspeitos eram jogados dentro d'água: se flutuassem, eram culpados; se afundassem, inocentes. A disputa entre duas partes envolvendo posse de terras era resolvida num combate, e o direito a elas, atribuído ao vencedor.

Aos poucos os sistemas se fundiram. A lei romana teve mais peso na mistura de etnias que havia na Itália e no sul da França; a lei germânica, no norte da França. Em toda parte, o julgamento pelo suplício se realizava na presença de sacerdotes para garantir que Deus produzisse o resultado correto. Nesse aspecto a Igreja romana seguiu o método germânico até o século XII, quando então foi influenciada pela redescoberta do código do imperador Justiniano e ordenou aos sacerdotes que não participassem dos suplícios.

Os germânicos se tornaram cristãos logo após as invasões, abandonando seus deuses e, em outros casos, abrindo mão do arianismo, uma versão herética do cristianismo à qual alguns germânicos tinham se convertido antes das invasões. Os arianos acreditavam que, como Jesus era filho de Deus, deveria ser menor do que Deus, e não igual a Ele. Por um tempo, essa heresia, levada aos germânicos por missionários que os converteram, teve força no Oriente.

Assim, de muitas maneiras, o termo "queda de Roma" é enganoso, sobretudo no que tange à religião: a religião oficial do Império Romano e sua Igreja sobreviveram e foram abraçadas pelos invasores. Esse é o ponto fundamental da civilização europeia. Hoje já dispomos de uma formulação que incorpora essa ideia: *guerreiros germânicos deram suporte a uma Igreja cristã romana que preservou os ensinamentos greco-romanos.*

Apenas uma tribo germânica no Ocidente produziu um Estado duradouro – o reino dos francos, que se expandiu, como se vê no mapa da página seguinte, para cobrir a atual França e partes da Alemanha, da Espanha e da Itália. O nome "França" deriva dos francos e, portanto, tem origem germânica. O reino dos francos atingiu sua expansão máxima sob o governo de Carlos Magno (ou Carlos, o Grande). Após sua morte, o reino se dividiu. A França moderna não é descendente direta do reino dos francos. Em vez disso, foi lentamente formada por seus reis mais tardios.

A invasão germânica da Bretanha assumiu outro formato. A maior parte da Inglaterra moderna fazia parte do Império Romano; a Escócia não. Os romanos chegaram tarde à Bretanha – somente no século I da era cristã – e partiram cedo, em 410, porque o imperador quis que as tropas lá estacionadas voltassem para defender o império contra os germânicos. Quando os romanos foram embora, a sociedade nativa dos bretões ainda estava intacta; não tinha sido eliminada nos 300 anos do estabelecimento romano. A língua celta tinha sobrevivido. Nos séculos V e VI, povos germânicos – anglos, saxões e jutos – atravessaram o canal e invadiram a Inglaterra. Essa já foi uma conquista completa. Os bretões foram rechaçados e suas sociedades sobreviveram apenas na Escócia, em Gales e na Cornualha.

A Inglaterra tornou-se uma sociedade completamente germanizada, com alguns reinos separados e pagãos. Os anglos, os saxões e os jutos não eram cristãos. Depois, partindo da Irlan-

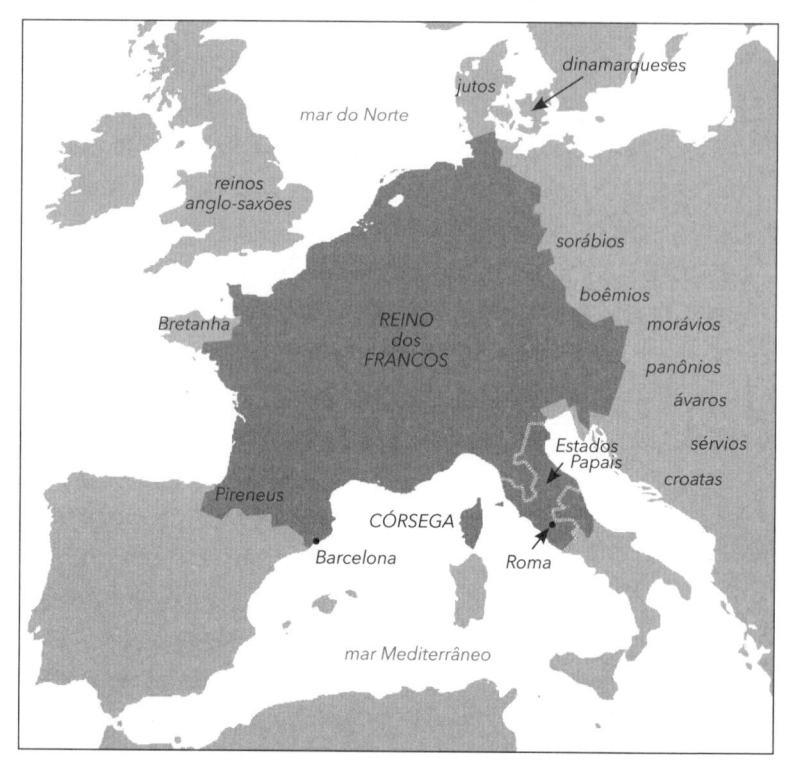

O reino dos francos, em sua expansão, chegou a cobrir o que é atualmente a França e partes da Alemanha, da Espanha e da Itália.

da e de Roma, missionários foram à Inglaterra para converter os recém-chegados ao cristianismo. O papel da Irlanda na conversão inglesa é uma das histórias espantosas da sobrevivência do cristianismo. Essa religião nascera no extremo mais oriental do Império Romano e de lá se espalhou pelo império, depois atravessou a fronteira e chegou à Irlanda. Ali, tornou-se um tipo especial de cristianismo, porque funcionava numa sociedade que não era romana. Enquanto o Império Romano do Ocidente era invadido, os irlandeses estavam seguros. Depois eles recristianizaram a Inglaterra e enviaram missionários à Europa Continental. Os ingleses tinham olhado os irlandeses de cima para baixo, chamando-os de *bog irish* – que poderíamos traduzir como irlandês pé-rapado. Já os irlandeses se consideram os salvadores da cristandade.

A grande invasão seguinte foi islâmica. Aconteceu nos séculos VII e VIII, imediatamente após as invasões germânicas. O fundador do islamismo foi Maomé, um árabe que recebeu visões de Deus. A religião que ele desenvolveu por disposição divina é uma derivação do judaísmo e do cristianismo. O Islã aceita Jesus e os profetas judeus antes dele como verdadeiros, mas alega que Maomé é o último dos profetas, o verdadeiro guia para Alá, o Deus único. O Islã é uma religião muito mais simples que o cristianismo. Não teve a engenhosidade grega que deu ao cristianismo um Deus de três entidades, a Santíssima Trindade – o Pai, o Filho e o Espírito Santo –, separadas mas iguais, separadas mas uma só. No Islã, Deus é unicamente Alá. Os muçulmanos foram bem tolerantes com cristãos e judeus. Os cristãos, por outro lado, viam os muçulmanos como enganadores e destruidores da verdadeira fé.

Maomé ganhou a Arábia para sua nova fé subjugando suas tribos pagãs. Em vida, foi uma figura mais influente do que Jesus tinha sido: fundou uma religião e a estabeleceu num extenso território. Quando Jesus morreu, o cristianismo não existia. Após a morte de Maomé, seus seguidores continuaram com as conquistas, com um sucesso ainda maior. Em pouco tempo, tinham não só subjugado tribos, o Império Persa e depois um bom pedaço do Império Romano do Oriente, mas também estabelecido estados no Oriente Médio e no norte da África. Continuaram avançando nessa região em direção a oeste, conquistando Estados que tinham sido estabelecidos por invasores germânicos; depois atravessaram o Mediterrâneo e entraram na Espanha. A Espanha tinha sido uma província romana, depois foi invadida pelos visigodos – que se tornaram cristãos – e com essa nova invasão passou a ser islâmica. E então cessaram as conquistas. Um exér-

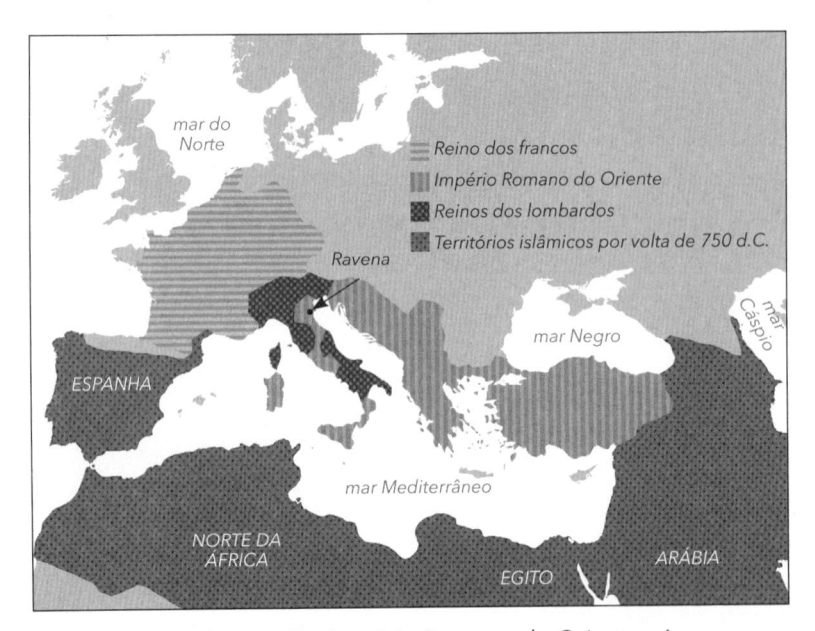

O avanço muçulmano. Do Império Romano do Oriente só sobreviveram como tal os Bálcãs e o que é a Turquia atual. O Império Romano do Oriente também tinha adquirido territórios na Itália, que haviam sido, claro, parte do Império do Ocidente. A Itália fora invadida pelos germânicos, mas depois o imperador em Constantinopla achou que era seu dever cristão recuperar essas terras. Ele retomou pequenos enclaves, mas a um alto preço. Houve muito mais caos e derramamento de sangue causado pela tentativa de reconquista do que pelas invasões germânicas. Ravena, no norte da Itália, foi um desses enclaves, o que explica por que essa cidade ainda tem belos mosaicos bizantinos.

cito muçulmano avançou muito na França, porém foi derrotado em Tours por Carlos Martel, líder dos francos e avô de Carlos Magno. Os francos salvaram a Europa para o cristianismo.

Os muçulmanos foram conquistadores cruéis, mas governantes gentis dos cristãos. Permitiram que estes continuassem com seus cultos, porém, como eram infiéis, tinham de pagar um imposto – os muçulmanos não pagavam. Isso era um incentivo à conversão ao Islã. Os cristãos no Império Romano do Oriente receberam os muçulmanos com reservas, pois estavam contrariados com a versão de cristianismo que Constantinopla insistia que seguissem. Sob os muçulmanos eles podiam praticar a religião como quisessem, mas aos poucos o cristianismo desapareceu nessas terras. À medida que mais pessoas se convertiam ao Islã, a lei sobre a cobrança de impostos teve, é claro, de ser mudada e logo todos tiveram de pagar impostos normalmente.

Na Idade Média, a Espanha, sob domínio muçulmano, se tornou a região mais civilizada da Europa. Em suas jornadas de conquista, as tribos árabes, que eram iletradas, tinham aprendido com os povos que conquistavam – com os persas, que mantinham uma civilização altamente educada, e com os gregos, no Império Bizantino. Os árabes levaram a cultura grega para a Espanha, fizeram registros dela e a elaboraram. Por fim, permitiram que sábios do norte da Europa vissem e fizessem cópias do material. Muitas vezes os judeus, que ocupavam cargos importantes na Espanha muçulmana, eram os tradutores. Funcionava assim: uma pessoa lia os documentos em árabe (que antes haviam sido traduzidos do grego) e ia traduzindo em voz alta para o espanhol. Uma segunda pessoa, ao ouvir o texto em espanhol, fazia um rascunho por escrito em latim. Em sua nova versão em latim, os ensinamentos gregos, tendo passado por três traduções, eram levados para serem estudados nas universidades da Europa cristã, que começaram a surgir no século XII. E foi assim que a

Europa Ocidental adquiriu os escritos de Aristóteles sobre lógica e obras sobre medicina, astronomia e matemática – disciplinas nas quais os gregos eram mestres.

Vamos resumir o resultado das três conquistas. A primeira causou, na Europa Ocidental, uma mescla de germânicos, antigos romanos e cristãos. A segunda, uma total dominação germânica na Inglaterra seguida de uma reconversão do povo subjugado ao cristianismo. Na terceira, ocorrida no mundo muçulmano – Oriente Médio, norte da África e Espanha –, o cristianismo se extinguiu, mas o conhecimento grego foi preservado e transmitido à Europa cristã.

Os vikings, ou nórdicos, foram o último povo a invadir a Europa, fazendo saques por todo o continente nos séculos IX e X, logo em seguida ao avanço muçulmano. Suas casas ficavam no norte – Suécia, Noruega e Dinamarca – e eles chegaram por mar. Suas grandes e compridas embarcações eram assustadoras. Tinham um calado (profundidade do casco dentro d'água) muito raso – só precisavam de 1 metro de água abaixo da superfície para navegar –, por isso podiam percorrer grandes distâncias nos rios. Se o rio ficava raso demais, eles baixavam pequenos botes e seguiam em frente. Caso deparassem com alguma barreira, carregavam o bote nos ombros, contornando-a, e continuavam a remar. Assim penetraram fundo o interior do continente; na Rússia, foram do mar Báltico até o mar Negro.

Como não eram cobertas, essas embarcações só podiam navegar durante o verão. No começo, apareciam apenas nessa estação e depois voltavam para casa. Seu objetivo era o saque: objetos preciosos, coisas que pudessem carregar. Mas, enquanto buscavam objetos preciosos, saqueavam para sobreviver, apossando-se de alimentos, cavalos, mulheres e levando mais do que necessitavam. Eram terroristas determinados. Não só atacavam e rouba-

Embarcação viking. Seu calado raso permitia avançar terra adentro subindo os rios.

vam, mas saqueavam em grande escala, incendiando, pilhando e até destruindo coisas que não poderiam levar para o norte. Seu objetivo era provocar o pânico total. As pessoas fugiam e eles eram impiedosos. Em uma de suas sagas havia um guerreiro ao qual se referiam como "o Homem das Crianças", porque se recusava a empalar crianças com sua lança.

Antes os germânicos tinham chegado por terra. Os lugares mais seguros para fugir dos saqueadores, nesse caso, aparentemente eram as ilhas fluviais ou litorâneas. Mosteiros tinham sido construídos nesses lugares, mas agora eram facilmente saqueados pelos agressores que chegavam por mar e pelos rios. Os mosteiros eram muito atraentes porque neles havia objetos preciosos de ouro e prata, além de fartura de alimentos, pois mantinham uma espécie de agronegócio, cultivando e armazenando comida suficiente para uma ou duas centenas de monges. Havia um

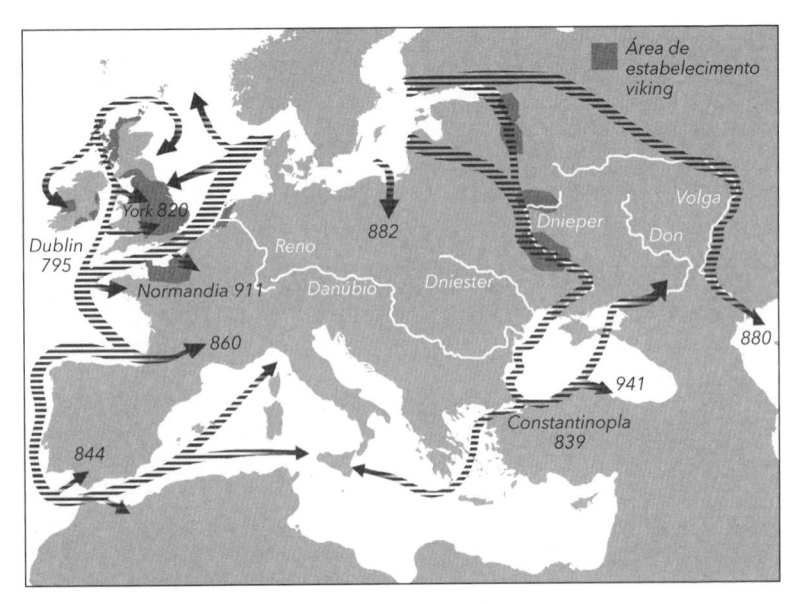

Os vikings saquearam a Europa nos séculos IX e X.

mosteiro numa ilha perto da foz do rio Loire, na França. Todo verão os monges iam mais e mais para o interior do continente, subindo o rio, mas os vikings os perseguiam em seus barcos. Isso aconteceu quatro ou cinco vezes até que os monges enfim estacionaram em terras que atualmente são da Suíça, carregando suas cruzes de ouro, seu fragmento da Vera Cruz e um pedaço da perna de Cristo.

Os nórdicos conseguiram se expandir tão amplamente sem oposição porque os governos eram fracos – não tinham um sistema regular de coleta de impostos e, mesmo que conseguissem mobilizar um exército, os invasores não vinham por terra e nenhum desses pequenos reinos da Europa Ocidental dispunha de uma força naval. Carlos Magno nunca teve marinha e, de qualquer maneira, seu império tinha acabado. O Império Romano tinha se valido do mar – o mar Mediterrâneo mantivera sua coesão, mas agora grande parte dele estava em mãos muçulmanas.

Nos estados da Europa havia pouco comércio marítimo e a arte da navegação fora perdida; a Europa estava voltada para dentro e, por isso, vulnerável a uma força invasora de alta mobilidade.

Depois de um tempo os nórdicos levaram mulheres e filhos e se estabeleceram de maneira permanente. O mapa da página 86 mostra esses estabelecimentos na Rússia, no norte da França, na Inglaterra e na Irlanda. Dublin foi originalmente uma cidade nórdica. A Inglaterra teve uma dose dupla de invasões: primeiro os anglos, os saxões e os jutos; depois os nórdicos na região leste da ilha. Ambos os grupos de invasores falavam línguas germânicas, das quais deriva o inglês. O estabelecimento no norte da França tirou seu nome, Normandia, de seus habitantes normandos, que descendiam dos vikings nórdicos. O rei francês permitiu que se estabelecessem com a condição de que parassem com os ataques.

Em 1066, cerca de 100 anos após os normandos se estabelecerem no norte da França, o duque normando Guilherme conquistou a Inglaterra com alguns seguidores. Foi uma conquista feita a partir do topo; Guilherme e seus companheiros se instalaram como a nova classe governante da Inglaterra. Os normandos falavam seu próprio ramo do francês, que a partir de então se tornou parte da mistura que formou a língua inglesa. A Inglaterra era uma sociedade constituída por invasores, mas depois de 1066 o país não voltou a ser invadido.

Após o século X, as incursões na Europa cessaram. Os normandos foram persuadidos a se estabelecer e missionários foram para a Noruega e a Suécia converter esses países ao cristianismo. O comércio renasceu e as cidades se expandiram. A sociedade europeia tornou-se estável e forte o bastante para enviar suas próprias expedições.

A primeira missão da qual a cristandade se encarregou foi repelir os muçulmanos. Houve campanhas por toda a Europa, direcionadas primeiramente à reconquista da Espanha e depois à recaptura da Terra Santa da Palestina. A reconquista da Espanha começou no século XI e levou mais de 400 anos para ser completada. Avançou por etapas: vindos do norte, os cristãos tomaram uma grande faixa territorial e restabeleceram uma sociedade cristã; depois avançaram novamente, em direção ao sul. Os últimos muçulmanos foram expulsos do sul da Espanha em 1492, mesmo ano em que Cristóvão Colombo navegou em direção a oeste patrocinado por monarcas espanhóis.

As cruzadas para a Terra Santa começaram em 1095 e continuaram durante quase dois séculos. Imagine o que significava para os cristãos saber que o lugar em que Cristo tinha morrido, o país em que ele pregava, estava nas mãos de pessoas que eles, cristãos, consideravam infiéis e inimigas ativas de sua religião. Deus devia querer que eles acabassem com aquela blasfêmia. O papa incentivou e sancionou as cruzadas, mas apenas a primeira teve algum sucesso. Jerusalém foi retomada para Cristo e durante um breve período alguns dos cruzados lá se estabeleceram permanentemente. Depois os muçulmanos os expulsaram e todas as cruzadas seguintes fracassaram.

As cruzadas resultaram de esforços cooperativos. Em contrapartida, a expansão marítima para a Ásia e a América a partir do século XV foi uma competição entre estados-nação emergentes: primeiro, Portugal e Espanha; depois, Grã-Bretanha, França e Holanda. O primeiro objetivo foi chegar às especiarias e outras riquezas da Ásia. Havia duas rotas marítimas: contornando o sul da África ou indo em direção a oeste cruzando o Atlântico. Quando chegou à América, a intenção de Colombo era alcançar a China. Mais do que compensando esse desapontamento, a monarquia espanhola, que financiara o navegador, ganhou acesso ao ouro e à prata das Américas Central e do Sul. Os portugueses foram os primeiros a chegar à Ásia, mas foram postos de lado pelos franceses e ingleses, que disputaram o controle da Índia, e pelos holandeses, que assumiram o controle das Índias Orientais (hoje a Indonésia).

Mercadorias de luxo da Ásia já chegavam à Europa havia muito tempo, mas vinham do Oriente passando pela grande capital do Império Bizantino, Constantinopla. Os europeus tomaram conta dos oceanos em parte porque a rota por terra para leste tinha caído nas mãos dos muçulmanos.

O Império Romano do Oriente tinha sobrevivido no século V porque os germânicos haviam concentrado os ataques no oeste. O Império Romano do Oriente talvez também tivesse uma economia e uma administração mais fortes, no entanto, começou a perder territórios. Uma grande fatia foi para os invasores muçulmanos vindos da Arábia nos séculos VII e VIII. Depois, no século IX, os turcos saíram de suas estepes asiáticas, se converteram ao Islã em sua rota para o sul e para oeste e estabeleceram seu domínio sobre o Oriente Médio, tomando dos bizantinos o território correspondente à Turquia moderna. Atravessaram o estreito de Bósforo em direção à Europa e finalmente se apossaram de territórios em ambos os lados de Constantinopla. Capturaram a cidade em 1453. O último imperador bizantino morreu lutando ao lado de suas tropas.

E assim o Império Romano, reduzido a um retalho de território mais grego do que romano, chegou ao fim. A Basílica de Santa Sofia, ou Hagia Sophia (Santa Sabedoria), construída pelo imperador Justiniano no século VI, foi convertida em mesquita. Os turcos tinham agora um império, o Império Otomano. Quando ele chegou ao fim, após a Primeira Guerra Mundial, estabeleceu-se a atual Turquia, um estado secular, embora a maior parte da população seja muçulmana. A grande mesquita, originalmente construída para ser uma igreja, foi transformada em museu.

Com a queda de Constantinopla, os sábios cristãos que tinham preservado e estudavam os ensinamentos da Grécia clássica fo-

Hagia Sophia, catedral construída pelo imperador Justiniano no século VI, foi convertida em mesquita e atualmente é um museu.

ram para a Itália com seus manuscritos. Tiveram boa recepção, porque na Renascença os eruditos estavam sempre atrás de manuscritos antigos. Mesmo antes de 1453, os eruditos na Itália mantinham contato com os de Constantinopla para terem acesso à literatura e aos ensinamentos gregos. O estudo do latim e de sua literatura tinha sido continuamente preservado na Europa Ocidental. Algum conhecimento grego fora preservado em latim e, embora toda a literatura romana tivesse sido influenciada pelos gregos, os originais em grego só chegaram após muito tempo, vindos de pontos extremos – da Espanha, na Idade Média; e de Constantinopla, no século XV.

CAPÍTULO 4

Formas de governo I

Os ANTIGOS GREGOS INVENTARAM o Estado democrático. Também inventaram a política, termo que deriva da palavra grega para cidade, *polis*. Antes dos gregos, tinha havido diversos tipos de governo, mas foram eles que inventaram o governo por meio de debates entre todos os cidadãos e pelo voto da maioria. A democracia deles era direta, ou seja, as pessoas se reuniam num só lugar para debater e determinar a política a ser seguida. Nem todas as cidades-estado gregas eram democracias, e as democracias eram sempre precárias. De todos os pequenos estados democráticos, o mais conhecido foi Atenas, onde a democracia durou, com algumas interrupções, 170 anos. Nesse meio-tempo, todos os homens nascidos em Atenas tinham o direito de participar no governo, mas mulheres e escravos, não.

Chamamos nosso sistema de democracia, mas ele é muito diferente da democracia de Atenas. A nossa é representativa. Não nos envolvemos regularmente no processo de governar. A cada dois ou quatro anos votamos para eleger quem vai governar; podemos reclamar e fazer protestos e petições, mas não votamos de maneira direta sobre o que fazer em cada assunto considerado pelo parlamento.

Sabemos que, se as pessoas fossem diretamente responsáveis por governar em nossa democracia, o sistema seria bem diferente. É claro que nem todos poderiam se reunir num só lugar, mas poderíamos reproduzir o sistema grego se, para cada assunto, houvesse um referendo realizado na internet. Com base nos resultados de consultas de opinião pública no meu país, por exemplo, sabemos que, se houvesse um sistema assim, a Austrália nunca teria uma política de aceitar imigrantes de outros países que não a Inglaterra; não haveria nenhum imigrante asiático; com certeza ainda estaríamos chicoteando e enforcando criminosos; provavelmente não haveria programas de assistência social internacionais; mães solteiras teriam dificuldade para manter sua pensão; estudantes provavelmente precisariam lutar para manter seus benefícios. Com esses exemplos, talvez você ache bom que a ignorância e o preconceito das pessoas não tenham livre curso.

Se você chegou a essa conclusão, está muito perto da opinião de Sócrates, Platão e Aristóteles, os grandes filósofos atenienses, que tinham sérias dúvidas quanto à democracia de Atenas e cuja crítica nos ajuda a compreender como ela funcionava. Eles reclamavam que as pessoas eram instáveis, indecisas, ignorantes, facilmente influenciáveis. Governar é uma arte sofisticada que exige sabedoria e critério, o que nem todo cidadão é capaz de ter. Os filósofos ficariam muito mais satisfeitos com nosso sistema de democracia representativa. Na teoria, nossos representantes são (ou deveriam ser) mais bem instruídos e informados do que o cidadão comum. Assim, as pessoas não governam diretamente e existe uma contribuição daqueles que têm experiência e são treinados para refletir sobre todo o processo de governar. Mas Sócrates, Platão e Aristóteles não chamariam nosso sistema de democracia.

A origem da democracia grega está no exército. Quando examinamos as diferentes formas de governo, percebemos que existe uma conexão entre a natureza do poder militar e a natureza do Estado. Em Atenas não existia um exército regular em tempo integral nem uma "força militar permanente" nos quartéis que pudesse ser chamada a combater a qualquer momento. Em Atenas, todos os soldados serviam em "meio expediente", mas passavam por rigoroso treino de combate de infantaria em formações cerradas. Quando uma guerra era declarada, os cidadãos deixavam suas ocupações normais de comerciantes ou agricultores para constituir um exército. A assembleia democrática teve sua origem quando cidadãos-soldados se reuniam para receber a ordem de marchar. As decisões sobre guerra ou paz e as táticas a serem seguidas já tinham sido estabelecidas pelo conselho dos anciãos, a nobreza da tribo. Eram, então, apresentadas à multidão de soldados. O objetivo era informá-los sobre as decisões e prepará-los psicologicamente. A assembleia de soldados não era convocada para debater o assunto ou propor algo diferente, mas para eles bradarem sua aprovação e cantarem suas canções de combate.

Aos poucos essa assembleia ganhou força e, posteriormente, o controle total. Não sabemos ao certo como isso aconteceu, mas, a partir do momento em que o Estado se apoiou na participação de seus cidadãos-soldados e desde que as guerras passaram a ser mais regulares, os soldados ficaram numa posição muito forte. Assim, a democracia começou como uma solidariedade entre combatentes, mas também era algo tribal. De início havia quatro tribos em Atenas e elas costumavam se unir para lutar, mas como tribos separadas. As tribos elegiam os funcionários do governo e, mesmo depois que Atenas se tornou uma democracia mais formal e formou eleitorados, as pessoas ficavam em seus eleitorados durante toda a vida, mesmo que fossem viver em outro lugar.

Assim, a geografia por si só nunca foi um fator de ligação forte o bastante; o votante tinha um elo vitalício com as pessoas com quem tinha votado.

A DEMOCRACIA DIRETA EXIGIA GRANDE COMPROMETIMENTO do povo, além de fé nela. Os ideais da democracia ateniense foram apresentados por Péricles, o líder de Atenas, num discurso que proferiu no funeral de um soldado morto na guerra contra Esparta. Esse "Discurso do Funeral" está registrado em *História da guerra do Peloponeso*, do autor ateniense Tucídides, primeiro historiador que tentou ser objetivo e honesto. A história de Tucídides foi preservada num manuscrito em Constantinopla. Na Renascença, 1.800 anos após ter sido escrita, ela chegou à Itália e foi traduzida para o latim e depois para línguas modernas europeias. Após o Discurso de Gettysburg, de Abraham Lincoln, o Discurso do Funeral é o mais famoso feito por um político num cemitério. E o de Péricles foi muito mais longo que o de Lincoln. Seguem-se alguns trechos:

> Nossa constituição é chamada de democrática porque o poder não está nas mãos de uma minoria, e sim de todo o povo. Quando a questão é resolver controvérsias privadas, todos são iguais perante a lei; quando é uma questão que confronta duas pessoas em posições de responsabilidade pública, o que conta não é ser membro de determinada classe, mas a efetiva aptidão que a pessoa tenha.
>
> Quando terminamos de fazer nosso trabalho, estamos em condição de usufruir de todo tipo de recreação do espírito. Ao longo do ano nos defrontamos com diversos desafios e sacrifícios; é em nossos lares que encontramos a beleza e o sabor que nos deleitam a cada dia e afastam nossos cuidados.

Aqui, cada indivíduo não se interessa apenas por suas próprias questões, mas também pelas questões do Estado; mesmo os que estão mais ocupados com os próprios negócios são extremamente bem informados em questões gerais da política. Esta é uma peculiaridade nossa: não dizemos que alguém que não se interessa por política é alguém que só cuida de seus negócios; dizemos que esse indivíduo não tem o que fazer aqui.

Uma sociedade aberta, culta, com cidadãos comprometidos e engajados: esse é um ideal atraente para quem se preocupa com a democracia hoje em dia, mesmo sabendo que a tranquilidade e a beleza de Atenas se apoiavam na escravidão e que às vezes os cidadãos tinham de ser levados como gado para se reunirem em assembleia. No entanto, a influência positiva do discurso de Péricles estendeu-se por muito tempo. Durante séculos, a elite da Europa foi advertida, não só por seus interesses, como também por sua educação, contra a democracia, já que a maioria dos autores clássicos que liam era hostil a ela. Tanto que, no início do século XIX, um inglês erudito e radical, George Grote, produziu um novo estudo sobre a Grécia para demonstrar que a democracia e a alta cultura eram conectadas e não se poderia condenar uma e aceitar outra. Essa foi sua contribuição para a causa da democracia na Inglaterra.

Mesmo para nós há alguns aspectos da democracia grega que estão em desacordo com nossos ideais. Ela é muito comunal e um tanto coercitiva; não dá muita atenção aos direitos individuais. O privilégio de um cidadão de Atenas era "pertencer" à democracia – como dizia Péricles, se você não se interessa por política não tem o que fazer aqui. Atualmente, a preocupação com os direitos individuais tem outras origens.

Atenas e todos os outros pequenos estados gregos perderam a independência quando Alexandre, o Grande, governante da Macedônia – ao norte da Grécia –, se apoderou deles no início do século IV a.C. Perdera-se a democracia, mas não a cultura grega que havia florescido em Atenas. Ela se espalhou pelo império de Alexandre, que se estendeu até o Mediterrâneo oriental e o Oriente Médio. O que Alexandre construíra como um mundo grego permaneceu quando foi conquistado por Roma e tornou-se a parte oriental, de língua grega, de seu império.

Quando Roma começou sua expansão, era uma república, mas não uma democracia. Havia assembleias populares, que tinham começado, assim como as dos estados gregos, como grupos de homens armados. Todo cidadão de Roma tinha de combater e de providenciar seus próprios suprimentos e armas. Cada um contribuía de acordo com suas posses. Quem fosse rico contribuía com um cavalo e se juntava à cavalaria, uma seção bem pequena do exército romano. Todo o resto era infantaria, combatia a pé, mas com diferentes gradações: a primeira, dos que eram totalmente equipados com uma espada, uma cota de malha e um escudo; os da gradação seguinte tinham menos armadura; os da terceira só dispunham de uma lança ou um dardo; e os da última classe da infantaria – as pessoas mais pobres – só se podiam permitir ter uma funda – um pedaço de pano ou de couro com o qual atiravam pedras.

Nos primeiros anos a assembleia era como que um exército preparado para um desfile. Os homens eram arrumados segundo suas diferentes posições hierárquicas: a cavalaria, os infantes – soldados da infantaria – da primeira classe, depois da segunda, da terceira, da quarta, até os que só tinham a funda. A votação se processava em grupos. Assim, a cavalaria como um todo decidia qual era sua opinião sobre um assunto com um debate interno; da mesma forma, os soldados da primeira classe decidiam qual era sua posição e assim por diante. Cada grupo expressava sua opinião conjunta, mas o peso de seus votos não era igual. Contavam-se 193 votos e eles eram distribuídos entre os grupos segundo o status de cada um. À cavalaria e à primeira classe, somadas, eram atribuídos 98 votos, o que já era a maioria, embora a maioria dos soldados se distribuísse nos grupos de menor status. Se os dois primeiros grupos tivessem a mesma posição, não seria preciso perguntar aos outros, e frequentemente não se perguntava mesmo: os cavaleiros e os soldados da primeira classe já tinham resolvido a questão. Potencialmente, todos haviam participado, mas os ricos tinham voz preponderante.

A assembleia elegia os cônsules romanos, que eram os principais governantes da república. Havia dois deles, que só podiam agir quando concordavam. Eles se controlavam reciprocamente e seu poder era limitado pelo tempo, pois só permaneciam no cargo por um ano. Os romanos identificavam os anos de acordo com as pessoas que tinham sido cônsules.

Aos poucos, as pessoas comuns começaram a reivindicar mais poder, em detrimento dos ricos e nobres. Sabemos como isso aconteceu – elas se utilizaram de seu poder militar. Quando uma guerra era declarada, os soldados comuns, da terceira, quarta e quinta hierarquias, se recusavam a combater. Diziam: "Só lutaremos se vocês nos concederem mais poder no estado." Valiam-se dessa ameaça para convocar uma nova assembleia, na qual indicavam oficiais, chamados tribunos, que tinham o poder de intervir em qualquer etapa do processo governamental na qual uma pessoa comum estivesse recebendo um tratamento injusto. Com as sucessivas recusas, a assembleia passou a ter um papel importante na feitura das leis.

Às vezes essas ações são referidas como "greves", termo que não as define bem, pois implica que o processo esteja ocorrendo no âmbito de relações industriais, como se a classe trabalhadora tivesse se sindicalizado em Roma e estivesse convocando greves contra seus patrões. Nada disso. As pessoas comuns encenavam um motim. A oportunidade não se apresentava a partir de relações industriais, mas de relações internacionais.

Como em Atenas, os cidadãos-soldados passaram a ter mais poder, com a diferença de que em Roma a democracia nunca triunfou completamente. O principal poder em Roma continuou sendo o Senado, composto de membros de famílias nobres e, depois, também de famílias ricas. As assembleias populares, com seu poder crescente, impuseram limites ao Senado, porém não o intimidaram nem o suplantaram. A constituição romana se transformou a partir da criação de instituições e de mudanças nas relações de poder, não mediante uma revolução e um novo começo. Nisso ela foi imitada pela constituição britânica, que até hoje não foi escrita como um documento. Com a preocupação de que o poder estivesse disseminado e o povo fosse sempre consultado, a constituição romana foi um modelo importante para a dos Estados Unidos.

OS ROMANOS PRIMEIRAMENTE TINHAM SIDO governados por reis. A república só foi estabelecida por volta de 500 a.C., quando derrubaram o rei tirano Tarquínio, o Soberbo. O historiador romano Lívio fez um relato dessa revolta. Sua obra foi preservada na Europa Ocidental após a queda de Roma, mas parte dela desapareceu. Uma única cópia de uma seção sobreviveu e só foi descoberta no século XVI, por isso era desconhecida pelos eruditos da Renascença. A seção que trata do estabelecimento da república era conhecida. Foi nela que se inspirou o poema de Shakespeare conhecido como "O estupro de Lucrécia" ou "O rapto de Lucrécia".

Foi um estupro que detonou a revolta republicana. O estuprador não foi o próprio Tarquínio, mas seu filho, Sexto Tarquínio. Sua vítima foi Lucrécia, mulher de Colatino. O líder da revolta que expulsou o rei foi Brutus, sobrinho do próprio rei. Seu xará, 400 anos depois, liderou a trama para assassinar Júlio César. O primeiro Brutus tinha visto muitos membros de sua família serem assassinados por Tarquínio, o Soberbo. Para sobreviver, Brutus fingira ser uma espécie de débil mental, caso contrário Tarquínio teria acabado com ele também. Brutus estava sendo fiel a seu nome, que em latim quer dizer "estúpido". Não reclamou quando Tarquínio se apoderou de todas as suas propriedades. Estava esperando sua hora, e a oportunidade se apresentou com o estupro de Lucrécia. Esta é a história, no relato de Lívio: começa quando os filhos do rei estão fora de Roma, em Ardea, combatendo numa guerra. Colatino estava bebendo com eles em sua tenda quando começaram a falar sobre suas mulheres, cada um se gabando de que a sua era a melhor. Colatino sugeriu que resolvessem a questão voltando para Roma para verificar o que elas estavam fazendo. As mulheres dos príncipes foram encontradas se divertindo, mas Lucrécia estava trabalhando duro no tear. Colatino tinha saído vencedor da discussão. Dias depois, Sexto voltou para visitar Lucrécia sem o conhecimento de Colatino.

Foi recebido com hospitalidade na casa de Lucrécia e, após o jantar, por se tratar de um visitante ilustre, foi levado ao quarto de hóspedes. Ele esperou todos dormirem e, quando tudo ficou quieto, empunhou a espada e foi até o quarto de Lucrécia determinado a estuprá-la. Ela estava dormindo. Pousando a mão no seio esquerdo dela, ele sussurrou: "Lucrécia, não faça barulho. Sou Sexto Tarquínio, estou armado. Se pronunciar uma só palavra eu matarei você." Lucrécia abriu os olhos aterrorizada; a morte era iminente, não havia ninguém para ajudá-la. Sexto declarou seu amor, implorou-lhe que se submetesse, pediu, ameaçou, usou de todas as armas capazes de conquistar o coração de uma mulher. Mas tudo em vão: nem mesmo o medo da morte a demoveu. "Se a morte não a demove", gritou Sexto, "a desonra o fará. Primeiro eu a matarei, depois cortarei a garganta de um escravo e porei o corpo nu dele ao seu lado. Então todos acreditarão que você foi surpreendida em adultério com um servo e pagou o preço." Mesmo a mais resoluta castidade não poderia resistir a tão terrível ameaça.

Lucrécia cedeu. Sexto satisfez-se com ela e foi embora, orgulhoso de seu sucesso.

A infeliz moça escreveu a seu pai, em Roma, e a seu marido, em Ardea, convocando-os a voltar imediatamente, cada um acompanhado de um amigo, e rápido, pois algo terrível tinha acontecido. Seu pai apareceu com Valério, e seu marido, com Brutus, com quem estava voltando para Roma quando o mensageiro o abordara. Encontraram Lucrécia sentada no quarto em profunda angústia. Lágrimas rolaram de seus olhos quando eles chegaram e, quando seu marido perguntou "Está tudo bem com você?", ela respondeu "Não, como pode estar tudo bem com uma mulher que perdeu a honra? Em sua cama, Colatino, está a impressão deixada por outro homem. Só meu corpo foi violado; meu coração está inocente e a morte será minha testemunha. Deem-me sua promessa solene de que o adúltero será punido. É Sexto Tarquínio. Foi ele quem veio na noite passada como meu inimigo disfarçado de hóspede e se utilizou de mim para seu prazer. Esse prazer será minha morte – e a dele também, se vocês forem homens."

A promessa foi feita. Cada um por sua vez, os dois tentaram confortá-la: disseram-lhe que ela estivera indefesa, portanto era inocente, que só ele era culpado. Era a mente, disseram, que pecava, não o corpo: sem intenção, nunca poderia haver culpa.

"O que será dele cabe a vocês decidir", disse Lucrécia. "Quanto a mim, sou inocente, mas terei meu castigo. Lucrécia não servirá de precedente para que mulheres impuras escapem do que merecem." Com essas palavras, ela tirou uma faca que estava escondida em sua roupa, cravou-a no coração e caiu morta. Seu pai e seu marido ficaram arrasados. Enquanto choravam, impotentes, Brutus tirou a faca ensanguentada do corpo de Lucrécia, empunhou-a e gritou: "Pelo sangue desta moça – nenhum foi mais casto até que um tirano o ultrajou – e pelos deuses, eu juro que, a ferro e fogo e ao que mais possa fortalecer meu braço, vou perseguir Lúcio Tarquínio, o Soberbo, sua maligna mulher e todos os seus filhos, e jamais deixarei que ele ou qualquer outro homem seja rei de Roma."

Brutus cumpriu sua palavra. Assim, a república foi instaurada devido ao crime ultrajante de um príncipe. Porque uma mulher, como uma boa romana, deu mais valor a sua honra do que à própria vida; e porque um homem estava determinado a vingá--la. Mas nem todos em Roma queriam que Tarquínio deixasse o trono e houve uma conspiração para trazer o rei de volta. Quando a conspiração foi descoberta, Brutus era um dos primeiros dois cônsules, os encarregados de substituir o rei. Ele estava numa assembleia pública, exercendo a função de juiz, quando lhe apresentaram os nomes dos conspiradores. Na lista constavam os nomes de dois de seus filhos. Cabia a Brutus dar a sentença de sua punição. As pessoas na multidão gritavam que não queriam que a família dele passasse por tal desonra, que ele poderia perdoar os filhos. Mas Brutus não lhes deu ouvidos; a seus filhos seria aplicada a mesma regra que a todos os outros. Assim, enquanto Brutus observava, seus filhos foram despidos, açoitados e depois decapitados. Ele não titubeou. Tal era sua devoção à república.

Os romanos, é claro, admiravam Brutus. Esta era a verdadeira essência da devoção à república: pôr de lado todos os laços pessoais e privados e servir bem ao público. Isso era o que os romanos chamavam de *virtus*, virtude republicana, algo necessário para que ela sobrevivesse sem a obrigação da lealdade ao rei. Pode-se pensar que Brutus foi desumano: como pôde ficar ali sentado e fazer o que fez com os próprios filhos? Essa virtude republicana criava monstros.

Estranhamente, pouco antes da Revolução Francesa houve um ressurgimento da admiração à Roma republicana – e não só entre os que queriam reformar a monarquia. O pintor da corte de Luís XVI, Jacques-Louis David, adotou como temas dois episódios famosos descritos por Lívio. No primeiro, pintou Brutus não no assento de juiz, condenando seus filhos, mas em casa, quando os corpos decapitados foram levados a ele. Isso permitiu a David criar um contraste entre o imóvel, implacável pai olhando direto para a frente e a fraqueza das mulheres – a mãe e as irmãs dos falecidos, chorando a perda deles. O segundo tributo de David à virtude republicana foi o quadro chamado *O juramento dos Horácios*.

Os Horácios eram os três filhos de Horácio, que foram escolhidos para lutar como paladinos de Roma quando esta e um de seus inimigos resolveram não se enfrentar numa batalha, mas decidir seu litígio num confronto entre três homens lutando de cada lado. Na pintura, David mostra o pai fazendo o juramento de lealdade de seus filhos a Roma. Eles levam a mão a suas espadas, que estão na mão do pai, e erguem o braço para fazer a saudação republicana, mesmo gesto que seria usado na saudação nazista. As mulheres – a mãe e as irmãs dos soldados – mais uma vez demonstram a fraqueza humana, chorando pela partida dos jovens. A irmã se mostra especialmente angustiada porque está comprometida com um dos guerreiros que vai lutar pelo outro lado.

Foi um combate feroz e terrível, até a morte, descrito primorosamente por Lívio. Só houve um sobrevivente, um dos filhos de Horácio, e assim Roma venceu. O vitorioso voltou para casa e encontrou a irmã aos prantos porque o noivo tinha sido morto

Os litores levam para Brutus os corpos de seus filhos, *de Jacques-Louis David, 1789.*

O juramento dos Horácios, *de Jacques-Louis David, 1784.*

por seu irmão. Este então desembainha a espada e traspassa o corpo da irmã, matando-a por chorar quando devia estar contente com seu sucesso e o de Roma. Mais uma vez a mensagem é de que a família deve ser sacrificada em prol do Estado. O irmão foi levado a julgamento, mas rapidamente inocentado. Em seu testemunho, o pai criticou a filha e com isso ajudou a libertar o filho.

A República Romana durou alguns séculos, mas depois começou a entrar em desordem. Roma tinha se expandido; os grandes generais que haviam realizado suas conquistas tornaram-se rivais e começaram a lutar entre si. Seus soldados eram leais a eles, não à república. Um grande general se destacou e venceu todos os outros: Júlio César. Um outro Brutus tramou o assassinato de César para salvar a república do governo de um homem só, mas isso levou simplesmente a outro ciclo de guerras civis entre Brutus e seus seguidores na conspiração, de um lado, e os amigos de César, do outro. Um homem saiu vitorioso: o sobrinho-neto e filho adotivo de César, que em 27 a.C. se proclamou o primeiro imperador de Roma sob o nome de Augusto.

Augusto era muito astuto. Manteve as instituições republicanas; as assembleias ainda se reuniam e cônsules ainda eram eleitos. Em vez de "imperador", ele se intitulava "primeiro cidadão". Considerava que sua missão era ser uma espécie de facilitador, ou fingia ser um facilitador, que ajudava a máquina a funcionar adequadamente. Não havia muita pompa; ele não tinha um grande séquito; caminhava por Roma como um cidadão comum, sem guarda-costas; ia ao Senado, que ainda se reunia, e ouvia os debates – era muito acessível. A forma de cumprimento e o modo de demonstrar lealdade continuou sendo o gesto de erguer o braço. Se você chegasse à presença de Augusto não seria obrigado a se curvar ou demonstrar qualquer deferência; você e o imperador trocariam cumprimentos.

Augusto tentou fazer reviverem as antigas virtudes romanas. Achava que Roma tinha sido solapada pelo luxo e pela decadência e queria restaurar, como diríamos hoje, os valores da família. Baniu o poeta Ovídio por ter escrito que as mulheres não eram mais tão bonitas depois de dar à luz. Era crítico de Lívio, o historiador, que viveu naquela época, porque não gostara do que ele havia escrito sobre as disputas no passado recente de

Augusto tornou-se o primeiro imperador romano em 27 a.C.

Roma, mas concordava com Lívio quanto às virtudes romanas: nobreza de conduta e dedicação ao Estado. Mas uma prática romana ele não conseguiu restaurar: Roma agora era um império que Augusto tinha estabilizado e governava bem, porém não com a ajuda de cidadãos que eram soldados em meio expediente, mas de um exército permanente de profissionais.

Durante dois séculos o império viveu em paz. Por toda a sua vasta área, a lei e a ordem romanas prevaleciam. O império ainda funcionava como uma república: imperadores não eram como reis, cujos descendentes se tornavam monarcas depois deles. O imperador escolhia um sucessor, que podia ou não ser seu parente, e o Senado aprovava a escolha. Mais tarde haveria conflitos sangrentos entre aspirantes rivais, mas durante dois séculos a maioria das escolhas dos imperadores foi boa e aceita.

Então, no século III, veio a primeira onda de invasões germânicas, que quase derrubou o império. Quando as invasões cessaram, o império foi reconstruído em novas diretrizes por dois imperadores: Diocleciano e Constantino. Para fortalecer as defesas do império, eles ampliaram e reorganizaram o exército, recrutando muitos dos germânicos que tinham se estabelecido dentro de suas fronteiras. Para pagar um exército maior, os imperadores precisaram elevar os impostos. E, para garantir que todos pagassem os tributos, tiveram que fazer um registro mais acurado da população. Com isso, a burocracia cresceu e os burocratas se tornaram os governantes diretos do império. Nos tempos antigos permitia-se que as diferentes regiões governassem a si mesmas desde que se mantivessem em paz e pagassem os impostos.

Diocleciano tentou controlar a inflação impondo a pena de morte a quem elevasse preços. A carga tributária aumentou para custear um exército maior, mas os comerciantes não tinham o direito de elevar os preços para ajudar no pagamento de impostos. Com isso, você poderia pensar que não valia a pena continuar nos negócios. Diocleciano tinha um contraveneno para isso: você era obrigado a continuar com seu negócio e seu filho teria de mantê-lo depois de você. Os imperadores entraram em desespero: não estavam governando uma sociedade, mas perseguindo-a. Uma sociedade governada dessa maneira não teria resiliência ou moral para resistir à próxima onda de invasões.

O apoio oficial de Constantino ao cristianismo em 313 foi parte da tentativa de fortalecer o império. A força que ele buscava não estava na Igreja como organização. O cristianismo tinha crescido, mas ainda era a fé de uma minoria. Constantino, como muitos de seus súditos, estava perdendo a fé nos antigos deuses romanos e começou a acreditar que o Deus cristão protegeria melhor a ele e ao império. No início, ele só tinha uma vaga ideia do que implicava ser cristão, mas pensou que, se apoiasse os cristãos, o Deus deles o favoreceria.

Diocleciano, Constantino e os imperadores que os sucederam se tornaram cada vez mais inacessíveis. Começaram a imitar os imperadores persas e a se apresentar como semideuses. Ficavam em seus palácios; nunca eram vistos percorrendo as cidades, como fizera Augusto. Antes de ir à sua presença você tinha de ser revistado. Era levado vendado por um grande labirinto de passagens, de modo que nunca mais pudesse refazer o caminho, caso pensasse em assassinar o imperador. Quando finalmente chegava à presença dele, você devia se prostrar; isto é, lançar-se no chão diante do trono em postura de súplica.

Quanto mais rígido o controle romano, mais seus súditos buscavam meios de escapar. Não querendo pagar impostos, os grandes proprietários de terras tornaram-se ilhas de resistência, protegendo também os que trabalhavam nelas. Nos primeiros anos do império, eles eram escravos. Quando o suprimento de escravos acabou, em decorrência do fim das conquistas romanas, os proprietários lotearam suas terras e as arrendaram a escravos, ex-escravos e homens livres que buscavam sua proteção. Embora os proprietários de terras se ressentissem e evitassem o pagamento de impostos aos imperadores, eles abraçaram as novas leis que determinavam que as pessoas deviam permanecer onde estavam e que todo arrendatário que pretendesse se mudar poderia ser acorrentado. Os arrendatários de diferentes origens estavam assumindo todos o mesmo status – tornando-se o que na Idade Média seria chamado de servos. Não eram propriedade de alguém, como os escravos, tinham seu próprio quinhão de terra e uma família, mas não podiam sair de lá e eram obrigados a trabalhar para seu senhor e dar-lhe suporte.

A sociedade medieval já estava tomando forma antes de 476, data que marca a queda do Império Romano do Ocidente. Já havia proprietários de terras vivendo em casas fortificadas, como era o caso dos senhores e protetores dos que trabalhavam em suas terras. O que mantinha unidas as sociedades que substituíram o Império Romano do Ocidente era uma lealdade pessoal, não ao

Estado, fosse república ou império. Mas o governo romano teve uma pós-vida prolongada na memória da Europa.

	ORGANIZAÇÃO MILITAR	CONTEXTO POLÍTICO	FORMA DE SAUDAÇÃO
CLÁSSICO	Cidadãos-soldados	500 a.C. Democracia grega República romana	Saudação republicana
	Infantaria profissional	27 a.C. Augusto, primeiro imperador romano	Saudação republicana
	Infantaria profissional estrangeira	313 d.C. Diocleciano, Constantino Império tardio 476 Queda de Roma	Prostração

CAPÍTULO 5

Formas de governo II

Os Estados que substituíram o Império Romano do Ocidente eram muito primitivos. O que servia de fundamento ao Estado era o fato de que o rei, um ex-chefe guerreiro, oferecia terras a seus súditos e em troca os súditos eram obrigados a lhe prover uma força de combate. Assim, o rei obtinha seu exército sem cobrar impostos e sem dispor de qualquer máquina sofisticada de governo. A terra mantida nesse sistema chamava-se feudo, em latim *feudum*, de onde derivam "feudal" e "feudalismo".

Os monarcas feudais, tão dependentes do que lhes poderiam prover seus súditos proprietários de terra, eram necessariamente monarcas fracos. Em tese, mantinham controle sobre a terra que alocavam, mas na prática a terra se tornava propriedade privada e era passada de pai para filho. Os grandes proprietários deviam lealdade ao rei, mas estavam em posição de poder ignorá-lo ou até desafiá-lo. Dispunham de uma força armada que o rei poderia convocar, mas essa força também poderia ser usada contra o monarca ou para dificultar o trabalho dele em impor sua vontade aos proprietários, que viviam em castelos e eram capazes de se defender contra rivais e contra seu senhor.

Nessa época houve uma mudança na natureza das forças armadas. No antigo mundo greco-romano, os soldados que combatiam a pé constituíam o núcleo dos exércitos; no período feudal os guerreiros montados a cavalo eram centrais. O estribo, invenção que chegou à Europa vinda do leste, fazia de um homem a cavalo uma arma muito mais temível que um soldado da infantaria. Um homem em sua sela com os pés apoiados em estribos ficava mais firme sobre a montaria – com isso, o soldado da infantaria passou a ter muito mais dificuldade para derrubá-lo e, além do mais, o cavaleiro podia combinar seu poder e seu peso com os do animal, de modo a agir como uma só unidade. Um homem segurando uma lança montado num cavalo a pleno galope era uma poderosa máquina de guerra. Quando ainda estavam em treinamento, os futuros cavaleiros eram chamados de escudeiros. Os grandes proprietários de terras – os lordes – forneciam muitos cavaleiros para o serviço do rei.

O que ligava o lorde ao rei eram juramentos pessoais de lealdade. O lorde expressava sua lealdade ajoelhando-se e erguendo as mãos; o rei as envolvia com as próprias mãos e o lorde prometia ser um homem fiel à Coroa, servi-lo. Após o juramento de lealdade, o súdito se erguia e ele e o rei, ambos de pé, se beijavam.

Juramento de lealdade. Do manuscrito Sachsenspiegel *(Espelho Saxão), composto entre 1220 e 1235.*

Assim, era um ritual tanto de subserviência quanto de igualdade, sinalizando a natureza da relação: o súdito prometia ser leal enquanto o rei o protegesse. No começo da monarquia na Europa Ocidental havia um contrato implícito entre governante e governado, ideia que nunca se extinguiu de todo.

As mãos juntas formam o gesto hoje usado na oração, mas no começo os cristãos oravam de pé, os braços estendidos e o rosto voltado para leste, de onde Cristo retornaria em sua glória. A posição atual imita o ritual de juramento de lealdade a um senhor terreno. Há uma discussão quanto às origens desse ritual e da relação que ele representa: é germânico ou romano? Na sociedade romana, mesmo em seus dias áureos, um jovem que desejasse se afirmar precisava de um patrono, e, à medida que o império se enfraquecia, mais e mais pessoas buscavam um homem forte que as protegesse. Mas o ritual em si, de juntar as mãos e se beijar, é germânico – simboliza a ligação entre guerreiros e seu chefe.

O conceito de um Estado independente de quem o governava desapareceu. Quando o rei morria, todos os súditos importantes tinham de jurar lealdade ao novo rei. Só então o território adquiria um novo governo. Uma vez que o governo era formado por uma ligação pessoal, o monarca podia dividir o território entre os filhos, como fizeram o rei Lear na peça de Shakespeare e Carlos Magno na vida real, apesar de todos os seus esforços para unificar seu império. Novos governos eram criados, com novas rodadas de juramentos de lealdade. A continuidade estava na linhagem de sangue, e não no território do reino. Um imperador romano nunca pensaria em dividir seu império entre os filhos. Sua obrigação era mantê-lo unido. Quando o império foi dividido entre Ocidente e Oriente, isso ocorreu para que sua administração e sua defesa pudessem ser aprimoradas.

Os monarcas feudais, por serem tão fracos, eram obrigados e se aconselhar com pessoas poderosas em seus países. Não tinham um exército totalmente sob seu controle, um sistema regular de cobrança de impostos ou serviços públicos. Assim, antes de tomar decisões, eles convocavam pessoas importantes e as reuniam para ouvir seus conselhos e obter seu consentimento. Esse sistema de aconselhamento foi formalizado quando os três estados – o clero, a nobreza e os comuns – juntaram-se em parlamento.

"Estado", nessa acepção, não significa necessariamente um estado territorial; na Idade Média, significava um grupo de pessoas. Essas sociedades feudais se viam como três grupos de pessoas: o clero, cujo dever era rezar; a nobreza, cujo dever era combater; e os comuns, isto é, todos os outros, que faziam a sociedade funcionar, ganhando dinheiro e trabalhando. "Estados" são bem diferentes de classes. Uma classe tem um modo de se relacionar com a economia comum a todos os seus membros, mas esses três grupos – clero, nobreza e comuns – se identificavam pelas respectivas funções: rezar, lutar e trabalhar, respetivamente. Havia enormes diferenças dentro de cada grupo quanto à riqueza e às tarefas que realizavam na economia. O clero podia incluir, e incluía, arcebispos e bispos muito ricos, assim como um sacerdote paroquiano muito pobre. A nobreza contava com os grandes proprietários de terras do país, além de nobres empobrecidos. Entre os comuns havia grandes comerciantes e banqueiros, gente muito rica – mais rica que alguns nobres – que empregava outros comuns. Os comuns ricos e donos de propriedades é que enviavam representantes para o parlamento, não os trabalhadores e operários, que eram servos semiescravizados.

Na França havia três casas parlamentares, conhecidas como Estados Gerais. Numa havia representantes do clero; em outra, da nobreza; na terceira, dos comuns. Na Inglaterra, o clero – representado por arcebispos e bispos – e a nobreza reuniam-se na Câmara dos Lordes; os comuns tinham a Câmara dos Comuns.

Esses nomes permanecem até hoje no parlamento britânico, o qual, junto com a monarquia, é um sobrevivente dos tempos medievais. A Grã-Bretanha é hoje uma democracia, e se tornou uma ao permitir que todos pudessem votar para a Câmara dos Comuns, ao limitar o poder da Câmara dos Lordes e ao fazer do monarca uma figura representativa. Não seria reconhecida como democracia na democrática Atenas da Era Clássica.

Os parlamentos medievais não eram um componente regular do governo – eles se reuniam quando o monarca tinha uma necessidade especial. Aprovar leis não era sua principal função; eles eram chamados a se reunir quando o monarca precisava de um rendimento extra. Geralmente os reis construíam seu poder aos poucos, a partir de um patamar muito baixo. Contavam com os rendimentos de suas próprias terras e com impostos recolhidos regularmente; mas, quando os gastos aumentavam, em geral por causa de uma guerra, eles tinham de arrecadar mais impostos mediante uma taxação especial e o parlamento era reunido para aprová-la. Era nesse momento que o parlamento tinha a oportunidade de expressar suas queixas, e novas leis, apresentadas pelos ministros do rei ou por membros do parlamento, eram aprovadas.

Conforme as cidades cresciam durante a Idade Média, desenvolveu-se uma forma diferente de organização política. As cidades eram governadas por conselheiros eleitos, os quais, por sua vez, elegiam um prefeito. Os monarcas medievais eram tão fracos que, quando as cidades se desenvolveram, não tentaram governá-las diretamente; em vez disso, permitiram que governassem a si mesmas em troca de sua lealdade e do pagamento de taxas e impostos. O conselho da cidade era uma reunião de iguais que faziam um juramento de serem leais uns aos outros. Era um mundo bem diferente daquele de senhores e súditos que prevalecia em todos os outros lugares. O prefeito e o conselho, entidades eleitas que governam as cidades dentro de um reino, são uma invenção europeia. Monarcas fortes não permitem o desenvolvimento de centros de poder rivais; eles encarregam seus próprios homens de governar as cidades. Na Europa, quando comerciantes, banqueiros e produtores enriqueciam, também ficavam mais poderosos, devido a seu status semi-independente. Na luta para controlar os senhores do campo, os monarcas se valiam daqueles e da riqueza que possuíam (a qual acessavam mediante impostos ou empréstimos). Esse foi também um desenvolvimento bastante incomum.

	ORGANIZAÇÃO MILITAR	CONTEXTO POLÍTICO	FORMA DE SAUDAÇÃO
CLÁSSICO	Cidadãos-soldados	500 a.C. Democracia grega República romana	Saudação republicana
	Infantaria profissional	27 a.C. Augusto, primeiro imperador romano	Saudação republicana
	Infantaria profissional estrangeira	313 d.C. Diocleciano, Constantino Império tardio 476 Queda de Roma	Prostração
MEDIEVAL	Cavalaria montada (meio expediente)	Monarcas feudais com "estados"	Ajoelhar-se Beijo
		Governos de cidades compostos por iguais	Juramento mútuo

Monarcas fracos entravam em colisão com seus nobres e se opunham a eles com seus parlamentos. Em tempos modernos, a partir de cerca de 1400, os reis começaram a prevalecer. Monarcas feudais estavam se tornando o que conhecemos como monarcas absolutistas: não tinham mais que se apoiar nos parlamentos. Não aboliram efetivamente os parlamentos, simplesmente deixaram de convocá-los. Tinham encontrado novos métodos de arrecadar dinheiro. Os reis franceses vendiam cargos públicos: se você quisesse ser um coletor de impostos alfandegários, pagaria ao rei uma grande soma de dinheiro como adiantamento, a qual recuperaria com as taxas cobradas dos comerciantes. Os reis espanhóis tiveram um lucro extraordinário com o ouro que chegava do Novo Mundo – do México e do Peru.

"Absolutismo" pode ser um termo enganoso. Não significa que os monarcas europeus podiam fazer o que quisessem. Eles não eram tiranos, tinham que respeitar a lei regularmente e zelar para que seus súditos fossem tratados com justiça. No entanto, quando o que estava em questão era a segurança do Estado, recorriam a julgamentos sumários para lidar com casos difíceis. Eles difundiram a ideia de que reis eram agentes de Deus na Terra e tinham que ser obedecidos, o que era uma reivindicação maior do que as que tinham feito os primeiros reis. Ao mesmo tempo, ficavam constrangidos por essa fórmula, pois sabiam que Deus os julgaria pelo modo com que tinham governado. Certamente foram mais importantes e inacessíveis do que os monarcas feudais. O ritual da troca de beijos entre reis e súditos já não era adotado: você tinha de se ajoelhar ante o rei, que talvez estendesse a mão para que você a beijasse.

Os monarcas se utilizavam de seus recursos para comprar seus próprios exércitos, que então eram formados por infantes, soldados a pé. No fim da Idade Média foram desenvolvidas armas capazes de derrubar cavaleiros montados: o arco longo e o pique, espécie de lança. A Inglaterra tinha desenvolvido o arco longo, uma arma mais poderosa do que a besta (ou balestra), e com ele os arqueiros ingleses eram capazes de perfurar a armadura dos cavaleiros e derrubá-los a pleno galope. No início, os franceses acharam que essa arma era desonrosa e não se deixaram intimidar por ela. Assim como os soldados que avançavam sob fogo de metralhadoras na Primeira Guerra Mundial, os cavaleiros franceses investiam contra os arqueiros e eram ceifados por eles. Não demorou muito para que os monarcas franceses mobilizassem seus próprios arqueiros. Os suíços desenvolveram o pique, uma lança comprida e pesada; marchava-se com ela sobre o ombro. No combate, um esquadrão de soldados da infantaria baixava os piques e os apontava para a frente, de modo que os cavaleiros, ao atacar, fossem derrubados e seus cavalos, perfurados.

Com exércitos próprios, os monarcas podiam usá-los contra seus súditos, fossem eles grandes senhores que os desafiassem ou pobres camponeses que se recusassem a pagar os impostos. A chegada da pólvora à Europa, no final da Idade Média, ajudou os reis a controlar seus súditos mais importantes: o exército podia destruir as muralhas de um castelo com balas de canhão.

A Europa tinha voltado ao normal: os governos de fato controlavam a situação, mas o estranho começo, em que os governantes eram sujeitos aos governados, ainda exercia sua influência, pois na Inglaterra o parlamento sobrevivera e se fortalecera, e na França o monarca foi obrigado a reavivar os Estados Gerais após 175 anos sem convocações.

Como os monarcas da Europa Continental estavam constantemente em guerra uns contra os outros, os reis tinham fortes motivos para montar exércitos. Mas, para defender a Inglaterra, o monarca precisava mais de uma marinha do que de um exército, e a marinha não poderia ser utilizada para controlar os inimigos domésticos do rei. Na Inglaterra, um monarca que quisesse manter um grande exército permanente era considerado uma ameaça à liberdade dos súditos. Isso dificultou aos reis adquirir uma força que pudesse, se necessário, ser voltada contra seus súditos. Ainda assim, no século XVII alguns monarcas ingleses tentaram se tornar absolutistas, segundo os modelos da Europa Continental.

Os reis que fizeram essa tentativa eram da linhagem dos Stuarts, originária da Escócia. Quando a rainha Elizabeth I, também conhecida como a Rainha Virgem, morreu em 1603, o trono passou para Jaime VI da Escócia, que se tornou, ao mesmo tempo, Jaime I da Inglaterra. Todos os seus sucessores Stuart governaram os dois reinos.

Jaime I, seu filho Carlos I e seus netos Carlos II e Jaime II romperam com seus parlamentos. Frequentemente se complicavam lidando com eles, mas estavam enfrentando um problema real. Precisavam aumentar a receita, mas, quando solicitavam ao parlamento um aumento de impostos, este exigia um aumento no controle da política do rei, que, claro, resistia bastante à intervenção parlamentar e tentava encontrar outros meios de obter o dinheiro, para não ter de voltar ao parlamento. Isso, claro, deixava os parlamentares de orelha em pé, pois o rei poderia tentar fazer o que os monarcas na Europa Continental estavam fazendo: simplesmente passar por cima do parlamento. Mas o que inflamou esses conflitos a ponto de haver homens dispostos a arriscar a vida pela causa do parlamento foi a religião. Os reis Stuart eram católicos, casados com católicas, ou não eram protestantes o suficiente no entender de seus súditos protestantes.

A Inglaterra tornou-se um país protestante durante a Reforma, mas não como na Alemanha, onde esse movimento nasceu. Não havia um Lutero na Inglaterra. Esta deu seu primeiro passo na direção do protestantismo por iniciativa de um rei, Henrique VIII, que ficou conhecido como o monarca que teve seis esposas. Sua primeira mulher era católica, mas não conseguiu gerar aquilo que mais se requeria dela: um herdeiro homem. A solução mais comum para essa dificuldade teria sido o papa encontrar motivos para anular o casamento, mas o pontífice tinha suas razões para não querer ofender a família da rainha, que governava a Espanha. Assim, Henrique declarou em 1534 que ele mesmo, e não o papa, era o chefe da Igreja Católica na Inglaterra. Nomeou um arcebispo que anulasse seu casamento com Catarina de Aragão e o casasse com Ana Bolena. Depois dele, a agora assim chamada Igreja da Inglaterra, ou Igreja Anglicana, foi se tornando cada vez mais protestante, porém ainda mantinha alguns rituais católicos e tinha bispos e arcebispos. Isso irritava os protestantes mais zelosos – os puritanos –, que queriam uma reforma mais abrangente e meticulosa.

Jaime I resistiu às exigências dos puritanos, mas tomou a importante decisão de concordar com uma nova tradução da Bíblia. A versão do rei Jaime, elegante e vivaz, foi a Bíblia dos ingleses durante os três séculos seguintes. Carlos I, filho de Jaime, preferiu uma teologia e rituais hoje conhecidos como alto anglicanismo, que, para a maioria dos protestantes, não só os puritanos, estavam próximos demais de Roma. Carlos fez a grande afronta de impor suas ideias à Igreja da Inglaterra, a Igreja oficialmente estabelecida e da qual era o chefe. Ele não era católico, mas sua rainha era e tinha o privilégio de ter seu próprio padre, que rezava a missa na corte.

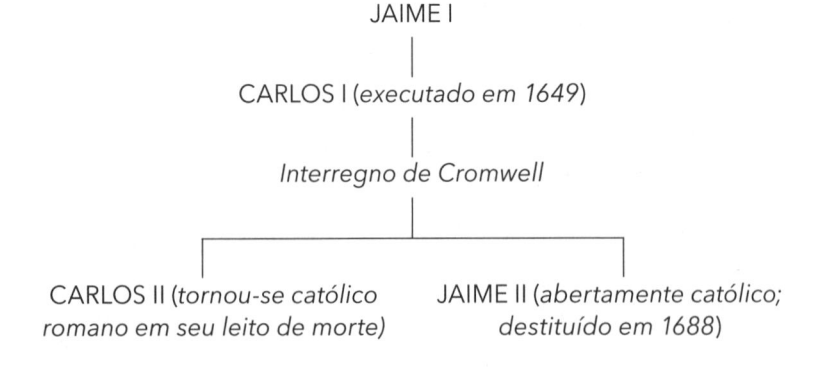

JAIME I
|
CARLOS I *(executado em 1649)*
|
Interregno de Cromwell
|
┌─────────────────────┴─────────────────────┐
CARLOS II *(tornou-se católico romano em seu leito de morte)*   JAIME II *(abertamente católico; destituído em 1688)*

Carlos logo chegou a um impasse com seus parlamentos e durante 11 anos governou sem eles, o que era autorizado a fazer, pois o parlamento só se reunia ao comando do rei. Com alguns cuidados, poderia ter encontrado um modo de nunca mais convocar o parlamento, mas cometeu o erro de tentar impor o tipo de culto que preferia ao povo de seu outro reino, a Escócia, onde as pessoas eram mais protestantes e inflamadas. Os escoceses enviaram um exército para a Inglaterra na tentativa de forçar Carlos a desistir. Para combater os escoceses, Carlos precisava de um exército. Assim, de modo a aprovar os impostos necessários para pagar pelo exército, foi obrigado a convocar um parlamento. Este teve então sua oportunidade e agiu para limitar os poderes do rei e aumentar os seus sobre a Igreja e o Estado. Mandou executar o principal ministro de Carlos e o arcebispo de Cantuária, sacerdote do alto anglicanismo.

De início Carlos ficou à mercê do parlamento, mas posteriormente reuniu um partido monarquista para que o apoiasse e parlamentaristas e monarquistas entraram em guerra. O parlamento ganhou a guerra, e seu principal general, Oliver Cromwell, promoveu o julgamento e a execução do rei, em 1649. Cromwell passou então a governar em lugar do rei; convocou os parlamentos, rompeu com eles e, enquanto viveu, a Inglaterra foi efetivamente uma ditadura militar. Quando ele morreu, um de seus generais reconvocou o parlamento da época de Carlos e convidou o filho deste a retornar do exílio para assumir o trono.

Carlos II começou seu reinado sem promover mudanças formais nos poderes do rei e do parlamento, pois a execução de seu pai era um veemente lembrete para que ele não avançasse demais com suas reivindicações. Ele simpatizava com o catolicismo e tornou-se católico no leito de morte. Não teve filhos com a rainha, mas teve muitos com as amantes. O próximo rei seria seu irmão, Jaime, que era abertamente católico. Os parlamentos tentaram aprovar leis que o banissem do trono, ao que o rei respondeu dissolvendo-os. Mas sem parlamento ele não poderia aumentar impostos. Então driblou a dificuldade recebendo secretamente fundos do rei absolutista francês Luís XIV, que, para poder fazer da França um país totalmente católico, retirara a tolerância que fora assegurada aos protestantes. Milhares deles fugiram para outros países. O protestantismo estava sendo atacado na França exatamente no mesmo ano, 1685, em que a protestante Inglaterra passava a ter, com Jaime II, um rei católico.

Mesmo sabendo que não o queriam, Jaime não agiu com cuidado. Promoveu abertamente o catolicismo, que considerava a fé verdadeira. Após todo o tumulto da Guerra Civil Inglesa e da ditadura militar, muitos parlamentares estavam dispostos a aturar Jaime, mas então a rainha, sua segunda mulher, católica, deu à luz um herdeiro homem. Parecia que a Inglaterra teria uma linhagem de reis católicos. Assim que o príncipe nasceu, quase todo o parlamento ficou determinado a se livrar dele. Os líderes parlamentares convidaram secretamente um governante protestante a ir com seu exército para a Inglaterra e se apoderar do trono. Era o holandês Guilherme de Orange, casado com Mary, filha de Jaime com sua primeira mulher, protestante. Guilherme era um paladino da causa protestante na Europa e travara batalhas para proteger seu país de Luís XIV.

A traição do parlamento transcorreu sem percalços. O vento soprou a favor e Guilherme atravessou rapidamente o canal da Mancha. Assim que desembarcou, quase todas as tropas de Jaime desertaram e passaram para o lado inimigo. Jaime fugiu para a Irlanda, o que foi muito conveniente, pois com isso o parlamento não teria de julgá-lo ou decapitá-lo. Em vez disso, simplesmente declarou que o trono estava vago e instalou Guilherme e Mary na função de monarcas em conjunto.

Os poderes do rei e do parlamento tinham sido redefinidos

pelo próprio parlamento e foi somente nesses termos que ele concedeu o trono a Guilherme e Mary. O documento que reescrevia a constituição foi chamado de Declaração de Direitos. É uma mistura de direitos assegurados ao parlamento e aos indivíduos:

Direitos dos indivíduos
Todo súdito tem o direito de intimar o monarca [Jaime II havia punido clérigos que o tinham criticado por sua política religiosa].
Não se poderá exigir fiança excessiva nem se impor multas excessivas.
Não se poderão infligir punições cruéis ou incomuns.
Os protestantes terão o direito de portar armas.
Júris não podem ser formados por manipulação da Coroa.

Pelos padrões modernos, essa lista de direitos individuais é limitada, mas esse foi o documento que fundamentou todas as declarações de direitos subsequentes. A Declaração de Direitos dos Estados Unidos inclui até os mesmos termos: "punições cruéis ou incomuns".

Direitos do parlamento
O parlamento deve ser convocado com regularidade.
O rei não pode suspender leis ou deixar de implementá-las [Jaime II tinha feito as duas coisas no que concernia a leis contra católicos].
Apenas o parlamento pode aprovar impostos [assim como seus predecessores, Jaime II havia cobrado impostos com base em sua autoridade real].
Não é permitido manter um exército permanente em tempos de paz sem o consentimento do parlamento [Jaime II tinha criado um exército].

O rei não pode estabelecer seus próprios tribunais [Jaime II tinha estabelecido tribunais para reforçar seu controle sobre a Igreja].

O rei e seus ministros não devem interferir em eleição de membros do parlamento [Jaime II havia tentado manipular a eleição de um parlamento simpático a suas ideias].

Membros do parlamento devem poder falar livremente no parlamento sem serem ameaçados com uma ação legal [o que hoje é chamado de privilégio ou imunidade parlamentar].

Com isso o parlamento fazia de si mesmo parte permanente da constituição sem derramamento de sangue. Esse golpe parlamentar foi chamado de "Revolução Gloriosa". O monarca continuaria detentor de um poder considerável: escolheria os ministros, orientaria a política, faria tratados, declararia guerra. Mas, uma vez que só poderia obter recursos com o consenti-

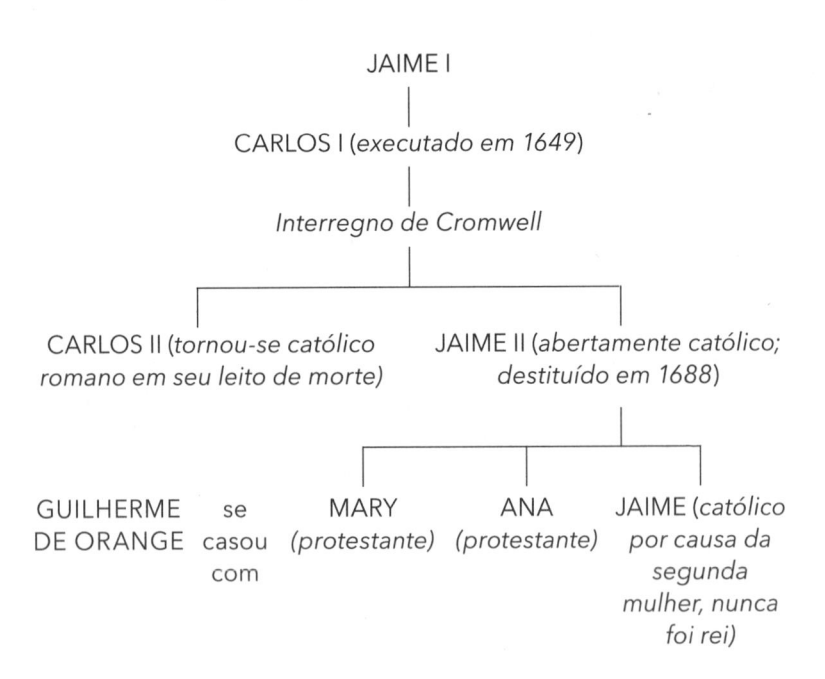

```
                          JAIME I
                             |
                  CARLOS I (executado em 1649)
                             |
                  Interregno de Cromwell
                             |
        ┌────────────────────┴────────────────────┐
  CARLOS II (tornou-se católico        JAIME II (abertamente católico;
  romano em seu leito de morte)           destituído em 1688)
                                                  |
                            ┌─────────────┬───────┴──────┐
  GUILHERME    se      MARY            ANA          JAIME (católico
  DE ORANGE  casou   (protestante)  (protestante)   por causa da
             com                                     segunda
                                                     mulher, nunca
                                                     foi rei)
```

mento do parlamento, deveria escolher ministros apoiados por este. Com o passar do tempo essa limitação levou ao sistema que funciona hoje no Reino Unido e em todos os países que seguiram o estilo de governar de Westminster: o monarca, ou seu representante, é o encarregado oficial, mas fica obrigado, em todas as matérias, a seguir o conselho de ministros responsáveis ante o parlamento.

Guilherme e Mary não tiveram filhos. Ana, irmã de Mary e filha de Jaime II, governou depois deles e não teve filhos que lhe sobrevivessem. O parlamento determinou então quem deveria ser o próximo monarca. Descartou muitos descendentes católicos da linhagem dos Stuarts que tinham direito ao trono e escolheu Sofia, princesa-eleitora de Hanôver, na Alemanha (ou seja, membro do colégio eleitoral do Sacro Império Romano-Germânico), neta de Jaime I, que era protestante. Ela e seus herdeiros constituiriam uma nova linhagem real. O parlamento tinha se organizado para conseguir o tipo de monarca que queria. Quando Ana morreu, Sofia também tinha morrido e assim a coroa passou para seu filho Jorge, que não falava inglês e passava a maior parte do tempo em Hanôver.

Ao fazer valerem essas disposições, o parlamento criou duas importantes provisões que ainda fazem parte da constituição inglesa:

O(a) monarca tem de ser protestante, membro da Igreja da Inglaterra e não pode ser casado(a) com um(a) católico(a).
O(a) monarca nomeia juízes, mas eles só podem ser removidos mediante voto de ambas as casas do parlamento.

A Declaração de Direitos assegurava que o parlamento – o legislativo – fosse parte forte, permanente e independente do governo. A independência dos juízes era agora protegida do executivo – o rei e seus ministros – que os nomeava. O Estado estava definido como protestante, o que era visto como uma garantia de suas liberdades. O protestantismo, em seu início, era um aval para a liberdade individual porque desafiava a autoridade dos papas e bispos e representava uma elevação da consciência e da experiência individuais. Na Inglaterra, ele estava mais firmemente conectado ao conceito de liberdade, porque os inimigos da Inglaterra – os monarcas absolutistas da França e da Espanha – eram católicos e os reis ingleses que haviam tentado passar por cima do parlamento eram ou católicos, ou considerados lenientes com o catolicismo. Preservar tanto o parlamento quanto a fé protestante tornou-se uma mesma causa.

Dessa maneira, a aristocracia e os cavalheiros donos de terras da Inglaterra que compunham o parlamento estabeleceram os dispositivos constitucionais de um Estado liberal. Não era totalmente liberal porque se baseava na hostilidade em relação aos católicos e não tinha sido concebido a partir da adoção de princípios liberais. O parlamento sempre declarou que estava apenas preservando seus antigos direitos e liberdades. Foi no decorrer das longas batalhas com os reis que os parlamentares descobriram o que era necessário fazer para dar um xeque-mate em todo rei que pensasse em agir como os monarcas absolutistas da Europa Continental: ele era obrigado a convocar o parlamento; não podia coletar impostos sem este; não era capaz de controlar os tribunais. Os princípios gerais ficaram claros após essa vitória.

O filósofo que formulou os princípios liberais sobre os quais se apoiava o golpe parlamentar foi o inglês John Locke. Seu livro *Dois tratados sobre o governo* foi publicado em 1690, logo após a revolução. Partindo da ideia romana do direito natural, Locke alegava que as pessoas têm certos direitos naturais à vida, à liberdade e à propriedade e que, ao formar governos, estavam fazendo um contrato: confeririam poder aos governos para ter seus direitos protegidos. Mas, se os direitos não estivessem sendo protegidos, o povo teria o direito de destituir o governo e formar outro. O caráter divino dos reis, a obrigação dos súditos de obedecerem a ele – tudo isso foi descartado e o governo tomou o caráter de um acordo comercial. Mas o filósofo não foi o primeiro a ver no governo um contrato: isso tinha estado implícito na relação entre monarcas feudais e seus súditos e, embora os parlamentos tenham continuado a existir – mesmo que só na cabeça das pessoas –, a noção de governar *com* os súditos, e não *contra* eles, sobrevivera. Na Inglaterra, o livro de Locke justificava o que acontecera no passado, por isso não era mais revolucionário. Para os rebeldes americanos e franceses que vieram depois, ele foi a justificativa para a revolta e para a linguagem de direitos com a qual definiram sua nova ordem.

DE INÍCIO, A REVOLUÇÃO FRANCESA tinha como objetivo a criação de uma monarquia constitucional, como a da Inglaterra. Os reformadores tiveram sua oportunidade porque na década de 1780 os monarcas estavam próximos da bancarrota. Luís XVI empregou ministros de finanças que visavam a uma reforma, planejando tornar mais uniforme, justo e eficiente o periclitante sistema de impostos. A mudança mais espetacular foi que a nobreza, pela primeira vez, teria de pagar impostos com a mesma alíquota de todos os outros grupos. Antes os nobres pagavam menos com base naquilo com que contribuíam quando eles mesmos e seus homens iam combater pelo próprio estado. Já não era dessa forma que o monarca adquiria suas forças armadas, mas é claro que, mesmo assim, os nobres se opuseram às medidas que reformavam os impostos. Os monarcas absolutistas tinham posto de lado a nobreza para criar um Estado que controlassem, mas não eliminaram os nobres em si. Os nobres gozavam de enorme prestígio e detinham posições importantes nos tribunais (eram eles que registravam os decretos reais), na corte do rei e no exército. Armaram uma tempestade de protestos quando foram solicitados a pagar impostos e, estranhamente, ganharam bastante apoio popular para essa resistência a um ataque "tirânico" a um antigo direito – o que mostra como o absolutismo real era limitado. Um rei mais enérgico e determinado do que Luís poderia ter pressionado e forçado a implementação da mudança, mas ele aceitou a opinião geral de que somente a autoridade do parlamento poderia permitir a introdução de um novo esquema de impostos. Assim, após uma lacuna de 175 anos, foram convocados os Estados Gerais.

Imediatamente começou uma discussão feroz sobre como eles deveriam se reunir. As três ordens, ou estados, tinham suas respectivas casas parlamentares: o clero, a nobreza e os comuns (ou Terceiro Estado, como este era conhecido na França). Antes de se adotar qualquer medida, as três casas deveriam concordar com ela. Os líderes do Terceiro Estado, principalmente juristas, sabiam que sua chance de dar à França uma nova constituição seria mínima caso tivessem de contar com a concordância dos nobres e do clero. Eles exigiram que as três casas se reunissem e votassem juntas e que, considerando o número de habitantes representados no Terceiro Estado, seu empenho e sua riqueza, ele deveria ter o dobro de representantes. No início, o rei recusou qualquer mudança no antigo sistema de reunião. Depois cedeu em parte e, com isso, como sempre acontecia com Luís, piorou a situação. Concordou com o dobro de representantes para o Terceiro Estado, mas as casas ainda teriam de se reunir em separado. Dessa forma, claro, não faria diferença alguma quantos representantes tivesse o Terceiro Estado, pois o que quer que aprovassem poderia ser vetado pela nobreza ou pelo clero.

O debate continuou quando os Estados Gerais se reuniram em 1789. O Terceiro Estado se declarou a verdadeira Assembleia

Nacional e convidou as outras ordens a se juntarem a ele. Um dia, quando chegaram a seu local de reunião, no palácio real de Versalhes, encontraram as portas fechadas. Tinham sido fechadas porque o salão seria pintado, mas os delegados ficaram tão sobressaltados, temendo que o rei fechasse a casa, que foram imediatamente para uma quadra fechada de tênis nas proximidades e fizeram o juramento de não debandar antes de darem à França uma constituição. Existe uma gravura desse momento, feita pelo artista real Jacques-Louis David, que é um exemplo famoso de como a vida imita a arte. Cinco anos antes, David tinha pintado *O juramento dos Horácios*, que mostra o pai dos Horácios e seus filhos com os braços erguidos na saudação republicana romana. A mesma saudação foi usada pelos revolucionários do Terceiro Estado quando juraram dar à França uma constituição.

Muitos membros do clero e alguns dos nobres juntaram-se à Assembleia Nacional. O rei indicou que daria aos Estados Gerais um lugar permanente na constituição, mas que não consentiria

O juramento na quadra de tênis, *de Jacques-Louis David, 1791.*

em que os três estados se reunissem juntos. Ameaçou a assembleia com violência se não voltasse a ser uma casa dividida em três – mas, quando foi desafiado, não recorreu a ela. Recuou e, sem a menor convicção, autorizou as outras ordens a se juntarem ao Terceiro Estado.

Os líderes da assembleia eram homens do Iluminismo; tinham princípios liberais e igualitários muito claros. Seu lema era "Liberdade, igualdade e fraternidade". A assembleia emitiu um documento intitulado Declaração dos Direitos do Homem e do Cidadão; eram direitos não só para os franceses, mas para todo o gênero humano. Eis um resumo de seus principais artigos:

> Os homens nascem livres e permanecem livres e iguais em direitos.
> Esses direitos são a liberdade, a propriedade, a segurança e a resistência à opressão.
> O princípio da soberania reside na nação.
> Liberdade consiste em poder fazer tudo o que não prejudique ninguém.
> Todo cidadão tem o direito de participar pessoalmente ou por meio de um representante na feitura das leis.
> Ninguém pode ser acusado, detido ou preso, exceto mediante um processo legal que só aplicará as punições estritamente necessárias.
> Ninguém poderá ser achacado por conta de suas opiniões, inclusive suas crenças religiosas.
> Todo cidadão poderá falar, escrever e publicar com liberdade, mas será responsabilizado por abusar dessa liberdade, conforme definido por lei.
> Uma constituição sem separação de poderes não é uma constituição.

É um documento glorioso esse de fundação da democracia moderna, mas produziria uma revolução nada gloriosa. Os homens que endossaram esses princípios queriam uma monarquia constitucional como a da Inglaterra, mas que segurança teria um rei quando se dizia que a soberania residia na nação e que todos os homens eram declarados iguais? Os que conceberam esse documento queriam eles mesmos governar e decidiram, ao formular a constituição, que somente os donos de propriedades poderiam votar. Mas como poderiam excluir as pessoas comuns se tinham declarado que eram iguais? Foi somente pela ação delas que Luís foi obrigado a aceitar a declaração; elas haviam atacado a fortaleza real da Bastilha e forçado o rei a deixar seu palácio em Versalhes e viver em meio ao povo em Paris. As pessoas comuns tinham ajudado a fazer a revolução e não estavam dispostas a sair de cena.

Houvera promessas e ameaças demais para que a França pudesse produzir uma constituição como a da Inglaterra, ou uma revolução não sangrenta como a de 1688, que não tinha elaborado novos princípios; agora havia um excesso de novos princípios. O rei logo deixou claro que não aceitava os princípios e que, se pudesse, desfaria todas as mudanças nas regras de seu governo. Isso deu aos radicais a oportunidade que queriam. Eles insistiram em que era preciso fazer uma aliança com o povo e controlar ou remover o rei para garantir qualquer mudança. Isso suscitou uma reação dos que queriam mudança, mas não uma mudança democrática, com o povo no poder.

Logo os revolucionários começaram a brigar entre si. Um dos motivos pelos quais David nunca fez de sua ilustração da quadra de tênis um quadro foi que muitas das pessoas ali presentes tinham sido executadas como inimigas da revolução. Os radicais passaram a se chamar de jacobinos, pois se reuniam num antigo convento da ordem dos dominicanos (jacobinos).

	ORGANIZAÇÃO MILITAR	CONTEXTO POLÍTICO	FORMA DE SAUDAÇÃO
CLÁSSICO	Cidadãos-soldados	500 a.C. Democracia grega República romana	Saudação republicana
	Infantaria profissional	27 a.C. Augusto, primeiro imperador romano	Saudação republicana
	Infantaria profissional estrangeira	313 d.C. Diocleciano, Constantino Império tardio 476 Queda de Roma	Prostração
MEDIEVAL	Cavalaria montada (meio expediente)	Monarcas feudais com "estados"	Ajoelhar-se Beijo
		Governos de cidades compostos por iguais	Juramento mútuo
MODERNO	Infantaria profissional (Inglaterra: marinha)	Monarcas absolutistas (Inglaterra: governo parlamentar)	Beijar a mão
	Cidadãos-soldados (conscritos)	1789 Revolução Francesa	Saudação republicana

Seu líder era um homem frio, Maximilien de Robespierre. Os jacobinos formaram uma ditadura revolucionária. Executaram o rei, expulsaram seus oponentes da assembleia e fecharam os jornais deles, estabeleceram tribunais especiais fajutos para executar traidores da revolução. Tinham um pretexto forte para instaurar uma ditadura. A França corria perigo mortal, porque os revolucionários tinham declarado guerra às monarquias da Europa para forçá-las a adotar os princípios dos Direitos do Homem. O exército que eles criaram para esse fim era formado de

Retrato de Mirabeau, líder da Revolução Francesa em seus estágios iniciais. A seu lado está um busto de Brutus e, na parede atrás dele, o quadro de David retratando Brutus quando os corpos de seus filhos executados são levados para casa.

um modo diferente, por conscrição, ou seja, alistamento, de todos os homens da nação – o povo em armas.

Os revolucionários tinham lido os textos de Lívio. O santo patrono da tirania revolucionária foi Brutus, o fundador da República Romana que concordara com a execução de seus filhos. Havia um busto de Brutus na assembleia, ao lado do pódio. Ruas foram renomeadas em sua homenagem, pais davam esse nome a seus filhos. Como os jacobinos tinham criado a república, não podiam mais jogar cartas com baralhos que tinham reis, damas e valetes. Em vez disso as cartas representavam sábios, virtudes e guerreiros. Brutus era um dos sábios. O rei era referido como Tarquínio e, como em Roma, seria ofensivo pedir a restauração da monarquia. Aquela implacável virtude republicana – a crença de que tudo deveria ser sacrificado em prol do Estado –, a disposição de ver sangue ser derramado e pensar que isso era purificador: essa foi a contribuição romana para o primeiro Estado moderno, um Estado totalitário.

CAPÍTULO 6

Imperadores e papas

Nossa história começa com um grande império e continua após seu colapso. A Europa tinha adotado diversas características do Império Romano e foi profundamente moldada pelo seu colapso. O livro *Declínio e queda do Império Romano*, obra histórica de Edward Gibbon, está gravado na nossa consciência. Qual seria a sensação de viver após esse acontecimento na Europa sabendo que ali tinha existido uma grande civilização que desapareceu? Mas, se você perguntasse a um senhor medieval ou a um erudito como era viver sem a existência do Império Romano, ele ficaria espantado. Para ele, o Império Romano ainda sobrevivia. De fato, algo chamado Império Romano existiu até o século XIX. A linhagem do último imperador romano remontava a Augusto. Como se explica isso?

O reinado de Augusto começou em 27 a.C. e o império que ele fundou no Ocidente durou 500 anos. Por volta de 400, o império foi dividido permanentemente em Ocidente e Oriente, e o do Oriente sobreviveu mais mil anos, até 1453. Os bárbaros que invadiram o Império Romano do Ocidente reconheceram o imperador do Oriente. Clóvis, o primeiro rei cristão dos francos, recebeu o título de "cônsul" do imperador do Oriente. O papa, que sobreviveu em Roma, também reconheceu o imperador do Oriente; aos olhos do pontífice, apesar de todas as invasões bárbaras e do colapso do Império Romano do Ocidente, as partes primordiais da antiga ordem continuavam intactas. Havia um papa em Roma e havia um imperador – um imperador cristão –, que agora residia em Constantinopla. Essas duas autoridades controlariam, juntas, a cristandade. Mas, quando o papa realmente precisou da ajuda do imperador do Oriente, este não pôde fazer muita coisa para salvá-lo.

O perigo que ameaçava o papa vinha dos lombardos, que constituíram a segunda onda de invasores germânicos no século VIII. Eles pretendiam se apoderar de toda a Itália, inclusive Roma, e as terras que a circundavam. Eram uma grande ameaça ao papa. Até hoje o pontífice ainda tem seu próprio território, a Cidade do Vaticano. É minúsculo, mas é seu próprio Estado; não faz parte da Itália. Os papas sempre temeram que sua independência desaparecesse se não fossem soberanos em seu próprio território. Imagine que o Vaticano fosse apenas parte da Itália. A Itália poderia aprovar uma lei obrigando o Vaticano a proporcionar oportunidades iguais em todas as esferas da vida, inclusive a Igreja. A Igreja seria investigada por nunca ter ordenado uma mulher como bispo, muito menos uma papisa. A riqueza da Igreja poderia ser taxada pelo Estado italiano. A Itália poderia aprovar uma lei dispondo que deveria haver camisinhas disponíveis nos banheiros públicos.

No século VIII, o papa também não queria ficar sujeito ao controle dos lombardos. Foi buscar a ajuda do imperador do Oriente, mas este se encontrava muito ocupado lidando com as invasões muçulmanas a seu território. Assim, o papa voltou-se para o norte, cruzando os Alpes e contatando os francos – povo

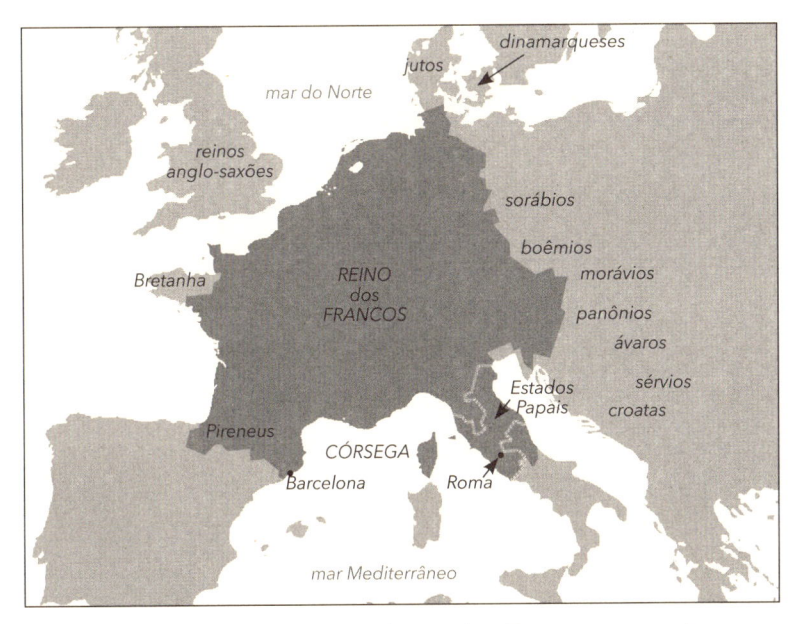

O reino dos francos chegou a cobrir toda a França e parte da Alemanha, da Espanha e da Itália atuais.

germano que tinha criado o estado mais forte na Europa Ocidental em território onde hoje se situa a França. O rei dos francos, o cristão Pepino, foi para o sul, entrou na Itália e subjugou os lombardos. Garantiu um largo cinturão de território em torno de Roma, que seria do papa. Depois de muitas alterações nas fronteiras, o território continuou a ser do papa até o século XIX. Foi só então, com a criação de um Estado italiano unificado, que o papa foi confinado no Estado minúsculo que detém até hoje.

O filho do rei Pepino foi Carlos Magno. Ele expandiu em muito o território do reino franco. Suas terras se estendiam além dos Pireneus e alcançavam a Espanha; iam até a metade da Itália, abarcando inclusive o território que seu pai tinha alocado ao papa; a leste, até a Áustria; e ocupavam grande parte da atual Alemanha. Desde a queda de Roma não houve um único estado europeu tão extenso, exceto os efêmeros impérios de Hitler e de Napoleão. Na Alemanha, Carlos Magno estava lidando com os saxões, que não tinham penetrado o Império Romano. Eles eram pagãos, por isso Carlos Magno deu a eles a opção de se converterem ao cristianismo ou serem feitos escravos e enviados de volta para o interior de seu território.

No ano de 800, Carlos Magno visitou Roma e compareceu à missa de Natal na catedral. Após a celebração, e aparentemente sem combinação prévia, o papa pôs uma coroa na cabeça de Carlos Magno e o declarou imperador romano. Tinha feito seu próprio imperador para contar com um poder que o protegesse. Mas, com isso, estava voltando as costas ao imperador do Oriente, por isso precisava de uma boa desculpa. E ela não poderia ter sido mais fácil: uma mulher havia se tornado imperatriz em Constantinopla; tinha cegado seu filho, que era o imperador, se livrado dele e subido ao trono. Por ordem do papa, ela não governaria o Ocidente.

Mais tarde houve muitas discussões entre papas e imperadores sobre o que aconteceu na catedral no dia de Natal de 800. Papas enfatizaram que fora o pontífice quem pusera a coroa na cabeça de Carlos Magno e isso indicava que o papa era superior ao imperador. Mas, após ter colocado a coroa, o papa se curvou diante dele. Imperadores disseram que, com esse gesto, o papa estava reconhecendo o poder superior do imperador. Os imperadores disseram, com certa razão, que o papa só pôde escolher seu protetor porque Carlos Magno tornara-se uma figura forte por direito próprio. Sua força não dependia da ajuda do papa.

O império de Carlos Magno era muito diferente do Império Romano e Carlos Magno foi um governante muito diferente de um imperador romano. Ainda era, basicamente, um rei bárbaro. Estava se alfabetizando sozinho; havia aprendido a ler – isto é, a ler latim –, mas tinha dificuldade em escrever. Até o fim da vida manteve um pequeno tablete de cera ao lado da cama para praticar a escrita, mas nunca chegou a pegar realmente o jeito. Tinha, no entanto, um entendimento claro do império como uma força civilizatória, algo que aprendera com o exemplo romano. Seus ancestrais germânicos tinham vivido do saque e da pilhagem, e havia sido o desejo por pilhar ainda mais que os levara a invadir o Império Romano. Governos podem ser organizados de forma a serem apenas um sistema de pilhagem para enriquecer os que estão no poder e seus amigos. Há governos antigos e modernos assim. Santo Agostinho, que viveu nos últimos dias do Império Romano do Ocidente, escreveu em seu *A cidade de Deus*: "Se não houver justiça, o que são os reinos senão grandes roubalheiras?" Carlos Magno conhecia a obra e compreendia a declaração; santo Agostinho era um de seus autores favoritos. Com os saxões pagãos do leste, ele podia ser selvagem e cruel até que se convertessem ao cristianismo. Mas, uma vez tornados cristãos, dentro de seu território, ele pessoalmente se encarregou de garantir que fossem governados com justiça.

Embora tivesse pouca instrução, Carlos Magno incentivou a educação e tornou-se patrono de homens instruídos que receberam ordens de encontrar e copiar os manuscritos antigos. Quase todas as obras em latim que haviam sobrevivido foram copiadas na época de Carlos Magno. Sem ele, a herança clássica teria sido muito pequena.

Carlos Magno precisou enfrentar enormes desvantagens: não contava com uma burocracia, as comunicações eram precárias, havia pouco comércio, as cidades eram minúsculas e o caos era grande. Considerando tudo isso, seu império não se parecia em nada com o romano. Seu modo de governar era nomear condes e duques por todo o reino para controlar os senhores locais e garantir que fossem leais a Carlos Magno. O império não tinha uma base institucional, o governo dependia da força pessoal de seu líder.

Carlos Magno construiu seu palácio em Aachen, próximo à atual fronteira entre a Alemanha e a Bélgica, e em sua época perto do centro do reino. Somente a capela sobreviveu. A construção tem estilo românico, isto é, segue o estilo de Roma, com arcos arredondados. Os pilares que sustentam os arcos são efetivamente romanos; Carlos Magno os tinha levado da Itália.

Após construir seu enorme império com tanto esforço, Carlos Magno decidiu, do costumeiro modo germânico, que, após sua morte, o reino seria dividido entre seus filhos. Mas apenas um deles lhe sobreviveu e assim a divisão do império só ocorreu na geração seguinte, entre seus netos. Estes lutaram entre si e o império de Carlos Magno foi dividido em três. A parte ocidental tornou-se posteriormente a atual França; a parte oriental foi a base da Alemanha. Mas, nas lutas entre seus netos e no caos das invasões nórdicas, os métodos de controle usados por Carlos Magno desapareceram. Os condes e duques se estabeleceram como os homens fortes locais, com uma lealdade mínima a quem quer que fosse o rei. A Europa voltava ao que tinha sido imediatamente após a queda de Roma: o poder estava muito disperso e, antes que pudesse voltar a haver reinos fortes, os reis teriam de subjugar condes e duques.

Com o desaparecimento do império de Carlos Magno, o papa perdeu o homem forte que o protegia. Por um tempo, se entendeu com os príncipes locais que conseguia encontrar e os coroava imperadores. Então, em 962, um novo e forte rei, Oto I, surgiu na parte germânica do antigo império de Carlos Magno. O papa o coroou imperador romano e, a partir de então, quem se tornasse rei da Alemanha seria, depois de coroado pelo papa, também imperador romano e, mais tarde, sacro imperador romano.

Os reis germânicos foram os únicos monarcas na Europa a serem eleitos. Antes de fazer parte do Império Romano, a prática germânica era ter um sistema misto de herança e eleições. Havia uma família real e seus membros do sexo masculino seriam candidatos à eleição. O método pretendia assegurar que um bom guerreiro fosse escolhido rei; as tribos germânicas não queriam ser comandadas por um inepto.

Acontece que na França, durante muito tempo, todos os reis tiveram filhos capacitados, e assim, aos poucos, a sucessão hereditária tornou-se o único método de determinar quem seria o rei francês. Mas na Alemanha os reis não se mostraram tão aptos a produzir bons herdeiros, por isso o sistema de eleições foi mantido e ficou ainda mais forte quando o rei alemão se tornou naturalmente o imperador do Sacro Império Romano-Germânico. O imperador era o supervisor geral de toda a cristandade, e as eleições, em tese, garantiam que qualquer príncipe cristão poderia ser eleito para o cargo. Na prática, o escolhido era quase sempre um príncipe germânico. No início eram muitos os eleitores, homens fortes locais, como arcebispos e duques. Mas com o tempo somente sete mantiveram o título de "eleitor".

O rei/imperador germânico lutava, como faziam os reis em toda parte, para exercer seu poder sobre os homens fortes locais, alguns dos quais seus eleitores. Como o imperador fora obrigado a cortejar o favor dos eleitores para ganhar o posto, às vezes ele precisava conceder poder, em vez de reivindicá-lo. Às vezes, a situação era ainda mais complicada, porque, assim como nas lutas locais pelo controle, os imperadores, durante séculos, tinham se envolvido numa batalha com uma figura que rivalizava com eles em poder e prestígio: o papa.

Papa e imperador tinham se ajudado mutuamente na construção de seu poder. Os imperadores tinham protegido o papado, sobretudo defendendo os territórios papais. Às vezes, intervinham em Roma para assegurar que houvesse um papa devoto, e não algum aventureiro, no trono de são Pedro. Os papas tinham ajudado a construir o poder dos imperadores coroando-os e concedendo a eles o título de Imperador Romano. Mas a partir do século XI os dois romperam, porque os papas começaram a insistir em que a Igreja fosse dirigida a partir de Roma e que reis e príncipes não se metessem em seus assuntos.

A Igreja Católica foi a grande instituição internacional da Idade Média, mas estava sempre sendo minada porque os reis e mandachuvas locais queriam decidir quem se tornaria bispo em seu território. Não era uma simples questão de se fazerem ouvir nos assuntos da Igreja; os bispos eram provedores de muitos empregos – padres e funcionários da Igreja – e controlavam grandes porções de terra, de onde a Igreja obtinha seus recursos. Às vezes, um terço das terras estava nas mãos da Igreja; na Alemanha era quase metade. As autoridades seculares queriam influenciar a maneira como os bispos exerciam seu enorme poder.

Quando dizemos que a Igreja era uma corporação internacional, pense nos seguintes termos: a Toyota, cuja direção fica em Tóquio, fabrica automóveis. Digamos que, na Austrália, seu executivo-chefe tenha sido nomeado pelo primeiro-ministro, e o gerente da fábrica, pelo prefeito local. Oficialmente, o gerente da fábrica e o executivo-chefe devem lealdade a Tóquio, mas é claro que, na prática, uma vez que foram nomeados pelo prefeito e pelo primeiro-ministro, estarão sempre olhando para eles de esguelha, para ter certeza de que não os estão desagradando. E talvez os políticos tenham escolhido pessoas que não sabem nada a respeito de automóveis, oferecendo os cargos a quem precisam agradar. Assim era a Igreja medieval: tinha sido minada, corroída por dentro e saqueada por mandachuvas locais e monarcas da Europa.

O papa que quis frustrar todos esses confortáveis arranjos e trazer de volta, com mais firmeza, a autoridade para Roma foi Gregório VII, que chegou ao cargo em 1073. Ele declarou que passaria a nomear os bispos pessoalmente. O imperador Henrique IV replicou que *ele* continuaria a fazer isso e se manteve firme, e assim o papa o excomungou, isto é, o expulsou da Igreja. O imperador não poderia mais ir a uma missa ou contar com qualquer dos serviços que a Igreja provia. Essa era uma arma poderosa dos papas, pois, tendo excomungado um rei, eles diziam aos habitantes dos territórios do monarca que não precisavam mais obedecer a ele. Nesse caso, os duques e príncipes germânicos, que sempre quiseram escapar do controle do imperador, ficavam satisfeitos ao descobrir que este tinha sido excomungado e poderia ser ignorado.

Henrique IV atravessou os Alpes no inverno para se encontrar com o papa em seu castelo em Canossa, norte da Itália. Esperou do lado de fora, na neve, durante dois ou três dias, implorando ao papa que o recebesse. Tinha se livrado de todos os paramentos reais, estava vestido com roupas modestas. O papa acabou cedendo e o imperador se ajoelhou diante dele e pediu perdão. O papa anulou a excomunhão, o que aborreceu os príncipes germânicos. Esse gesto tinha sido muito humilhante para Henrique, é claro, mas também foi um estratagema bem esperto. Era muito difícil um papa cristão se recusar a conceder perdão, mas o imperador não abandonou de todo a posição que assumira. A controvérsia se arrastou por anos, até finalmente haver um acordo. O imperador passou a ter certa influência na escolha dos bispos, mas era ao papa que cabia efetivamente lhe fornecer os membros de sua equipe e suas vestimentas oficiais.

Essas batalhas entre papas e imperadores continuaram por muito tempo. Eram literalmente batalhas – o papa ia à guerra contra o imperador. Você pode se perguntar: como um papa conduz uma guerra? Ele é um monarca por direito próprio; tem seus próprios territórios, nos quais coleta impostos que depois usa para contratar soldados. Procura aliados onde quer que possa encontrá-los. Às vezes, alia-se a príncipes germânicos que não querem se submeter ao imperador e esses nobres abrem uma frente de batalha na retaguarda do imperador. As cidades no norte da Itália, que se tornaram as mais ricas da Europa ao longo da Idade Média, não gostavam de se sujeitar ao imperador, cujo reino se estendia da Alemanha até ali, e às vezes se aliavam ao papa para repelir o imperador. Frequentemente jogavam dos dois lados, mudando alianças de acordo com o que era mais vantajoso.

O papa, como guerreiro, é muito bem descrito pelo artista renascentista Cellini em sua autobiografia. Como vários homens da Renascença, Cellini tinha múltiplos talentos: era não apenas um fantástico ourives como também entendia bastante de armas. Quando um inimigo atacava Roma, Cellini ficava no parapeito da muralha com o papa, dando instruções sobre como atirar com o canhão. Entre os inimigos do pontífice havia um velho oficial espanhol que tinha lutado a favor do papa mas agora estava do outro lado. Em certo momento, ele se encontrava muito longe da muralha e achava que estava fora do alcance dos tiros. Estava de pé, relaxado, brandindo sua espada. Cellini deu o comando para o disparo do canhão. O tiro resultou numa cena de verdadeira aberração: a bala atingiu a espada do oficial, empurrando-a para trás e cortando-o ao meio. Cellini ficou perturbado com isso: ter matado um homem sem que ele tivesse tido tempo de se preparar para a morte. Ele se ajoelhou diante do papa e pediu absolvição. Mas o papa ficou encantado com esse feito e disse: "Sim, eu o perdoo; perdoo você por todos os homicídios que cometa a serviço da Igreja."

Eis a seguir uma estátua de são Pedro, que supostamente foi o primeiro bispo de Roma, vestido como um papa medieval, usando um manto deslumbrante e uma grande coroa. Ele não esqueceu suas origens humildes como pescador: um de seus pés está descalço. Na Idade Média, a maioria das pessoas não ficaria ofendida com essa opulência. O papa deveria ser um grande príncipe e ter todos os paramentos da realeza, pois era o chefe da

Igreja e teria de se encontrar com outros monarcas de igual para igual.

Papas e imperadores entravam em guerra mas não resolviam o impasse. Nunca houve uma vitória absoluta de uns ou de outros. A disputa era como o conflito entre patrões e empregados. Há greves e ameaças de demissão, frequentemente intensas e amargas, mas você sabe que sempre haverá um acordo e que sempre haverá patrões e empregados. O que o conflito entre papas e imperadores tem de significativo é que um papa nunca reivindicou ser imperador e um imperador nunca reivindicou ser papa. Cada parte reconhecia que a outra deveria existir; a disputa tinha a ver com os poderes de cada um. Essa era uma característica muito importante da Europa Ocidental, que a distinguia do Império Bizantino no leste. Em Constantinopla, a prática era que o imperador governasse não apenas no que dizia respeito às questões civis do império, mas também às da Igreja. Havia a figura do patriarca, mas ele era nomeado pelo imperador e ficava sob seu controle. No Ocidente as duas autoridades, Igreja e Estado, eram separadas e independentes. Isso constituiu uma barreira permanente a qualquer reivindicação dos reis que desejassem alcançar o poder total.

O resultado dessa prolongada luta entre imperadores e papas foi o enfraquecimento recíproco. O efeito disso a longo prazo na

Estátua de bronze da época medieval representando são Pedro entronado, na Basílica de São Pedro, Roma.

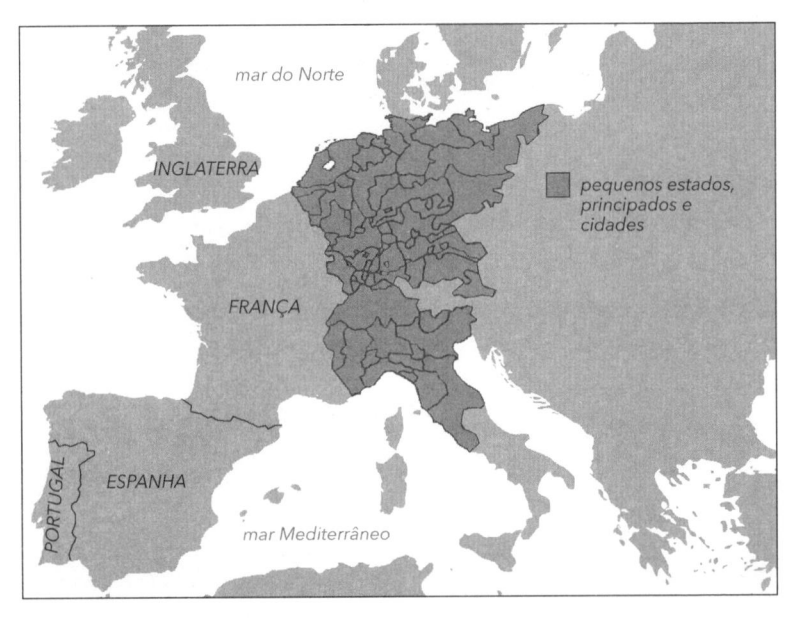

Europa Ocidental e Central em 1648.

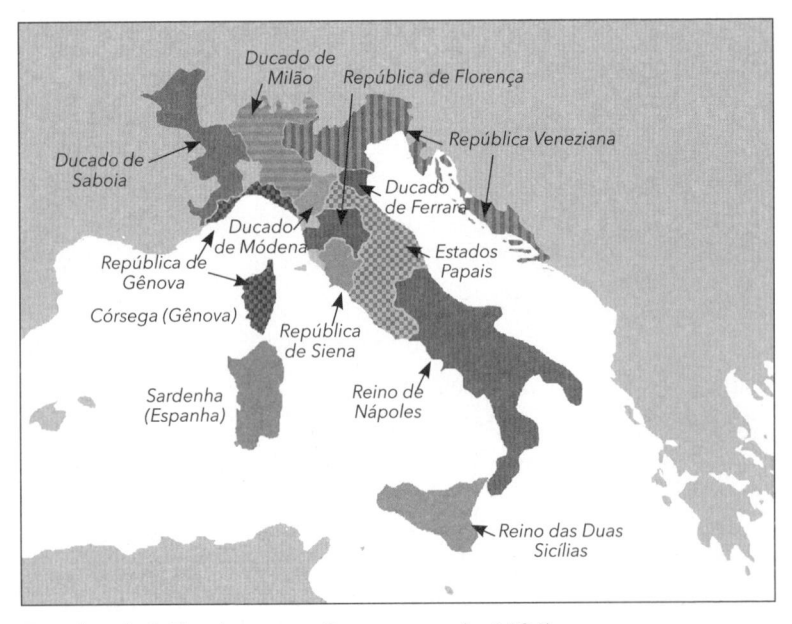

Estados da Itália durante a Renascença (c. 1494).

Europa Central – da Alemanha ao norte à Itália ao sul – pode ser visto no mapa da página anterior. Há uma verdadeira colcha de retalhos feita de pequenos estados, principados e cidades. A oeste, Inglaterra, França e Espanha tinham emergido como países unificados. Duques e condes estavam sob controle, e a jurisdição do rei estendia-se a todo o seu território. Na Inglaterra, esse processo foi facilitado por sua conquista, em 1066, pelo duque Guilherme, o qual, assumindo pela força o controle de todas as regiões do país, estabeleceu uma monarquia mais forte que as da Europa Continental. Na Europa Central, duas forças – imperador e papa – combatiam, negociando sua autoridade com poderosos de outros locais para poder lutar um contra o outro. O resultado foi que as entidades menores ganharam poder ao invés de perdê-lo. Eram entidades que se autogovernavam e praticamente não eram afetadas pelas ações de seus soberanos. Foi aí que ocorreram dois processos que transformaram a Europa moderna (pós-1400): a Renascença e a Reforma. É difícil responder por que ocorreram, mas é mais fácil responder por que poderiam acontecer nessa situação.

As cidades do norte da Itália (onde nasceu a Renascença) eram pequenas cidades-estado como as da Grécia clássica. As cidades italianas eram rivais, militar e culturalmente; iam à guerra umas contra as outras e queriam superar umas às outras com o esplendor de sua arte. Como eram Estados, além de cidades, concentravam muitas pessoas talentosas num único lugar. Ao contrário do que acontecia no restante da Europa, a nobreza não considerava as terras de sua propriedade seu lar natural; também vivia na cidade. A variedade e a vitalidade do dia a dia das cidades caracterizavam sociedades inteiras. Era nas cidades que seria possível conceber e conduzir o projeto de recriar o mundo antigo.

A Reforma de Lutero criou raízes e floresceu na Alemanha porque o poder secular estava disperso. Seria dever do imperador derrubar a heresia de Lutero, e muito tardiamente ele até tentou fazê-lo. Lutero recebeu permissão para se apresentar diante dele e dos príncipes para ser questionado. Quando Lutero se recusou a se retratar, o imperador declarou que ele era um herege e seria preso. Suas ordens foram imediatamente frustradas por Frederico, eleitor da Saxônia, que escondeu Lutero em seu castelo. Foi ali que Lutero começou a traduzir a Bíblia para o alemão. Frederico e os outros príncipes germânicos que apoiavam o reformador viram nisso a oportunidade para se apoderar da Igreja e de suas terras. Com isso, incrementaram seu próprio poder à custa do papa e do imperador. Assim nasceu o luteranismo.

A Alemanha e a Itália permaneceram divididas até a segunda metade do século XIX. Quando chegaram à união nacional, se mostraram mais propensas do que os estados unificados mais antigos a adotar o nacionalismo intenso promovido pelo movimento romântico. No século XX, foram esses dois estados que adotaram o nacionalismo em sua forma mais agressiva e exclusivista – o fascismo.

Embora a posição de imperador não implicasse grande poder, o Sacro Império Romano-Germânico sobreviveu. Desde o fim da Idade Média, só uma família forneceu aquele que seria eleito sacro imperador romano. Foi a família dos Habsburgos, uma das grandes dinastias de governantes da Europa. Eles supriram monarcas para a Espanha, a Áustria, partes da Itália e os Países Baixos. Para eles, a posição de imperador aumentava seu prestígio; seu poder emanava de seus próprios reinos. Voltaire, o guru do Iluminismo, zombava do Sacro Império Romano-Germânico dizendo que não era nem sagrado, nem império, nem romano, o que era verdade, mas sua sobrevivência foi sempre um tanto mágica, carregando o nome e a ideia de uma forma muito estranha. Coube ao chefe de um novo império acabar com a estranha sobrevivência do antigo. Foi Napoleão Bonaparte, que assumiu o cargo na França em 1799, 10 anos após o início da Revolução Francesa.

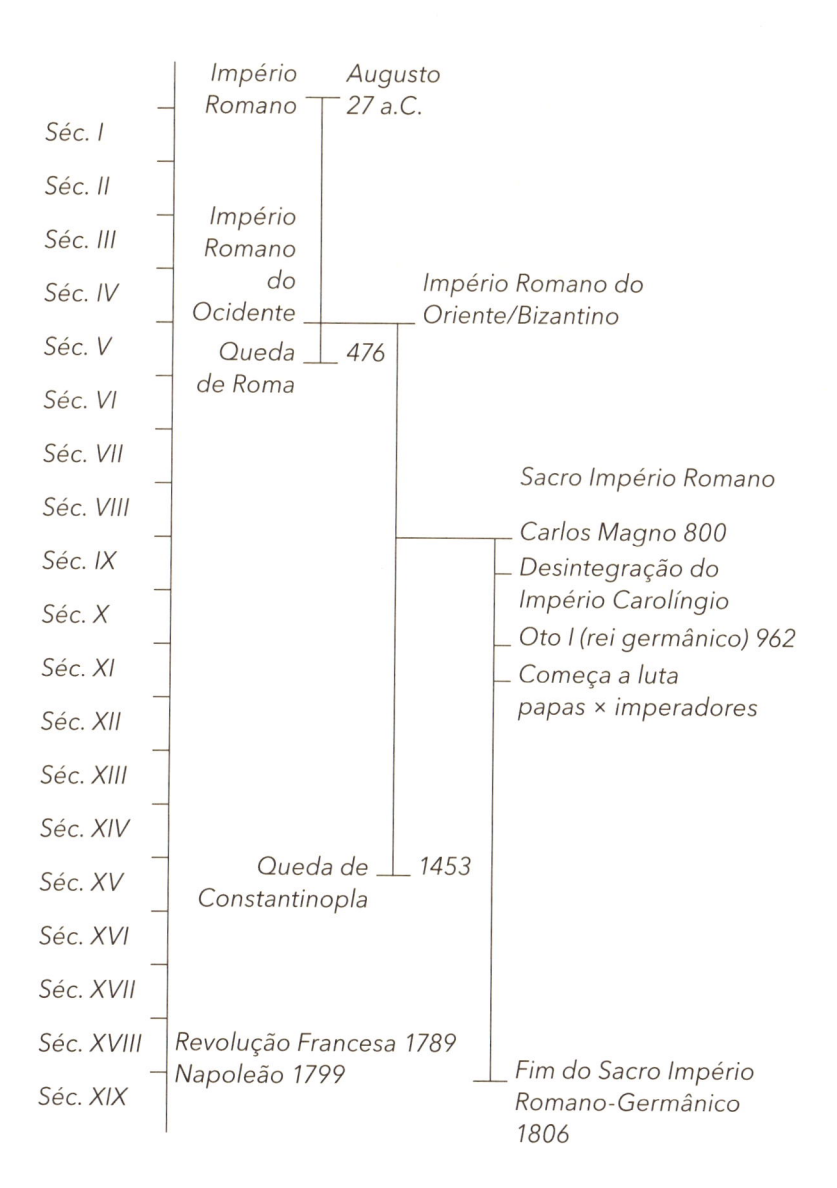

Séc. I	Império Romano	Augusto 27 a.C.
Séc. II		
Séc. III	Império Romano do Ocidente	
Séc. IV		Império Romano do Oriente/Bizantino
Séc. V	Queda de Roma	476
Séc. VI		
Séc. VII		
Séc. VIII		Sacro Império Romano
Séc. IX		Carlos Magno 800
Séc. X		Desintegração do Império Carolíngio
Séc. XI		Oto I (rei germânico) 962
Séc. XII		Começa a luta papas × imperadores
Séc. XIII		
Séc. XIV		
Séc. XV	Queda de Constantinopla	1453
Séc. XVI		
Séc. XVII		
Séc. XVIII	Revolução Francesa 1789 Napoleão 1799	
Séc. XIX		Fim do Sacro Império Romano-Germânico 1806

A continuidade do Império Romano. A linhagem dos sacros imperadores romanos retrocede até Carlos Magno, volta ainda mais no tempo até os imperadores bizantinos e chega ao primeiro Império Romano e a Augusto.

A revolução começara proclamando liberdade, igualdade e fraternidade; em quatro anos havia uma ditadura jacobina governando sob a sombra da guilhotina. Quando pareceu que Robespierre continuaria governando da mesma maneira, apesar de a crise da guerra ter passado, ele foi derrubado e executado. Os republicanos moderados tentaram, então, estabilizar a revolução, mantendo de fora as pessoas comuns e os que apoiavam a volta à monarquia, ideia que tinha muitos seguidores e se tornava cada vez mais popular. Para sobreviver, o governo teve que usar a força contra esses oponentes e com isso perdeu toda a credibilidade. Isso deu a Bonaparte sua oportunidade. Ele havia granjeado fama como general nas guerras revolucionárias que a França empreendera contra as forças monarquistas da Europa. Era um filho do Iluminismo, acreditava nos princí-

Arco de Constantino, Roma: comemorativo de sua vitória sobre um imperador rival em 312.

pios da revolução, exceto no direito das pessoas de governarem a si mesmas. Como os franceses tinham dado todos os sinais de fracasso nesse aspecto desde 1789, a posição de Bonaparte era muito atraente. Ele foi o mais sedutor dos ditadores. Não queria que qualquer grupo usufruísse de privilégios especiais; todos os cidadãos deveriam ser tratados como iguais; todas as crianças deveriam ter acesso à educação provida pelo Estado; todos os cargos e posições deveriam estar abertos a pessoas aptas a exercê-los. Em seu governo, Bonaparte reuniu homens de grande talento, ignorando totalmente o papel que tinham desempenhado durante a revolução, fossem monarquistas ou republicanos, apoiadores do terror dos jacobinos ou seus oponentes. Napoleão os encarregou da tarefa de dar à França um sistema de governo ordenado e racional.

Arco do Triunfo, Paris: construído por ordem de Napoleão no auge do seu poder, em 1806.

Um dos muitos motivos para não se atribuir tanto peso ao "absolutismo" dos monarcas franceses foi o fato de que, embora tivessem construído seu poder, eles governavam um território que era mais uma colcha de retalhos do que um Estado unificado. Havia diferentes sistemas de leis e de administração, além de uma miríade de privilégios especiais, isenções e concessões, todos concedidos pelo monarca para assegurar novas alianças e territórios para a França. Os revolucionários tinham acabado com tudo isso; seu objetivo era uma nação unificada. Mas, durante o caos criado com as lutas que travaram entre si, eles não conseguiram ir longe no estabelecimento de um novo regime. Essa foi a missão que Napoleão impôs a si mesmo e a seu grupo de especialistas. Seu maior trabalho seria o desenvolvimento de um Código Civil, uma imitação do grande código do imperador Justiniano, um único documento com leis que tratassem de todas as questões.

O exemplo romano foi importante para Napoleão. A princípio, ele se autointitulou cônsul, e só depois imperador; mas, assim como no caso de Augusto, a escolha do título não significava que ele estivesse obliterando o status republicano da França. Assim como os romanos, ele planejava criar um império extenso no qual os princípios da França republicana constituiriam a base de uma sociedade justa e organizada.

Napoleão continuou com as guerras contra as grandes potências da Europa iniciadas pelos primeiros revolucionários e obteve vitórias impressionantes. Estendeu as fronteiras da França e, mais além, reconfigurou principados e reinos e encarregou os próprios irmãos de cuidar deles. Por todo o continente, acabou com direitos, privilégios e anomalias medievais e estabeleceu uma ordem nova e racional. Quando as potências da Europa finalmente conseguiram colaborar entre si por tempo suficiente para derrotar Napoleão, muito do que ele fizera não podia mais ser desfeito. O que mais o deixava feliz, enquanto meditava sobre sua vida no exílio na ilha de Santa Helena, no Atlântico Sul, era a sobrevivência em toda a Europa de seu Código Napoleônico – que continua válido. O que não sobreviveu foi o Sacro Império Romano-Germânico. Napoleão o aboliu em 1806, quando reagrupou diversos pequenos estados germânicos na Confederação do Reno.

Napoleão não acreditava em Deus; ele acreditava muito em oportunidade e em destino, mas percebia como as pessoas estavam firmemente agarradas a sua fé e como a religião era útil na manutenção da moralidade e da boa ordem. Os primeiros revolucionários, como filhos do Iluminismo, não tinham esse respeito pela religião organizada. Nada dividiu mais a sociedade francesa e alienou mais seu povo da revolução do que o ataque à Igreja Católica. Os revolucionários se apoderaram de terras da Igreja e estabeleceram uma igreja nacional rival, que o papa se recusou a reconhecer. Napoleão estava determinado a acabar com o ressentimento e a divergência que isso tinha causado. Chegou a um acordo com o papa, a Concordata, na qual reconhecia que a fé católica era a religião da grande maioria do povo francês. Mas não de *todo* o povo francês, e Napoleão não concordou com a exigência do papa de cancelar a liberdade religiosa, que permitia que protestantes e outros praticassem sua fé sem percalços. Quanto à nomeação de bispos, a Concordata reinstaurou uma prática antiga: o Estado nomearia os bispos e o papa os investiria.

O papa estava presente na catedral de Notre-Dame quando Napoleão foi coroado imperador. Ele ungiu Napoleão e sua imperatriz, Josefina; abençoou os paramentos reais: o orbe, a mão da justiça (cetro com a forma de uma pequena barra de ouro sobreposta por uma mão de marfim no gesto de bênção), a espada e o cetro real. Mas foi o próprio Napoleão quem colocou a coroa em sua cabeça. Era uma réplica da que o papa tinha colocado na cabeça de Carlos Magno: uma coroa leve, aberta, como a coroa de louros que os romanos davam aos vitoriosos.

CAPÍTULO 7

Línguas

No Império Romano havia duas línguas universais: o latim no Ocidente e o grego no Oriente. Embora numa forma um tanto diferente, o grego ainda é falado – na própria Grécia e por gregos que habitam regiões do Mediterrâneo oriental, e também em territórios que receberam a diáspora grega. Por outro lado, nenhum território do mundo tem hoje o latim como língua comum. O latim costuma ser descrito como uma língua morta; se isso é verdade, tem sido um cadáver bastante incomum, bastante vivo.

O latim, no início, só era falado pelos habitantes de Roma e de pequenos tratos de terra em torno de Roma. O idioma ganhou terreno com a expansão do governo romano e em questão de séculos passou a ser falado em todo o Império Romano do Ocidente. A linha divisória entre o latim a oeste e o grego a leste passava no que é hoje a Sérvia. Assim, o latim tornou-se a língua de boa parte dos Bálcãs, e da Itália, da França e da Espanha, mas não da Grã-Bretanha. Embora os romanos tenham chegado à Grã-Bretanha, a língua celta dos bretões sobreviveu. Em todos os outros lugares a oeste dessa linha imaginária, as línguas locais desapareceram aos poucos e o povo adotou o latim.

A própria Roma, sensatamente, não tinha uma política em relação à língua, que é a mais contraproducente de todas as políticas públicas. É extremamente difícil suprimir uma língua e instaurar outra em seu lugar. Ninguém, no mundo antigo, teria considerado algo assim. Roma era um império inclusivo, que permitia aos líderes das sociedades conquistadas continuar líderes e se tornarem parte da elite romana, passando a generais e até imperadores. Em 212, membros de todos os povos do império foram declarados cidadãos e, com isso, protegidos por lei. Assim, foi como um tributo ao Império Romano que, após 300 ou 400 anos, as línguas locais tivessem desaparecido. O latim era a língua da administração, da lei, do exército, do comércio e com o tempo acabou obtendo uma vitória silenciosa sobre os outros idiomas.

O latim falado nos territórios de expansão do império não era um latim formal, dos eruditos, dos juristas e dos políticos, que você pode estudar ainda hoje em determinadas escolas ou faculdades. Era o latim falado por soldados, administradores locais e comerciantes, e mesmo antes de o império se fragmentar havia variações locais. O latim falado na Itália podia ser bem diferente do latim falado na França. Quando o império ruiu, o latim evoluiu em algumas línguas separadas, conhecidas hoje como línguas românicas; isto é, línguas à maneira dos romanos, assim como a arquitetura românica descende das formas romanas de arquitetura.

As principais línguas românicas são o francês, o italiano e o espanhol. Veja o exemplo da palavra "cavalo" em cada uma delas: em francês é *cheval*; em espanhol, *caballo*; em italiano, *cavallo*. Mas essas palavras derivam de uma palavra latina menos formal, quase uma gíria, que era *caballus*. O latim mais formal para "cavalo" era *equus*, de onde derivam os adjetivos "equino" (referente a cavalo) e "equestre" (referente a montaria a cavalo, como em "estátua equestre"), e o substantivo "equitação", que é o esporte da montaria a cavalo. Com relação a *caballus*, note-se que as formas em espanhol e italiano estão mais próximas do latim do que a forma francesa.

Os franceses são muito cuidadosos com sua língua. A Academia Francesa discute quais palavras estrangeiras vai permitir que sejam usadas no francês. Por exemplo, no caso do inglês, é aceitável que eles adotem *t-shirt* e *bulldozer*? E, caso se adote *t-shirt*, seria *le t-shirt* ou *la t-shirt*, já que em inglês o gênero de *t-shirt*, como de todos os objetos, é neutro, ao contrário do francês? Não é muito cordial lembrar aos franceses que a língua que tanto protegem é uma forma corrompida de latim.

O latim tem muitas declinações. O significado de uma palavra numa frase depende de sua desinência, isto é, da sua parte final, que indica sua *declinação*. A palavra latina para "ano" é *annus* (da qual derivam *anual* e *anualmente*). A palavra em latim para "senhor" é *dominus*. Em inglês, para se referir a datas depois de Cristo, usa-se a.D., que significa *anno Domini*. Nesse caso, nota-se a troca das desinências de *annus* e de *dominus*, para significar "*no* ano" e "*do* Senhor". Por ser uma língua com declinações, o latim não precisa explicitar as preposições "em" e "de". Assim, temos duas palavras em vez de seis, que seriam, sem declinações e sem contrações (junção de duas palavras em uma só, como "em" + "o" = "no"): *em o ano de o Senhor*. Em latim também não é preciso usar um artigo definido ou indefinido: *annus* pode ser tanto "o ano" quanto "um ano".

Em latim, não importa a ordem das palavras numa frase. *Domini anno* também significa "no ano do Senhor". Nos idiomas originados do latim, inverter a ordem das palavras produz mudança de sentido ou algo totalmente sem sentido. Dizer algo como "do Senhor no ano" é quase impossível. É preciso se esforçar para entender, pois as palavras não estão em sua ordem natural.

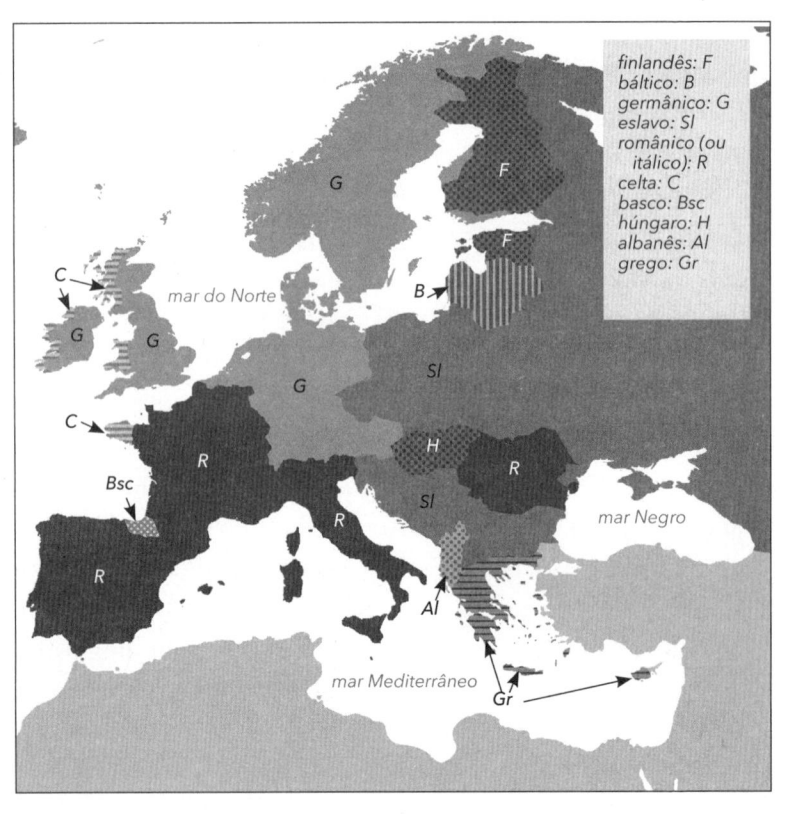

As línguas da Europa.

O latim tinha as palavras para "em" e "de", que podiam ser usadas para dar ênfase. Mas, à medida que essa língua passou a ser falada pelo povo, por pessoas que não conheciam bem as regras das declinações, elas começaram a usar cada vez mais as palavras para "em" e "de", sem se preocupar com desinências que indicassem as declinações. Aos poucos, o latim deixou de ser uma língua em que o fim das palavras mudava para indicar a declinação e passou a ser uma língua sem declinações, sendo estas substituídas pelas preposições. Isso explica por que as línguas românicas não usam declinações nos substantivos, o que torna crucial a ordenação das palavras nas frases.

Em latim não existem os artigos "o", "a", "os", "as", mas, se você quisesse enfatizar ou especificar uma intenção, poderia dizer "Quero comprar *esta* maçã", ou "Dê-me *este* livro". A palavra para *esta* é *illa* e para *este* é *ille*. Os que falavam um latim ainda precário usavam *illa* e *ille* cada vez mais e não se preocupavam em mudar o final das palavras com desinências de declinação. Depois, *illa* e *ille* foram reduzidos no francês para *la* e *le*, precedendo o substantivo. Em espanhol, virou *la* e *el*; em italiano, *la* e *il*. Foi assim, de tanto gritar e apontar o dedo, que os falantes do latim vulgar introduziram os artigos definidos nas línguas românicas.

No século V, os povos germânicos invadiram o que hoje são a França, a Espanha e a Itália, e esses povos ainda falam línguas que derivam do latim. Como isso pode ter acontecido? Este é o momento de olhar o mapa das línguas da Europa, na página anterior.

A maioria das línguas faz parte de uma família linguística maior, seja românica, germânica ou eslava. Alguns países isolados, porém, têm uma língua que não está estreitamente conectada a qualquer outra, como os gregos, os albaneses, os húngaros e os finlandeses.

Na Europa Ocidental, as línguas germânicas prevalecem no norte e as românicas no sul. Em dois países há uma mistura: na Bélgica, fala-se uma língua germânica no norte e uma língua românica no sul. Na Suíça, uma língua germânica é falada no norte, e nos dois cantões do sul, uma língua românica – o romanche, ou romance. Além dessas línguas românicas menores, deve-se acrescentar o português, o francês, o espanhol, o italiano e, surpreendentemente, no leste da Europa, o romeno. A Romênia fica ao norte do rio Danúbio, que era a fronteira do Império Romano. Os romanos estenderam seu controle ao norte do rio durante 100 anos, mas isso não parece ter sido tempo suficiente para que a exposição ao latim se tornasse base para o surgimento do romeno. Isso leva à sugestão de que os romenos viviam ao sul do rio, onde mantiveram longo contato com o latim, e depois se mudaram para o norte, o que não quer dizer que tenham ficado muito felizes com isso.

Na maior parte da Europa Central, as línguas são eslavas: na Polônia, na República Tcheca, na Eslováquia, na Bulgária e nos países que se desmembraram da antiga Iugoslávia. Isso introduz no cenário os eslavos, que viviam em terras além das controladas pelos germânicos e invadiram o Império Romano do Oriente nos séculos VI e VII, estabelecendo-se nos Bálcãs. Alguns eslavos permaneceram em áreas que nunca tinham sido parte do império: as atuais Polônia, República Tcheca e Eslováquia.

O latim (e suas derivações românicas), o grego e as línguas eslavas e germânicas descendem de uma origem comum, uma língua à qual se deu o nome de indo-europeu. Os linguistas tentam reconstituir alguns de seus elementos a partir dos aspectos comuns nas línguas que originou. Debatem sobre onde estariam localizados os indo-europeus – em algum lugar no leste. Eles tinham uma palavra para "neve". Sua palavra para "mar" parecia denotar um mar interior (ligado ao oceano apenas por estreitos). A língua chama-se *indo-europeu* porque a língua indiana, o sânscrito e o iraniano também descendem dela.

A descoberta, ou reconstituição, dessa língua só aconteceu no século XVIII. Até então, o estudo das línguas na Europa tinha suposto que todas descendiam do hebraico, porque esse tinha sido o idioma falado pelos judeus, e assim, por implicação, teria sido a língua de Adão e Eva, segundo a Bíblia as primeiras pessoas que existiram. O hebraico é uma língua totalmente diferente das línguas europeias – não descende do indo-europeu –, por isso a busca de origens hebraicas levou a um beco sem saída. Mas, na era do Iluminismo, no século XVIII, os eruditos saíram dos contextos bíblicos e desenvolveram novas teorias. A ruptura foi feita por William Jones, um juiz inglês residente na Índia. Ele notou similaridades entre os vocabulários básicos do sânscrito e das línguas europeias – as palavras para números, partes do corpo e membros da família. Eis os vocábulos para "irmão" em várias línguas:

brother (inglês)
bhratar (sânscrito)
broeder (holandês)
bruder (alemão)
phrater (grego)
brat (russo)
brathair (irlandês)

Jones concluiu que tais similaridades eram mais do que casuais e pressupôs que essas línguas tinham um ancestral comum que já não existia mais. Assim começou a reconstituição do indo-europeu.

Dois países europeus – a Hungria e a Finlândia – têm idiomas que não descendem do indo-europeu. Elas são inter-relacionadas. Seus falantes chegaram em dois movimentos separados, a partir da Ásia. Os finlandeses chegaram em tempos pré-históricos; os húngaros chegaram tardiamente, homens a cavalo pilhando por toda parte nos séculos IX e X – mesma época em que os nórdicos desciam por mar para saquear –, foram persuadidos a se estabelecer no vale do Danúbio e tornaram-se cristãos.

O mapa da página 156 mostra a distribuição das línguas na atualidade. Não era muito diferente logo após as invasões eslava e germânica. A invasão germânica ao Império Romano levou a algumas mudanças na distribuição das línguas, mas, como vimos, o latim em suas formas românicas sobreviveu na França, na Itália, na Espanha e em Portugal. A extensão da mudança po-

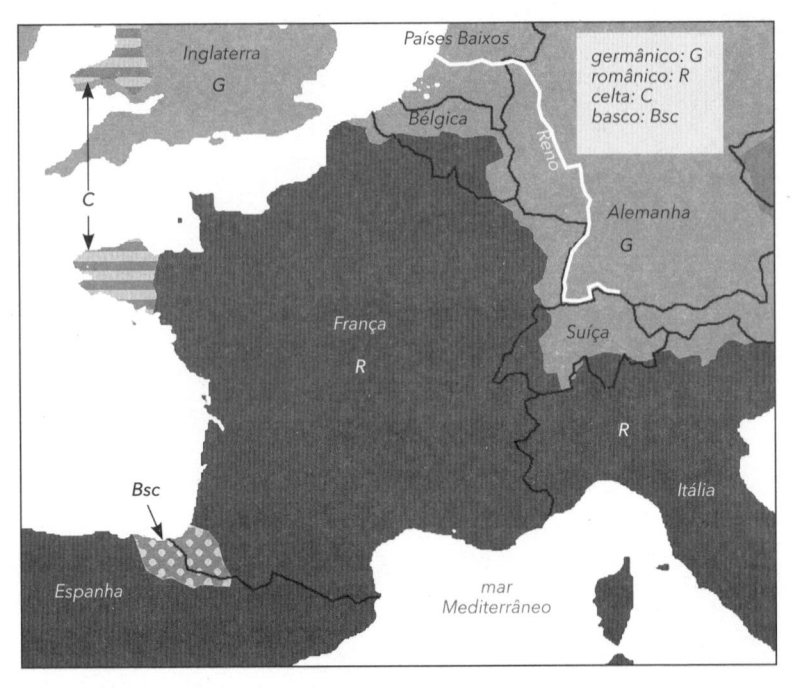

A fronteira entre línguas germânicas e românicas.

de ser vista no mapa acima, que mostra mais de perto as atuais fronteiras entre línguas germânicas e românicas. A fronteira do Império Romano era o rio Reno. O mapa exibe até onde as línguas germânicas avançaram além dele. Não muito longe, como se pode ver.

Ainda não se sabe como a nova fronteira linguística tomou a forma que tomou. Na Bélgica, a linha que separa os grupos linguísticos passa em campo aberto. Não é determinada por acidentes naturais, como um rio ou uma montanha. Digamos que você está dirigindo por uma estrada retilínea e a cidadezinha à direita fala uma língua românica (valão) e a que está à esquerda, uma língua germânica (flamengo). Essa fronteira linguística não mudou em 1.500 anos. Sugere-se que possa ter havido uma linha defensiva romana de oeste para leste, uma barreira que impedisse os germânicos que já haviam cruzado o Reno de avançar mais. Pode tê-los detido ali, mas obviamente eles a contornaram mais para leste.

De modo geral, pode-se ver que a faixa de território entre o Reno e a fronteira linguística tem entre 100 e 150 quilômetros de largura e se estreita à medida que chega à região montanhosa mais para o sul. Nesse território, o estabelecimento dos germânicos era denso o bastante para que a língua germânica suplantasse o latim ou uma língua românica incipiente. Os germânicos cruzaram a Europa Ocidental e, através da Espanha, chegaram ao norte da África. Mas em todos esses lugares a língua continuou sendo o latim ou uma língua românica, o que sinaliza que lá a presença germânica foi muito menos densa do que nas terras fronteiriças.

Quando a França se expandiu como a grande potência dos séculos XVII e XVIII, empurrou suas fronteiras para o norte e para leste, mas o mapa linguístico não se alterou. As pessoas nas terras fronteiriças do norte da França falavam uma língua germânica, o flamengo. O mapa anterior mostra que existem outras regiões da França onde não se fala o francês. No sudoeste, perto da fronteira espanhola, há pessoas que falam a língua basca e reivindicam independência tanto da França quanto da Espanha. O basco não é uma língua indo-europeia; ninguém sabe bem de onde veio. Na península ocidental da Bretanha, a língua bretã é uma sobrevivente do celta. Quando os anglos, os saxões e os jutos invadiram a Bretanha, alguns bretões da Inglaterra cruzaram o canal para a Bretanha, onde as pessoas ainda falam o bretão, embora em um território cada vez menor.

À medida que avançavam na França, os germânicos não mais suplantavam o latim ou a língua românica, mas contribuíram com palavras germânicas para o idioma local, sobretudo aquelas que se referiam a reis e governo e ao sistema feudal

– isto é, à terminologia da nova classe governante. As palavras para "vergonha" e "orgulho" em francês vieram da língua germânica, pois eram conceitos muito importantes para os guerreiros germânicos.

Mas foi na Inglaterra que as línguas germânicas tiveram uma vitória completa, o que era de esperar tendo em vista a debandada dos bretões nativos ante os invasores anglos, saxões e jutos. Depois, nos séculos IX e X, houve uma segunda invasão da Inglaterra por povos que falavam uma língua germânica – os nórdicos, ou dinamarqueses. O vocabulário básico e a gramática do inglês surgiram da fusão dessas línguas germânicas. No processo, o inglês perdeu as flexões existentes em suas origens germânicas.

Em 1066, houve uma terceira invasão da Inglaterra, dessa vez pelos franceses normandos liderados pelo duque Guilherme. Os normandos eram originalmente nórdicos que tinham sido incentivados pelo rei a se estabelecer na França, pondo fim a suas incursões de pilhagem. Falavam sua própria versão do francês, a qual, sendo uma língua românica, ainda trazia consigo muito do latim. A nova classe governante da Inglaterra continuou falando o francês dos normandos durante séculos, até que este também se fundiu com o inglês, o que resultou num aumento muito grande do vocabulário do inglês. A partir de então passou a haver duas ou mais palavras para quase tudo. Como exemplo, para a noção de "real" (referente ao rei ou à realeza) em inglês, além de *king* e *kingly*, acrescentaram-se *royal*, *regal* e *sovereign*. O inglês tem um vocabulário muito maior que o alemão e o francês – afinal, é o amálgama desses dois idiomas.

O quadro a seguir resume a evolução das línguas na Europa Ocidental e na Inglaterra após a queda do Império Romano.

	EUROPA OCIDENTAL	INGLATERRA
Séc. V: Invasão germânica	• *A língua germânica avança 150 quilômetros, cruzando o Reno* • *O latim se transforma em língua românica*	• *A língua germânica substitui completamente a língua celta*
Séc. IX: Invasão viking	• *Estabelecimentos no norte da França* • *Idioma germânico nórdico acrescentado à língua românica, que se transforma no francês normando*	• *Estabelecimentos no leste da Inglaterra* • *Idioma germânico nórdico acrescentado à língua anglo-saxã germânica, que se transforma no inglês*
1066: Invasão normanda à Inglaterra	• *Francês normando falado pelos governantes ingleses*	• *Francês (e latim) acrescentados ao inglês*

O latim desapareceu da linguagem das pessoas comuns, mas sobreviveu como língua de estudo na literatura e na Igreja. É por isso que tantas palavras em latim entraram nas línguas europeias. Como clérigos e eruditos ainda falavam e escreviam em latim, a língua continuava viva, portanto sujeita a mudanças – ou, como dizem os puristas, se degradando. Havia a possibilidade de que, mesmo nesses círculos, o latim seguisse o caminho das línguas românicas. A primeira tarefa de restauração do latim foi empreendida sob a direção de Carlos Magno. Os antigos manuscritos em latim foram copiados, e houve esforços para que o latim de uso corrente correspondesse a seu original clássico.

Como o latim era a língua do estudo e da literatura, ambos se tornaram inatingíveis. Se você quisesse estudar, teria primeiro que aprender uma língua estrangeira – o latim. Na Idade Média, a grande maioria do povo era analfabeta, o que seria bem normal, levando em conta as circunstâncias. Incomum era o fato de os ricos e os poderosos também serem analfabetos, porque não sabiam latim. Assim, a cultura oral que há nas canções e nas histórias contadas permeava toda a sociedade. O bufão ou o menestrel divertiam o senhor em seu castelo; não havia a menor chance de o senhor se recolher com um livro. Tradição e costume eram de suma importância, porque pouco do que existia no mundo poderia ser compreendido e controlado por meio da escrita. Quando nobres e cavaleiros europeus chegaram à Terra Santa durante as cruzadas, os senhores muçulmanos ficaram espantados ao perceber que seus adversários eram tão toscos e iletrados.

Aos poucos foi surgindo uma literatura em língua vernácula – isto é, escrita na língua materna das pessoas, e não em latim. As primeiras histórias que apareceram na França foram chamadas de *romans*, aludindo à língua na qual eram escritas. Era uma forma de menosprezá-las – eram obras de ficção local sem qualidade, um *roman*. Assim, *roman* tornou-se a palavra francesa para história. Como as histórias eram sobre cavaleiros, seus feitos heroicos e seu amor por lindas donzelas, o tema das histórias era identificado como romance. Isso explica o estranho duplo significado de romance como língua derivada do latim e como o tema tratado nessas histórias.

O segundo grande trabalho de restauração do latim foi realizado na Renascença. Os eruditos desprezavam a Idade Média porque, entre outras coisas, o latim ficara extremamente degradado e impuro. Seu objetivo era escrever no latim dos grandes autores clássicos. Petrarca, o erudito que foi o pioneiro da Renascença, percorreu a Europa buscando cópias das cartas de Cícero. Quando as encontrou, escreveu, num latim perfeito, uma carta ao próprio Cícero. Os nobres e cavalheiros passaram a ser educados em latim, não por ser a língua da Igreja e das disputas teológicas, mas para serem capazes de ler os clássicos e de escrever no latim da Era Clássica. Até o século XX ensinava-se latim nas escolas. As cerimônias de graduação nas universidades eram conduzidas em latim e a terminologia dos graus acadêmicos frequentemente ainda é: *ad eundem gradum*, "no mesmo grau"; *cum laude*, "com louvor"; *summa cum laude*, "com supremo louvor"; *honoris causa*, a título honorífico.

O latim foi um grande elemento de ligação entre homens instruídos por toda a Europa (mulheres não estudavam latim). Provia a eles uma segunda língua, um laço social e uma espécie de código pelo qual se identificavam. Na Câmara dos Comuns inglesa, um orador fazia uma citação de um provérbio clássico em latim e não o traduzia. Se você não o compreendesse, é porque não deveria estar ali. Termos de conotação sexual que não podiam ser impressos apareciam em latim, de modo que as pessoas comuns não os compreendessem e não se corrompessem. Assim, exatamente quando um livro estava ficando interessante, ele se transformava em um livro estrangeiro. O inglês, que não é língua latina, ainda usa palavras como *genitalia*, termo latino para os órgãos sexuais, assim como *pudenda*, ótimo exemplo do caráter sucinto do latim e de sua postura puritana em relação ao sexo: esse termo também se refere aos órgãos sexuais, em especial das mulheres, e significa literalmente "vergonhas".

Ao mesmo tempo que o latim ressurgia na Renascença, as línguas vernáculas ganhavam novo status e respeito. Primeiro, devido à invenção da imprensa, na década de 1450. Os livros impressos inicialmente foram de autores clássicos, mas a demanda por eles era limitada. Os impressores ampliaram o mercado quando passaram a publicar livros na língua local, ou traduções dos clássicos. Shakespeare, que, segundo se diz, pouco sabia de latim e ainda menos de grego, estudou a história clássica em *Lives of the Noble Grecians and Romans* (*Vidas dos nobres gregos e romanos*), tradução do texto de Plutarco publicada em 1579, quando tinha 15 anos. Isso lhe forneceu material para escrever

Júlio César e *Antônio e Cleópatra*. Segundo, os reformadores protestantes do século XVI queriam que as pessoas lessem elas mesmas a Bíblia, por isso tinham de traduzi-la para a língua local. A primeira tarefa de Lutero foi traduzir a Bíblia para o alemão. Para os protestantes, o latim deixou de ser a língua das coisas sagradas.

Os livros continuaram a ser escritos em latim, por isso ficavam imediatamente acessíveis a pessoas instruídas por toda a Europa. Copérnico, o primeiro a achar que o Sol estava no centro do Universo, Kepler, que formulou as leis que governam o movimento dos planetas, e Newton, que completou a Revolução Científica, escreveram em latim. Mas, após o século XVII, cientistas e filósofos escreviam em sua língua local e suas obras tinham de ser traduzidas para alcançar um público mais amplo.

Um florescimento tardio do latim ainda sobrevive no sistema de nomenclatura de plantas desenvolvido pelo botânico sueco Lineu (originalmente Linnaeus) no século XVIII. Ele tinha estudado latim na escola e lido em latim as obras de Aristóteles que classificavam a ordem natural. Seu sistema dava às plantas dois nomes em latim: o de seu gênero e o de sua espécie. Quando alguém descobre uma planta e ela é batizada em sua homenagem, o nome fica em latim. Joseph Banks, o botânico que participou da grande viagem de James Cook, foi imortalizado no nome da *banksia*, a planta arbustiva australiana cujas flores parecem escovas de limpar garrafas.

Quando o cristianismo nasceu, a língua universal do Ocidente era o latim. Ela se tornou o idioma da administração da Igreja, das discussões sobre suas doutrinas, das declarações de fé e da condução dos serviços nas igrejas. Não era como o árabe, idioma sagrado por ter sido a língua do profeta Maomé. Jesus falava aramaico e suas palavras foram registradas no grego comum do Mediterrâneo oriental. A língua do Antigo Testamento é o hebraico. Mas foi o latim que reuniu todos os fiéis e continuou sendo a língua do culto católico até que o Concílio Vaticano II (1962-1965) autorizou o uso das línguas locais. As encíclicas do papa continuaram a ser publicadas em latim. O papa Paulo VI apresentou o entendimento da Igreja sobre contracepção e aborto em *Humanae Vitae* (Sobre a vida humana), de 1968. Alguns clérigos continuaram conduzindo os serviços em latim, quase como um rito clandestino.

Assim como a ideia do Império Romano, a morte do latim tem sido lenta e demorada.

CAPÍTULO 8

As pessoas comuns

Você vai gostar das pessoas comuns. Elas são sujas, fedorentas e nada agradáveis de olhar porque são subnutridas, abatidas e marcadas pela doença, maltratadas e lesionadas pelo trabalho duro. Então, por que você vai gostar delas? Porque é fácil seguir seu destino; as pessoas comuns fazem a mesma coisa século após século. Quase todas cultivam alimentos.

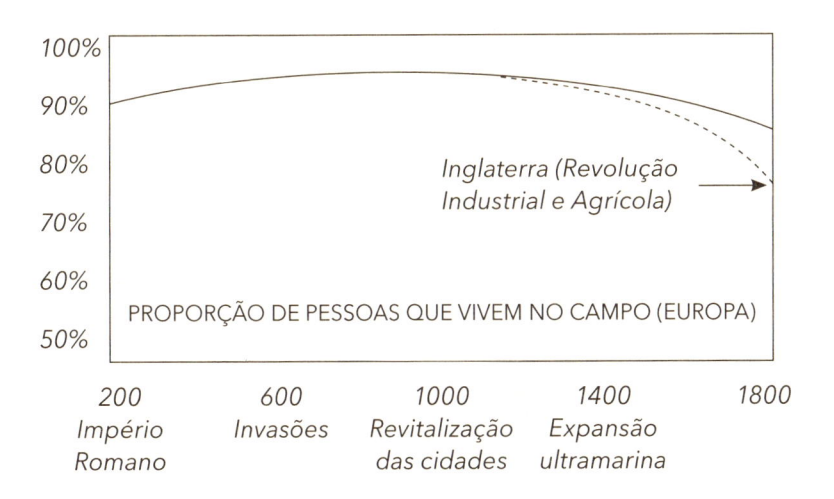

100%					
90%					
80%			Inglaterra (Revolução Industrial e Agrícola) →		
70%					
60%					
50%	PROPORÇÃO DE PESSOAS QUE VIVEM NO CAMPO (EUROPA)				
	200 Império Romano	600 Invasões	1000 Revitalização das cidades	1400 Expansão ultramarina	1800

Não precisamos de uma linha do tempo para analisar essa afirmação; temos um gráfico que apresenta pouca variação. Ele mostra a proporção de pessoas cultivando alimentos ou muito estreitamente ligadas a isso, incluindo-se aí indivíduos que vivem em vilas ou estabelecimentos rurais, ou que dão apoio às fazendas, como fabricantes de carroças, ferreiros ou trabalhadores rurais. Os números correspondem a estimativas muito rudimentares. No Império Romano, mais ou menos 90% das pessoas viviam no campo. Havia cidades grandes no império, em especial a própria Roma, mas nelas viviam somente 10% da população. As cidades grandes eram supridas pelos grãos colhidos nos campos, mas os grãos eram um produto pesado e não podiam ser carregados para muito longe antes de serem consumidos. Os grãos que iam para Roma saíam do Egito por mar, de longe o meio de transporte mais barato. Em estágios posteriores do Império Romano, o governo subsidiava a distribuição dos grãos em Roma para manter a população satisfeita. Roma era como uma cidade que atualmente diríamos ser de um país em desenvolvimento – um grande polo de atração incapaz de prover sustento para todos que convergiam para lá. Além de pão gratuito, Roma promovia regularmente espetáculos no Coliseu, uma grande arena. O satirista romano Juvenal afirmou que a sobrevivência do governo só se dava graças à política do "pão e circo".

A comercialização de grãos era uma exceção. A maior parte do comércio no império era de mercadorias de luxo, leves e valiosas, que pudessem ser transportadas por longas distâncias. No Império Romano, como em toda a Europa até o século XIX, a maioria das pessoas sobrevivia com o que era cultivado ou produzido em seus arredores: comida, bebida, roupas e abrigo, todos eram produtos locais. As antigas cabanas europeias tinham teto de palha não porque o material era mais pitoresco do que ardósia, mas porque era mais barato e acessível. Assim, na economia os romanos não foram uma força transformadora; sua inovação foi manter um império unido com uma lei única e uma organização militar extraordinariamente eficiente. As estradas romanas, parte das quais existe até hoje, foram projetadas por engenheiros militares com o propósito primordial de permitir aos soldados se locomover de um lugar a outro com rapidez, por isso eram retas, atravessando diretamente as irregularidades do terreno; se fossem projetadas para cavalos e carruagens, teriam de contornar os acidentes geográficos com curvas.

Nos dois últimos séculos do Império Romano, as cidades estavam perdendo população à medida que os invasores germânicos as atacavam. O comércio diminuiu e tornou-se imperativo haver autossuficiência local. Nos grandes dias do império, as cidades não eram cercadas por muralhas. Os inimigos de Roma eram mantidos fora das fronteiras. No século III, começou-se a erguer muralhas em torno das cidades, e em alguns lugares há muralhas construídas mais tarde, cercando áreas menores, evidência do declínio das cidades. Quando do desaparecimento do império, em 476, a proporção de pessoas que viviam no campo estava em torno de 95%.

Essa situação durou séculos. As invasões germânicas foram seguidas por outras: muçulmanos que atacaram o sul da França e a Itália nos séculos VII e VIII; vikings que espalharam o caos nos séculos IX e X. A paz veio nos séculos XI e XII; com isso, o comércio e a vida urbana começaram a renascer, mas algumas cidades tinham desaparecido quase por completo após o século V, enquanto outras haviam sido bastante reduzidas.

O gráfico da página 169 mostra uma queda muito lenta. No século XV a Europa começou a expansão ultramarina, o que gerou um desenvolvimento do comércio, dos bancos e da navegação, e, com isso, das cidades. Em 1800, a proporção de pessoas que viviam no campo na Europa Ocidental pode ter caído para

85%, um pouco menos que no Império Romano – mudança quase insignificante para um período tão longo. A única exceção foi a Inglaterra, onde em 1800 a proporção da população rural caía rapidamente, enquanto a das cidades explodia. Em 1850, metade da população da Inglaterra estava nas cidades.

As pessoas que cultivavam alimentos tinham diferentes status. Em algum momento, e por algum tempo, poderiam ser pequenos proprietários de terra, escravos, ex-escravos, servos, ex-servos, arrendatários, meeiros e trabalhadores agrícolas. Vamos chamar todos de camponeses. O trabalho era o mesmo, quem quer que você fosse, e em qualquer época. Na Itália, no sul da França e na Espanha, arar a terra no século XIX equivalia a arar a terra nos tempos romanos. O arado era primitivo, um instrumento semelhante a uma barra bifurcada com uma lâmina cortante na base. Um boi ou cavalo puxava o arado, o arador segurava firme o instrumento e a lâmina penetrava o solo a uma altura rasa – pouco mais do que um arranhão na superfície. O terreno era sulcado num padrão de tabuleiro de xadrez, no comprimento e na largura do campo.

Uma das grandes invenções do início da Idade Média foi o arado de rodas. O inventor é desconhecido. Era mais eficaz nos solos pesados do norte da França, da Alemanha e da Inglaterra. O princípio era o mesmo dos arados modernos, exceto por uma diferença: era puxado por animais e mantido na posição correta por humanos. Uma lâmina afiada corta o solo e uma borda modeladora levanta e revira a terra cortada. Isso produz sulcos – não apenas arranhões – na mesma direção, paralelos entre si, não os cortes cruzados do antigo arado. Em solo pesado, a água pode correr pelos sulcos. A aração era um trabalho pesado. Você não estava apenas guiando o arado. Se não o segurasse firme, usando a força dos ombros e dos braços, ele cairia para o lado em vez de abrir o solo. Após arar a terra, espalhavam-se as sementes, o que era um trabalho mais leve. O camponês caminhava pelo campo

O antigo arado bifurcado era relativamente leve. Arranhava a superfície do solo formando pequenos canteiros quadrados. O arado de rodas, mais pesado, era capaz de revirar bem fundo os solos pesados do norte da Europa, criando sulcos.

jogando as sementes no solo. Depois, com uma grade de dentes – uma espécie de rastelo –, as sementes eram cobertas.

Quem arava eram os homens, mas homens, mulheres e crianças participavam da colheita, e, como o tempo para a colheita segura era curto, era preciso recrutar pessoas nas cidades, e soldados locais podiam ser liberados dos quartéis para ajudar. A colheita era feita com uma foice, uma lâmina curva com um cabo. Arqueólogos encontraram foices nas mais antigas povoações humanas. Ainda eram o instrumento de colheita padrão na Europa até o início do século XX. A revolução comunista na Rússia, em 1917, quis que sua nova bandeira homenageasse os trabalhadores: ela ostentava uma foice, representando os trabalhadores do campo, e um martelo, representando os trabalhadores urbanos.

Não se deve imaginar que o cultivo e a colheita eram como são hoje, os fazendeiros sentados em tratores com ar-condicionado, conduzindo máquinas agrícolas pelo campo. Os camponeses faziam o trabalho a pé, curvavam-se, esforçavam-se em cada centímetro do solo, ano após ano.

Depois que os talos com as espigas de trigo ou cevada eram reunidos, era preciso separar os grãos das espigas, batendo nelas.

O instrumento usado para isso era o mangual, um longo cabo de madeira fixado a uma tábua plana com uma tira de couro. Você balançava o mangual, batendo com a tábua nas espigas, que ficavam espalhadas no chão do celeiro. As portas do celeiro eram abertas e a brisa carregava a palha, que é muito leve, deixando só os grãos bons no chão.

Do grão se fazia farinha, e da farinha, pão. O pão era o esteio da vida. Comiam-se pedaços de pão, não muito mais do que isso, e nem sempre se comia carne. Talvez houvesse um pouco de manteiga ou queijo para pôr no pão. O pão era a refeição, não um prato secundário ou um simples par de fatias numa bela cesta. Eram três ou quatro nacos. Se fosse abastado, você podia comer um qui-

Cenas de colheita num manuscrito germânico, Speculum Virginum, c. 1200.

lo de pão por dia – correspondente a um pão grande diariamente. Cultivavam-se grãos em toda parte, até em lugares inadequados a essa cultura e em lugares onde hoje não seriam cultivados. Como o transporte era muito difícil, os grãos tinham de ser semeados perto do lugar onde seriam consumidos. Grãos vindos de outros lugares eram muito caros. Poderiam ser transportados por mar, mas só foi possível passar a levá-los para o interior do continente no século XVIII, com a construção de canais.

Todos sempre ficavam ansiosos com a colheita. O clima não era assunto de conversa fiada, mas de pessoas pesando e avaliando sua sorte. Se os grãos não amadurecessem bem ou o clima os estragasse antes de serem colhidos, toda a comunidade sofreria. Eles teriam de obter grãos de outros lugares e isso sairia muito caro. Quando havia carência de grãos, o preço do pão dobrava ou triplicava. Não é como quando um item qualquer no supermercado encarece demais e você precisa comer outra coisa durante um tempo. Nesse caso, é o preço de toda a sua alimentação que está dobrando ou triplicando. Se isso acontecer, você vai passar fome ou até sofrer de inanição.

Mas, se eram os camponeses que cultivavam o alimento, os preços altos não iriam beneficiá-los? Só aqueles que tinham grandes propriedades. Se você só cultivasse o bastante para alimentar sua família, sobrando pouco para vender, uma quebra na colheita o deixaria sem alimento suficiente e ainda o obrigaria a comprar um pouco para complementar. Algumas pessoas tinham pequenos lotes de terra que não eram suficientes para suprir a família nem quando a colheita era boa. Elas precisavam conseguir trabalho extra em grandes propriedades para comprar comida. Muitos eram trabalhadores que não tinham a própria terra; se morassem nas terras do empregador e se alimentassem nelas, não estariam em situação tão ruim, mas, se morassem na própria cabana, teriam de comprar pão regularmente. Os habitantes das cidades, é claro, compravam sempre. Muita gente passava grandes dificuldades quando o preço do pão subia.

Assim que o grão começava a faltar, seus donos – os que o cultivavam em grande escala e o negociavam – ficavam tentados a segurar a venda, para que o preço subisse ainda mais, ou a enviá-lo para um lugar onde o preço estivesse bem alto, deixando os moradores do local de origem sem alimento. Quando os governos começaram a ficar mais competentes, mais ou menos a partir de 1400, tentaram controlar essa situação. Elaboraram leis que proibiam o acúmulo de grãos e seu transporte para fora de localidades onde houvesse escassez. Quando os magistrados não aplicavam as leis, as pessoas podiam fazê-las valer elas mesmas. Saíam em busca de grãos acumulados e guardados e obrigavam os grandes fazendeiros a vender. Atacavam carroças ou barcos levando grãos para outro lugar. Em parte, foi devido a esse potencial de desordens e tumulto que os governos foram forçados a se envolver nessa questão.

No que dizia respeito à alimentação, em grande parte do tempo a maioria das pessoas vivia na incerteza. Comer bem e regularmente era um luxo; era bonito ser gordo; feriados eram ocasiões para banquetes. Ainda temos um patético remanescente disso em nossa sociedade: a comemoração do Natal, dia que esperamos ser marcado por uma fartura na ceia, mesmo sabendo que já nos alimentamos bem o tempo todo.

Foram os 85% a 95% de pessoas que trabalhavam na terra que tornaram possível a civilização. Se os camponeses só cultivassem alimento para si, não poderia ter havido cidades ou lordes, sacerdotes ou reis, nem exércitos – que dependiam do alimento cultivado por outros. Quisessem ou não, os camponeses precisavam produzir alimento para suprir as necessidades de outras pessoas. Esse processo é mais visível nos servos do início da Idade Média, que entregavam parte da colheita a seu senhor, o dono da terra, como arrendamento, e outra à Igreja, como dízimo, além de trabalharem nas terras do senhor sem pagamento, para ter seu próprio quinhão na colheita. Mais tarde essa obrigação de trabalhar deixou de existir e o pagamento ao senhor e ao sacerdote passou a ser em dinheiro.

No início da Idade Média não havia imposto sobre a propriedade; antes, no Império Romano, e depois dele, nos estados emergentes da Europa, os camponeses pagavam impostos. Temos nesta página uma representação da coleta de impostos no Império Romano, mostrando os coletores e os camponeses que chegam para pagar. Essa transação não ficava registrada em papel, mas gravada em tábuas. Era a transação primordial para a governança do império: o governo tomava dinheiro dos camponeses e o usava para pagar os soldados. Ferrar os camponeses arrancando o dinheiro deles era a base da civilização. Veja como a coleta de impostos era por via direta. Não se escrevia para o coletor de impostos nem se enviava a ele um cheque; ele não deduzia um percentual de seu salário quando você o recebia.

O coletor era uma pessoa de carne e osso que procurava você e, caso você se recusasse a pagar, voltaria acompanhado de forças que o obrigariam a fazê-lo. O pagamento de impostos não era controlado pela burocracia; era um encontro cara a cara. No Império

Camponeses pagando imposto aos coletores durante o Império Romano (note o livro de registro, à esquerda). Este relevo, encontrado na fronteira do rio Reno, é de cerca de 200 d.C.

Romano os coletores de impostos eram chamados de *publicani*, isto é, os que coletam para o que é público. Eles eram detestados. Até Jesus ajudou a estereotipá-los como as piores pessoas quando disse que não há nenhuma virtude em amar quem ama você, pois até os coletores de impostos faziam isso. Na Bíblia do rei Jaime, *publicani* foi traduzido para *publicans* (publicanos). Jesus é criticado por se misturar com "publicanos e pecadores", uma grande injustiça com os donos de licença para cobrar impostos.

Dizer que os publicanos ferravam os camponeses é, claro, muito pesado. Talvez eles até gostassem de pagar seus impostos, ou pelo menos só resmungassem; ninguém gosta de pagar impostos, mas em tese temos o benefício dos serviços providos pelo governo. Só que os camponeses não usufruíam desses serviços. Os governos não mantinham escolas ou sistemas de saúde. Geralmente não cuidavam das estradas; quem cuidava delas eram as autoridades locais, exceto quando elas tinham importância militar. Os romanos cuidavam da saúde pública de suas cidades, provendo-lhes água e sistemas de esgoto, mas não faziam nada pela população do campo. Até recentemente a maior parte dos impostos recolhidos, 80% ou 90%, era gasta com as forças armadas. Então será que os camponeses não estariam se beneficiando com o fato de o inimigo ser mantido longe? Na realidade, não, porque as batalhas eram travadas nas terras dos camponeses e seu alimento e seus animais, levados para alimentar os dois exércitos.

A ameaça de usar a força e a insistência, por parte daqueles que se consideravam melhores, em enxergar os camponeses como pessoas inferiores destinadas a obedecer e a se sujeitar eram os fatores que os mantinham pagando impostos, mas havia protestos, tumultos e rebeliões com regularidade. Os camponeses buscavam inspiração para agir segundo sua própria visão do mundo, que era: "Se os reis, bispos e senhores de terra nos deixassem por conta própria, estaríamos perfeitamente bem." Era fácil pensar assim, pois os camponeses cultivavam sua comida, construíam suas casas, produziam sua bebida, teciam suas roupas.

Hoje em dia muita gente opta por cair fora da vida agitada e competitiva e pensa que só precisa de um pedaço de terra para cultivar o próprio alimento, mas não demora até perceber que precisa de dinheiro para comprar roupas, remédios, bebida, DVDs e combustível e que as contas do telefone têm que ser pagas. Em pouco tempo, estão aceitando trabalho em tempo parcial e negligenciando o trabalho na terra; pouco depois estão de volta ao trabalho em tempo integral. Mas, para os camponeses, a autossuficiência era real. Para eles, parecia que o governo e a Igreja eram apenas um fardo, e o dinheiro que levavam deles, puro roubo.

As revoltas camponesas eram sempre sufocadas – até o primeiro ano da Revolução Francesa. Os camponeses franceses, como todos os outros, tinham sido servos na Idade Média. Quando a servidão terminou na Europa Ocidental com o fim da Idade Média, foram feitos vários tipos de acordo com os ex-servos. Na França, a lei determinou que os camponeses eram os donos das terras e que eles poderiam vendê-las e abandoná-las. Contudo, eles e quem quer que comprasse terras ainda teriam de pagar as antigas dívidas e obrigações feudais ao senhor, como as antigas normas que determinavam que o servo devia oferecer um presente quando a filha do senhor se casasse ou trabalhar nas terras do senhor certo número de dias por semana. Agora essas obrigações de presente e de trabalho tinham se tornado pagamentos em dinheiro. Assim, esses camponeses donos das terras ainda precisavam pagar uma bolada como renda ao senhor. Ser proprietário *e ao mesmo tempo* inquilino era uma situação das mais comuns.

Os donos de grandes propriedades – podia ser um senhor feudal, mas agora também uma pessoa rica da classe média – contratavam advogados espertos para verificar os registros e ver se todas as dívidas e obrigações estavam sendo atendidas com algum pagamento em dinheiro. Quando as dívidas e obrigações foram transformadas em dinheiro, não se levou em conta a inflação. Assim, o senhor tinha todo o incentivo para localizar obrigações que tivessem sido passadas por alto ou mal calculadas. Difícil imaginar um relacionamento mais irritante e insuportável. O senhor tinha visto a propriedade das terras passar para o camponês e se compensava pela perda elevando o pagamento em dinheiro pelas dívidas e obrigações. Os camponeses retaliaram – se uniram para contratar seus próprios advogados e ir à luta contra seus senhores.

Quando o rei convocou os Estados Gerais em 1788, os camponeses presumiram que um novo dia iria raiar; todas essas odiosas imposições seriam extintas. Mas houve uma postergação preocupante; eles ouviram falar da queda da Bastilha e da aceitação da Assembleia Nacional pelo rei. O problema é que os pagamentos aos senhores continuavam. Alguma sórdida conspiração devia estar em curso. O preço do pão estava alto e subia cada vez mais, porque a última colheita não fora boa e a nova ainda não estava madura. Havia rumores de que aristocratas e bandidos estavam tentando impedir que a reforma chegasse ao campo. Os camponeses saíram em marcha para literalmente encontrar e derrotar os bandidos. Também marcharam sobre os castelos dos senhores e exigiram que eles ou seus agentes destruíssem os registros nos quais suas dívidas e obrigações eram anotadas. Se o senhor concordasse, iam embora satisfeitos; se não, ateavam fogo no castelo.

Os revolucionários em Paris não sabiam o que fazer com essa rebelião camponesa que varria o campo. Não era nada do que haviam esperado. No devido momento, quando já tivessem formulado os Direitos do Homem e uma nova constituição, eles iriam atender às queixas dos camponeses. A dificuldade foi que entre os próprios revolucionários havia quem recebesse pagamentos dos camponeses referentes a terras que tinham comprado.

Os revolucionários não queriam que o rei enviasse seu exército para controlar os camponeses – a reação normal a uma rebelião camponesa. Se o rei enviasse suas tropas, elas poderiam, depois de lidar com os camponeses, voltar-se contra os revolucionários. Assim, os líderes da assembleia decidiram que tinham de fazer o que os revoltosos queriam. Em 4 de agosto de 1789, numa reunião que durou a noite inteira, oradores denunciaram o pagamento das dívidas e das obrigações.

Homens que tinham se beneficiado delas superavam uns aos outros na condenação da situação camponesa e na promessa de reforma. Era metade encenação e metade histeria. Mas eles não perderam totalmente a cabeça: deveria ser feita uma distinção entre os pagamentos relativos a serviços pessoais, que seriam abolidos imediatamente, e os relativos à propriedade, que seriam removidos mais tarde e com compensações para os proprietários. Era muito difícil fazer essa distinção. Os camponeses se recusaram a aceitá-la e a partir dali nunca mais fizeram pagamentos de qualquer tipo. Em 1793, quando a revolução ficou mais radical e foi criada uma nova constituição, todas as dívidas e obrigações foram canceladas de vez.

Os camponeses tornaram-se os donos absolutos de suas terras, totalmente livres de seus senhores. Tornaram-se uma força conservadora na política francesa no decorrer do século XIX, em oposição ao povo da classe operária radical nas cidades, que atacava a propriedade privada e queria criar uma sociedade socialista. Os grandes senhores franceses sempre conseguiram contar com os camponeses para votar contra isso. Estes permaneciam em seus pequenos lotes, o que significa que a agricultura francesa continuou sendo em pequena escala e ineficiente. Hoje os camponeses se beneficiam de subsídios europeus, o que significa que conseguem pôr seus produtos no mercado a preços baixos e, com isso, competir com os maiores e mais eficientes agricultores de outras partes do mundo.

Na Inglaterra, ao fim da servidão seguiu-se um arranjo de terras totalmente diferente. As dívidas e obrigações feudais, em qualquer de suas formas, desapareceram. O servo tornou-se um agricultor arrendatário num modelo moderno, simplesmente pagando um aluguel ao dono das terras. Às vezes, ele mantinha o arrendamento por muito tempo, talvez a vida inteira, mas, quando o acordo expirava, o proprietário podia remover o arrendatário e arrendar a terra a outra pessoa. Na França, o camponês tinha mais segurança; não podia ser removido, mas tinha de pagar as dívidas e obrigações feudais. A existência, na Inglaterra, de uma relação comercial moderna entre o dono e o arrendatário permitiu um grande salto na produtividade agrícola, no que foi chamado de Revolução Agrícola, composta por dois elementos: o aprimoramento da atividade agrícola e o rearranjo na ocupação das terras. Não teve nada a ver com o aperfeiçoamento do maquinário – tratores e colheitadeiras surgiram muito mais tarde.

No que tange à prática da agricultura, o problema básico enfrentado por todos os agricultores é que o cultivo regular exaure o solo. Como resolver isso? Os agricultores germânicos fora do Império Romano simplesmente exauriam a terra e iam para outra – caracterizando uma agricultura semipermanente. Dentro do Império Romano as terras de uma fazenda eram divididas em duas partes. Uma era cultivada, a outra ficava de pousio – ou seja, o solo não era cultivado, apenas descansava e virava pasto para cavalos, bois, carneiros, etc. Eles comiam o restolho da colheita anterior e deixavam o estrume na terra. No fim do ano o pousio era arado e uma nova safra era semeada nele, enquanto a outra parte descansava. Esse sistema existiu no sul da Europa até o século XIX. No norte da Europa, na Idade Média, foi desenvolvido um sistema com três campos: dois cultivados e o terceiro de pousio. Uma safra de grãos era plantada no outono, outra na primavera. É fácil ver como isso aumentou a eficiência da produção: dois terços da terra sempre produzindo, em vez de metade.

Na Inglaterra, no século XVIII, as fazendas eram divididas em quatro partes, todas elas cultivadas. Como isso poderia funcionar? Se a terra estivesse sempre cultivada ela iria se exaurir. A ideia inteligente por trás dessa técnica era que duas das safras eram de grãos, como antes, e duas eram de forragem para animais, como nabos ou trevo, que extraem do solo nutrientes diferentes dos grãos. Assim, o solo não se exauria, como aconteceria numa cultura continuada de grãos. O trevo, na verdade, regenera a terra fixando o nitrogênio da atmosfera no solo. Como essas safras eram cultivadas para animais, que antes sobreviviam se alimentando no pousio, podia haver mais gado e mais ovinos, que comiam melhor, engordavam e produziam mais estrume. No fim

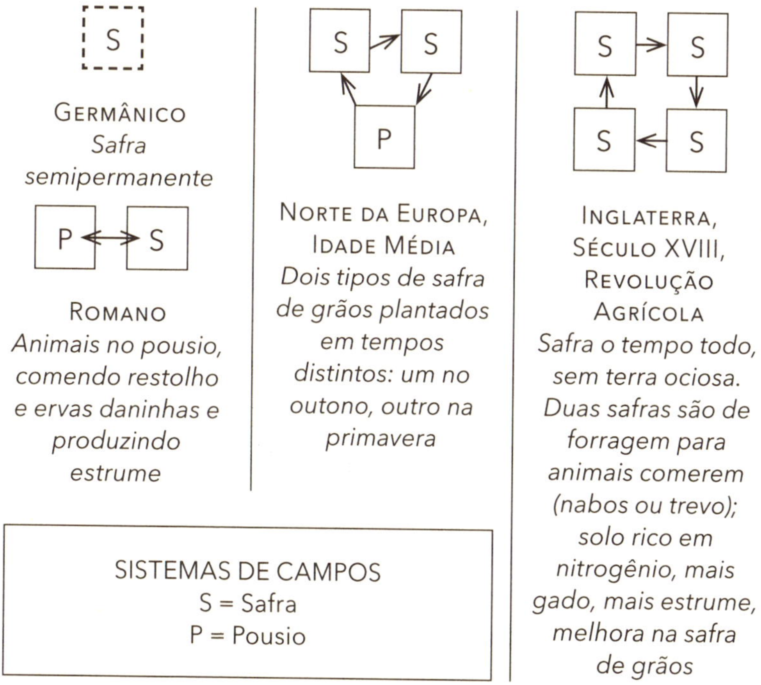

GERMÂNICO
Safra semipermanente

ROMANO
Animais no pousio, comendo restolho e ervas daninhas e produzindo estrume

NORTE DA EUROPA, IDADE MÉDIA
Dois tipos de safra de grãos plantados em tempos distintos: um no outono, outro na primavera

INGLATERRA, SÉCULO XVIII, REVOLUÇÃO AGRÍCOLA
Safra o tempo todo, sem terra ociosa. Duas safras são de forragem para animais comerem (nabos ou trevo); solo rico em nitrogênio, mais gado, mais estrume, melhora na safra de grãos

SISTEMAS DE CAMPOS
S = Safra
P = Pousio

do ano, no pasto do gado ou dos ovinos havia o cultivo de grãos e a colheita era melhor. Mais e melhores animais, e mais safra: esse foi o resultado da nova prática dos quatro campos.

Ao mesmo tempo, as posses de terra foram reorganizadas, de modo que cada agricultor passava a ter uma propriedade consolidada – sua própria fazenda – com limites claros. Isso substituiu o sistema medieval, no qual o agricultor tinha uma faixa, ou porção, de cada um dos três grandes campos comuns nos quais as terras do povoado se dividiam. Antes, você não teria sua fazenda; a fazenda era do povoado, embora pertencesse ao senhor feudal. O povoado decidia o que plantar, onde e quando, e o gado de cada pessoa pastava no solo do pousio. Fora dos três campos comuns havia terras incultas, pântanos ou bosques, também disponíveis para pasto e para recolher sapê ou lenha para o fogo.

A reorganização da terra em propriedades consolidadas foi feita por atos do parlamento – um ato especial para cada povoado. O parlamento da Inglaterra era uma reunião de grandes proprietários que tinham decidido que os cercamentos eram necessários para que as novas práticas agrícolas fossem seguidas apropriadamente. O cultivo de novas safras e a criação mais eficiente de animais exigiam atenção individual, e não um controle comum por parte do povoado. O grande proprietário de terras que quisesse aumentar sua produção e, assim, cobrar mais pelo arrendamento teria de fazer da adoção das novas práticas uma condição para o arrendamento das fazendas consolidadas. O agricultor que se recusasse a cultivar nabos seria desapropriado; isto é, seu arrendamento não seria renovado.

Os cercamentos foram feitos com cuidado. Comissários examinavam a situação de cada pessoa no povoado para estabelecer quais eram seus direitos. O direito de cultivar determinado número de faixas de terra nos campos comuns e o direito de utilizar o pasto nas terras comunais eram traduzidos no direito a ter uma

Floresta e terra não cultivada

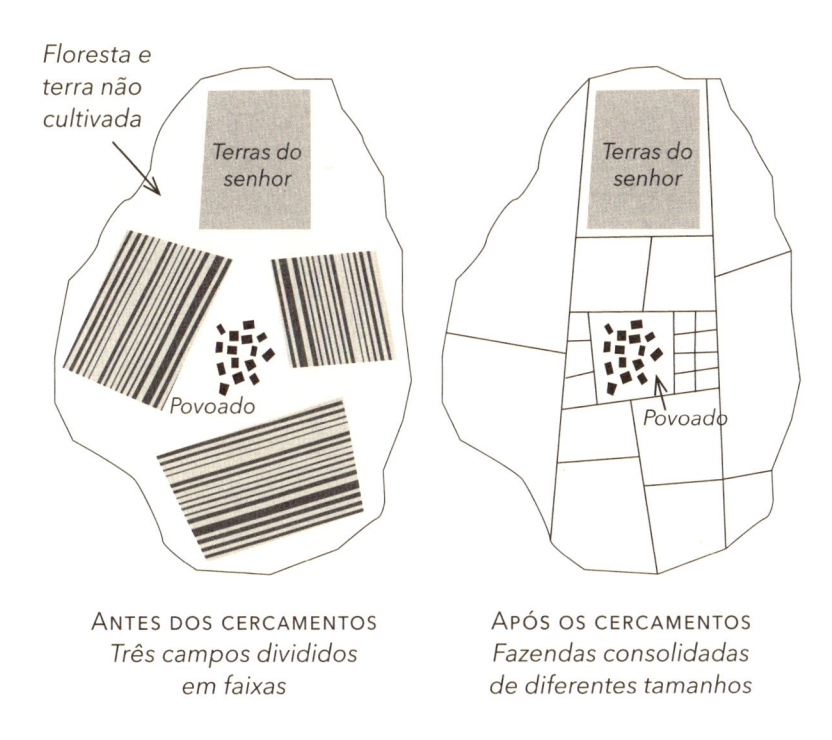

ANTES DOS CERCAMENTOS
Três campos divididos em faixas

APÓS OS CERCAMENTOS
Fazendas consolidadas de diferentes tamanhos

propriedade consolidada de certo tamanho. Os que sofriam com essa reorganização eram os aldeões cujo único direito era o de ter animais pastando em terras comunais; eles recebiam um lote mínimo que não servia para nada. O mais provável é que fossem embora para a cidade. Mas, em geral, as novas práticas em propriedades consolidadas exigiam mais trabalho, e não menos. Houve um êxodo generalizado para as cidades, mas isso aconteceu acima de tudo porque a população estava crescendo rapidamente.

O aumento da produtividade agrícola possibilitou o crescimento das cidades. No geral, uma proporção menor de pessoas era capaz de prover alimento para todas. A Inglaterra foi o primeiro Estado grande e moderno a dar esse salto. Na França, entre os que empreenderam uma melhora na agricultura houve quem quisesse promover no país uma consolidação de propriedades semelhante, mas os camponeses lá eram os donos da terra e estavam afeitos à vida comunal; nem mesmo uma monarquia absolutista foi capaz de demovê-los.

De meados do século XVIII em diante, a Revolução Industrial na Inglaterra avançou concomitantemente com a Revolução Agrícola. Em vez de o algodão e a lã serem fiados e tecidos pelos trabalhadores em suas cabanas, a atividade foi transferida para fábricas, nas quais novas invenções, primeiro movidas por rodas hidráulicas e depois por motores a vapor, faziam o trabalho. Os trabalhadores tornaram-se operadores e cuidadores desses equipamentos, trabalhando por hora e para um patrão em vez de serem seus próprios patrões. A população das cidades com fábricas de algodão e de lã aumentou muito. Toda essa nova atividade econômica foi conectada, primeiro por uma rede de canais, depois por ferrovias. Enfim havia uma nação onde grandes volumes de mercadorias podiam ser transportados de modo barato e para qualquer parte.

A Inglaterra não planejou a Revolução Industrial. Esse acontecimento foi facilitado porque o parlamento inglês controlava o governo. Governos absolutistas na Europa planejaram, promoveram e protegeram a indústria para poder aumentar o poder econômico e militar do Estado. A nobreza e os proprietários de terras da Inglaterra, que compunham o parlamento, estavam envolvidos eles mesmos na nova atividade econômica, por isso mais interessados em deixá-la correr e acelerar. As antigas regras que regulavam a indústria e o emprego foram postas de lado ou se tornaram letra morta.

As mudanças sociais produzidas pelas duas revoluções foram traumáticas. Mas a primeira nação urbana e industrial da história manteve a promessa de que as pessoas comuns, que tinham sofrido tanto e vivido tão próximo do nível da mera subsistência, teriam acesso a uma prosperidade inimaginável.

INTERLÚDIO

Por que a Europa?

Durante muito tempo a civilização chinesa foi mais avançada do que a europeia. A Europa adquiriu da China, direta ou indiretamente, uma forma rudimentar de imprensa, a fabricação do papel, a bússola, a pólvora e diques para canais. Mas foi na Europa que, pela primeira vez, houve um crescimento econômico contínuo seguido da Revolução Industrial. E foi na Europa que o governo representativo e os direitos individuais, essas outras marcas distintivas da modernidade, se desenvolveram primeiro. Por que a Europa?

Em 1480 o imperador chinês da dinastia Ming proibiu a exploração e o comércio ultramarino. Mercadores que continuaram com esse comércio foram declarados contrabandistas e tropas foram enviadas para destruir seus estabelecimentos e queimar seus barcos. Nenhum rei europeu jamais reivindicou ou empregou tais poderes; nenhum rei poderia dar um tiro no próprio pé. Na Europa, os reis operavam numa rede de Estados rivais; o imperador chinês contava com a vantagem – ou a armadilha – de não ter rivais com poder que se equiparasse ao seu. A rivalidade entre estados na Europa ajudou a impulsionar a expansão ultramarina.

Após a queda do Império Romano na Europa Ocidental, nenhum poder absoluto voltou a controlar todo o território. Imagine se um único poder tivesse conquistado Roma como os manchus fizeram na China, os mogóis na Índia e os otomanos no Oriente Médio. Pela conquista, eles se tornaram os senhores dos novos reinos. Os conquistadores de Roma foram várias tribos germânicas que rivalizavam umas com as outras. Eram senhores de pouca coisa. Após conquistar o império, esses homens descobriram que ele estava se dissolvendo sob seus pés. Não tinham a experiência de governar um Estado estabelecido e não foram capazes de manter a máquina de coleta de impostos. Desafiaram uma das regras universais de governança, administrando Estados incapazes de taxar.

Grande parte da história europeia deriva desse momento de formação. O domínio dos governos sobre seus povos era muito fraco; eles tinham de lutar e trabalhar duro para contar com a lealdade da população. Precisavam oferecer um bom governo – a paz do rei – para obter uma extensão de seu poder. Não podiam simplesmente acionar um sistema de cobrança de tributos como faziam tantos impérios e reinos na Ásia e no Oriente Médio.

Durante séculos a ameaça ao controle do rei veio dos mais poderosos de seus súditos – a nobreza latifundiária. Com o tempo, eles foram dominados, mas tinham sido fortes o bastante em seu próprio terreno para obter para si e para todos os outros a segurança da propriedade privada. *Nem tudo é do rei*: esse é o fundamento da liberdade e da prosperidade europeias.

Para dominar a nobreza, os reis se valiam dos mercadores, comerciantes e banqueiros de suas cidades, que forneciam empréstimos e pessoal para sua máquina burocrática e cuja riqueza podia ser taxada. Os monarcas europeus taxavam de modo regular e moderado, para não matar a galinha dos ovos de ouro. Os governantes dos Estados da Ásia eram mais arbitrários, aplicando uma taxação punitiva ou simplesmente confiscando as mercadorias de mercadores e comerciantes que resistissem. Os monarcas europeus eram obrigados a ser prudentes, pois eram apenas um dos fatores numa rivalidade muito equilibrada entre os Estados, e os mercadores que fossem pressionados demais poderiam desertar para Estados rivais. Eles precisavam estar interessados no crescimento econômico e em novas tecnologias, embora estas fossem, sobretudo, tecnologias para a guerra; mas tanto na época quanto agora as despesas com a defesa tinham diferentes destinos. Além da prudência, os monarcas tinham a lembrança do que havia acontecido com o Império Romano e das obrigações de um príncipe cristão, e isso servia para evitar que se tornassem tiranos autoindulgentes, situação muito mais comum em reinos da Ásia do que em reinos da Europa.

Quando os monarcas dominaram a velha nobreza, tornaram-se os patronos de uma nova e dinâmica classe: a burguesia urbana. Enquanto ainda eram fracos, os monarcas tinham concedido às cidades o direito de se autogovernarem, medida que se tornou mais significativa conforme elas enriqueciam. Comparada aos nobres, que podiam comandar homens armados e se defender nos castelos, a burguesia parecia ser pacífica e nada ameaçadora. No entanto, por mais rebeldes que fossem, os nobres faziam parte de uma ordem social na qual os reis eram os chefes naturais; a burguesia, em seu modo de vida, não precisava de reis – e a longo prazo acabou perturbando o regime real muito mais do que a nobreza.

Depois de sua fraqueza inicial, os monarcas ganharam poder, exceto na Inglaterra, onde eram domados pelo parlamento, uma instituição sobrevivente da Idade Média, quando os reis eram obrigados a consultar seus grandes súditos. Mesmo na França, a mais famosa das assim chamadas monarquias absolutistas, o rei não comandava em toda parte. Para unificar seu reino ele precisara fazer muitas concessões e acordos especiais. Os Estados Gerais da França não se reuniam mais, porém uma miniatura de Estados Gerais sobrevivia nas províncias mais afastadas e, na década de 1780, estes participaram da rejeição às tentativas do rei de reformar o sistema de coleta de impostos. E, quando suas tentativas fracassaram, o monarca foi obrigado a reviver os Estados Gerais da França, medida que lhe fora imposta porque os reformadores tinham se inspirado no modelo inglês de parlamentarismo. Na Europa Central, no território que hoje abriga a Alemanha e a Itália, nenhum rei tinha estabelecido um Estado forte, consequência da disputa pelo poder entre imperadores e papas. Ali havia um grande número de Estados virtualmente independentes: cidades, cidades-estado e principados, num caso extremo de dispersão do poder. Esses miniestados proveram a base para a Renascença e a Reforma Protestante, que transformaram toda a Europa.

Embora a Europa estivesse dividida, era uma só civilização, conhecida em épocas medievais e além delas como cristandade. Até a Reforma Protestante, a Igreja tinha sido a instituição universal que cruzava todas as fronteiras. Por vezes, ela teve a ambição de controlar os Estados, mas, apesar de terem a obrigação de ser os defensores da fé, os reis não se sentiam obrigados a sempre obedecer aos comandos da Igreja. O embate entre imperadores e papas foi o exemplo mais espetacular e duradouro da tensão constante entre Igreja e Estado, em mais uma instância da dispersão do poder.

A alta cultura comum da cristandade era controlada pela Igreja. Ela era a guardiã de seu livro sagrado – a Bíblia – e dos ensinamentos greco-romanos. Na Idade Média, os eruditos tinham entretecido os dois elementos e forjaram uma teologia coerente. A vulnerabilidade da Igreja vinha do fato de seu livro sagrado praticamente não falar sobre a própria Igreja – uma estrutura elaborada, modelada pelo regime romano – e do fato de os ensinamentos preservados da Roma Antiga serem obra de autores pagãos. Na Reforma Protestante e na Renascença, as contradições se tornaram evidentes.

Na China, o poder estava explicitamente centralizado no imperador e a alta cultura do confucionismo apoiava o regime imperial. O confucionismo era um guia para o comportamento individual e público e estava incrustado na sociedade e no estado. Todos os que governavam, oficial ou não oficialmente, eram bem versados nele, e os candidatos a ingressar na burocracia tinham de passar num teste sobre o assunto.

Na Europa, o poder estava disperso, a alta cultura era heterogênea e não tinha vínculos fortes com um governo secular. Os chineses eram muito inteligentes, mas sua inteligência nunca saía de controle; as inovações nunca foram fundamentalmente perturbadoras. A abertura da sociedade europeia remontava a muito antes. O dinamismo de sua economia e a agitação de sua vida intelectual no período moderno nascem da falta de um poder único modelando a sociedade para o bem ou para o mal. Seu legado diversificado podia ser explorado e estendido em sua totalidade; a fé que os gregos depositavam na matemática foi consubstanciada durante a Revolução Científica, que por sua vez criou uma nova base para a inovação tecnológica.

Os historiadores da economia perguntam por que a Europa foi a primeira a se industrializar, como se outras sociedades estivessem seguindo a mesma trajetória e a Europa tivesse alcançado o objetivo primeiro. Patricia Crone, dona de grande parte das ideias que deram forma a este livro, faz a pergunta: a Europa foi a primeira ou isso foi uma anomalia? Para ela, não resta dúvida de que foi uma anomalia.

FORÇAS DESTRUTIVAS

A Europa era um conjunto de Estados e sempre houve conflitos entre eles. No século XX, os Estados europeus travaram duas guerras terríveis, nas quais soldados e civis foram massacrados numa nova e maciça escala. Durante a segunda dessas guerras, a Alemanha nazista, sob o comando de Adolf Hitler, tentou sistematicamente exterminar os judeus da Europa, um horror sem paralelo na história europeia. Como isso aconteceu?

Duas forças às quais você já foi apresentado tiveram um papel importante: o nacionalismo, que teve suas origens intelectuais na Alemanha, e a industrialização, que começou na Inglaterra.

O nacionalismo fortaleceu a ligação das pessoas com seu Estado e sua disposição para lutar e morrer por ele. O nacionalismo levava as pessoas a lutar para criar seu próprio Estado, se não tivessem um. Esse movimento foi uma grande fonte de conflitos nos países da Europa Central e Oriental, Estados que agora entram como atores em nossa história.

A industrialização atraiu as pessoas do campo para as cidades, sociedades mais anônimas. As populações cresciam rapidamente; as pessoas eram massificadas como nunca tinham sido antes. Aprendiam a ler. Aprendiam sobre sua sociedade na escola e nos jornais, que eram produzidos em massa e sem muito custo em máquinas a vapor. No século XX, ouviam rádio e assistiam a filmes no cinema. Hitler era ouvido no rádio e foi uma espécie de astro do cinema. À medida que os antigos laços sociais enfraqueciam e a Igreja perdia importância, o sentimento nacional, inculcado nas escolas e difundido pelas novas mídias, ajudou a unir as pessoas em torno de algo comum. O nacionalismo atuou como um substituto da religião, dando aos indivíduos um lugar numa comunidade estável e perene. Não cristãos na cristandade, mas franceses na França ou alemães na Alemanha. Para assegurar a adesão a essa nova fé, havia hinos e bandeiras, heróis e heroínas, momentos e lugares sagrados.

Se o nacionalismo contribuiu para a guerra, a industrialização a tornou mais terrível. As novas usinas siderúrgicas eram capazes de produzir armas maiores, mais destrutivas e em grande quantidade. Antes os canhões eram construídos manualmente, o artesão garantindo que as peças se encaixassem bem uma na outra. Mas, com o desenvolvimento de máquinas-ferramentas de precisão, todas as unidades de determinada peça eram fabricadas idênticas, o que permitia uma rápida produção em massa. Na verdade, os canhões foram os primeiros produtos a serem fabricados assim, 60 anos antes dos automóveis.

Na Europa passou a haver uma nova escala para as questões humanas: produção em massa, sociedade de massas; extermínio em massa.

A industrialização produziu uma nova ameaça interna às sociedades da Europa. Antes os camponeses se rebelavam com certa frequência, mas eram facilmente subjugados. Mas agora os trabalhadores das novas cidades industriais trabalhavam e viviam mais próximos entre si e, quando aprenderam a ler e escrever, compreenderam quais eram as forças que os controlavam e criaram organizações permanentes. Por intermédio delas, faziam suas reivindicações para ter uma vida melhor e palavra ativa na condução da sociedade.

Os trabalhadores formaram movimentos de protesto para exigir direitos políticos, e o principal deles era o direito de voto para todos os homens. Organizaram sindicatos para lutar com seus patrões por melhores salários e condições de trabalho. Fundaram partidos políticos com o objetivo de destituir patrões e acabar com o lucro e para que a indústria funcionasse para o bem daqueles que faziam o trabalho: esse era o programa do socialismo. Ou, sem qualquer esperança quanto à possibilidade de uma mudança real por meios pacíficos, planejavam uma revolução para se livrar dos patrões e estabelecer um Estado de trabalhadores. Esses revolucionários comunistas não tiveram um sucesso duradouro na Europa, mas tiveram sucesso na Rússia, e o medo de que o regime russo se espalhasse foi um fator poderoso na organização das forças na Europa. Os nacionalistas odiavam os comunistas porque estes alegavam que os trabalhadores não deveriam lutar por seu país. Segundo os comunistas, os trabalhadores de todos os países deviam cooperar entre si e lutar somente contra seus patrões e os governos que protegiam os patrões.

A industrialização também fez aumentarem as fileiras da classe média, comerciantes, banqueiros, industriais e os profissionais que trabalhavam para eles. A classe era antiga; eles se tornaram importantes quando o comércio e a indústria começaram a florescer. Monarcas absolutistas tinham se beneficiado da riqueza deles e os recrutado para seu serviço. Nos séculos XIX e XX, mais confiantes e em maior número, a classe média era o grupo de maior comprometimento com políticas liberais, isto é, em prol de um governo representativo, do estado de direito e dos direitos e liberdades individuais – liberdade de imprensa e de associação, e liberdade para fazer negócios e ganhar dinheiro. Todas essas políticas atingiam os governos de reis e aristocratas. Por outro lado, os liberais não queriam que o poder passasse a ser do povo; eles não eram democratas. Até onde deveriam apoiar ou se opor às demandas populares: esse era o dilema dos liberais. Os trabalhadores enfrentavam o mesmo problema: podiam aceitar a liderança dos liberais da classe média em suas batalhas contra privilégios ou será que acabariam sendo usados e traídos?

Vamos examinar primeiro como essas forças atuaram nos três principais países da Europa no século XIX. Será que a industrialização levou à revolução?

CAPÍTULO 9

Industrialização e revolução

A REVOLUÇÃO INDUSTRIAL NA INGLATERRA não foi planejada, e também não houve planejamento nas cidades que cresciam em torno das novas fábricas. Para acomodar os trabalhadores, moradores da região alugavam quartos – do sótão ao porão. Um quarto era a moradia de uma família inteira. Casas geminadas começaram a ser construídas, amontoadas umas sobre as outras, de costas umas para as outras, de modo que tinham uma porta da frente, mas não uma porta dos fundos, tampouco janelas para os fundos. As ruas não eram pavimentadas nem havia tubulação de esgoto ou sarjetas; sujeira de todo tipo se acumulava nas ruas e em terrenos baldios.

Na década de 1840, um jovem da Alemanha inspecionou tudo isso e escreveu um apaixonante livro de denúncia e de profecia: *A situação da classe trabalhadora na Inglaterra*. O autor era Friedrich Engels, que chegara à Inglaterra para fazer estágio na empresa do pai, que fabricava linhas de costura. Em tese, Engels era um comunista; na Inglaterra, pensou ter descoberto as forças que levariam à realização de seus ideais. Ele escreveu que nenhum povo jamais tinha vivido como viviam os ingleses daquele tempo. A fabricação de mercadorias por máquinas tinha polarizado a sociedade: nas novas cidades havia agora apenas duas classes: a classe média – dos donos das fábricas – e os trabalhadores. O trabalho em si era monótono e degradante; os trabalhadores não tinham nada além de seu trabalho como meio de vida, assim uma retração do comércio os deixaria destituídos – tanto os bons quanto os maus trabalhadores. Eles moravam em

Casas antigas em Manchester, nas quais se amontoavam trabalhadores e suas famílias.

lugares que pareciam testar o mínimo de espaço no qual um ser humano é capaz de se movimentar, o mínimo de ar que um ser humano precisa respirar, o mínimo de civilização que ele precisa compartilhar para permanecer vivendo. Engels concluiu que essa situação não poderia continuar. Existia a certeza científica de que haveria uma erupção, uma revolta dos trabalhadores que faria a Revolução Francesa parecer brincadeira de criança.

Engels publicou seu livro em alemão. Seu leitor mais importante foi Karl Marx, filósofo alemão que se tornara jornalista revolucionário. Marx e Engels se uniram e publicaram, em 1848, o *Manifesto comunista*, que declarava que toda a história tendia para a situação que Engels tinha descrito quanto à Inglaterra. Assim como a classe média tinha lutado contra a aristocracia, os trabalhadores iriam derrubar a classe média e estabelecer um Estado de trabalhadores comunista. "A história de toda sociedade existente até agora", diz a abertura do *Manifesto comunista*, "é a história da luta de classes." Na conclusão, diz aos trabalhadores que, ao tentar derrubar essa sociedade, eles nada têm a perder além de seus grilhões; a lei e a religião nas sociedades existentes só operavam para oprimi-los. Os direitos individuais – que hoje chamamos de direitos humanos – também eram uma fraude: beneficiavam os patrões e nada faziam pelos trabalhadores.

O livreto da dupla foi o panfleto político mais influente dos séculos XIX e XX – mas não porque suas previsões tivessem sido corretas. Segundo sua teoria, a revolução dos trabalhadores aconteceria primeiro onde o capitalismo era mais avançado – ou seja, na Inglaterra. E na Inglaterra houve mudanças políticas, mas nenhuma revolução operária.

A Revolução Inglesa do século XVII tinha produzido uma constituição na qual o monarca era controlado pelo parlamento. O problema era que não havia um sistema uniforme para a eleição desse parlamento. Cada lugar aplicava uma regra quanto a quem poderia votar nas eleições. No geral, apenas um em cada seis homens tinha o direito de votar e os trabalhadores estavam excluídos. Cidades cujas populações tinham diminuído ou mesmo desaparecido continuaram elegendo um ou dois membros do parlamento. Quem era o eleitor quando uma cidade deixava de existir? O homem que era o proprietário do solo no qual a cidade tinha existido. Ao mesmo tempo, muitas das cidades nascidas a partir da Revolução Industrial não tinham nenhum membro no parlamento.

As primeiras ações para a reforma parlamentar surgiram no fim do século XVIII. Foram interrompidas pela Revolução Francesa, que demonstrou como uma reforma podia sair do controle. Os próprios reformadores não quiseram jogar lenha na fogueira e todos os movimentos na Inglaterra que tinham adotado a noção francesa dos direitos do homem foram suprimidos. Na década de 1820 o ímpeto pela reforma recomeçou. Reforma, para a classe média, significava acima de tudo terminar com o domínio da aristocracia e da alta burguesia rural sobre o parlamento. Isso se conseguiria dando mais representatividade às cidades que realmente existiam, talvez por meio do voto secreto, de modo que os proprietários de terras não pudessem mais dizer a seus inquilinos em quem tinham de votar. Para os trabalhadores, a reforma significava, antes de tudo, direito de voto para todos os homens.

O partido de oposição no parlamento adotou a causa da reforma. Era o Whig Party, um partido liberal cujos membros não eram da classe média; longe disso, eram mais aristocratas que os do partido governante, o Tory. Os *whigs* constituíam o partido que tinha levado adiante a revolução do século XVII contra o rei católico Jaime II. Eles se consideravam os guardiões dos direitos a serem usufruídos por todos os ingleses e do modelo de monarquia constitucional inglesa. Depois de um longo período na oposição, chegaram ao poder em 1830, e em 1832, após intensa luta, conseguiram aprovar a primeira medida de reforma parlamentar. Houve uma resistência ferrenha por parte dos *tories* e da Câmara dos Lordes, onde os *tories* tinham maioria. A reforma foi aprovada porque os trabalhadores se mobilizaram em seu apoio, com grandes demonstrações e desfiles, parecendo indicar que, caso fosse rejeitada, haveria violência ou revolução.

A Lei de Reforma de 1832 deu à classe média o direito ao voto e aboliu a representação de cidades minúsculas ou não existentes. Os trabalhadores tinham apoiado a lei, embora a reforma não lhes concedesse o direito ao voto. Eles se regozijaram com esse ataque à velha ordem e imaginaram que haveria mais mudanças em seguida.

Percebendo que não ocorreriam novas mudanças, líderes da classe trabalhadora desenvolveram seu próprio programa para um Estado totalmente democrático. Ele foi proclamado numa Carta

A petição cartista de 1842, assinada por mais de 3 milhões de pessoas, é levada ao parlamento.

com seis tópicos; o movimento passou a ser conhecido como cartismo, e seus apoiadores, como cartistas. Os seis tópicos eram os seguintes: direito de voto para todos os homens, igualdade entre os distritos eleitorais, voto secreto, abolição da qualificação segundo as posses para a participação no parlamento, pagamento de salário aos membros do parlamento e eleição anual.

O método dos cartistas foi eleger delegados para uma convenção nacional, apresentar petições ao parlamento pedindo a adoção da Carta e fazer com que ela fosse assinada por milhões. Mas e se o parlamento rejeitasse a petição? Os cartistas estavam divididos: a maioria queria continuar exercendo a "força moral"; alguns se voltaram para a "força física". O debate continuou porque o parlamento rejeitou as petições três vezes ao longo de 10 anos. Quanto a isso, Engels tinha razão: os cartistas mais determinados estavam nas novas cidades fabris do norte. Eles tentaram – sem êxito – promover uma greve geral quando a segunda petição foi rejeitada. O plano era permanecer em greve até a Carta ser aprovada.

Muito do que se falou sobre violência era blefe. Os cartistas queriam assustar o governo para que concordasse com eles. Mas o governo não se assustou; a classe média, agora parte da nação política, ficou ao lado da aristocracia e da alta sociedade e contra a ideia de ceder aos cartistas. É quando a classe governante está dividida que os revolucionários têm sua oportunidade. Os cartistas sabiam que havia pouca esperança de prevalecer pela força, por isso o apelo para o lado moral triunfou em suas fileiras. Após cada rejeição, eles.... encaminhavam uma nova petição.

O governo não baniu o movimento cartista. Tentou controlá-lo, não suprimi-lo. O governo e os tribunais declararam que as manifestações públicas eram legais; pedir que todos os homens tivessem direito a votar era legal; encaminhar uma petição era mais do que legal – era um direito antigo. O ilegal eram manifestações que terminavam em tumulto e discursos subversivos proferidos em manifestações e divulgados nos jornais expressando repúdio ao governo ou ameaçando se valer de violência. Era por causa desses delitos que cartistas eram presos e julgados em audiência pública, segundo os padrões comuns de evidência. Em geral, eram declarados culpados, mas a pena era leve: de 6 a 12 meses de prisão.

O governo estava determinado a não ter de matar cartistas, o que deixaria a opinião pública ultrajada e os seguidores da doutrina, enraivecidos. Isso demonstra até onde a Inglaterra tinha se tornado uma autêntica sociedade liberal. Em outros lugares, nada agradaria mais aos aristocratas e à classe média do que massacrar seus inimigos da classe trabalhadora. O governo enviou tropas para controlar os cartistas, mas o general encarregado simpatizava com eles e fez as tropas agirem com grande contenção.

Os cartistas apresentavam petições, mas seus líderes não achavam que direitos políticos eram tudo de que precisavam. Alguns atuavam na educação dos trabalhadores, outros os mantinham afastados da bebida, havia os que lhes davam assistência para que se estabelecessem em pequenas propriedades de terra, outros trabalhavam em sindicatos e outros ainda participavam na criação de cooperativas socialistas. Por tudo isso, os trabalhadores estavam se tornando respeitáveis membros da sociedade civil. Essas atividades continuaram quando o movimento cartista se extinguiu depois de 1850.

As três grandes agitações cartistas nas décadas de 1830 e 1840 coincidiram com a depressão econômica. Após 1850 houve anos bons e o padrão de vida dos trabalhadores melhorou. Depois, em 1866, mesmo com pouquíssima pressão externa, um governo do Partido Liberal (sucessor dos *whigs*) propôs ampliar o direito a voto. O Partido Tory corajosamente cobriu e superou o lance dos liberais e, em 1867, fez aprovar uma medida que concedia o voto à maioria dos trabalhadores nas cidades. Em 1884, um governo liberal concedeu o voto a trabalhadores do campo. A segunda e a terceira Leis de Reforma ainda não estabeleciam um sufrágio masculino total; para votar era preciso possuir casa ou ser um locatário. Muitos soldados que lutaram pela Grã-Bretanha na Primeira Guerra Mundial não eram habilitados para votar. Mas no fim da guerra passaram a ser, porque em 1918 a quarta Lei de Reforma estabeleceu um virtual sufrágio universal masculino e deu às mulheres acima de 30 anos o direito ao voto.

Assim os governantes da Grã-Bretanha manipularam a ruptura social consequente à Revolução Industrial sem que houvesse uma ruptura política. Por etapas, a antiga constituição foi ampliada para incluir o homem trabalhador, e a Inglaterra ganhou a reputação de ser o mais estável dos países.

Na França não houve revolução industrial. A fabricação de têxteis foi mecanizada, mas as indústrias do carvão e metalúrgica não se expandiram com rapidez. No decorrer do século XIX a França permaneceu uma sociedade agrícola, com grande parte da terra nas mãos dos camponeses, que tinham se tornado os donos dela durante a Revolução de 1789.

Nos 10 anos que se seguiram a 1789, a França instituiu várias formas de governo. Após a monarquia absolutista, vieram a monarquia constitucional, a república democrática, uma república de proprietários e uma ditadura militar. Depois, ao longo do século XIX, a França tentou tudo de novo. A instabilidade era constante, porque as divisões criadas no decurso da primeira revolução levaram muito tempo para serem sanadas. Nenhuma forma de governo conseguiu obter aprovação geral. Todos tinham visto o que seus inimigos eram capazes de fazer. Mesmo os revolucionários moderados de 1789-1791 tinham atacado a Igreja Católica, o que fez a Igreja e seus fiéis acharem que só estariam seguros numa monarquia restaurada, ou, segunda melhor opção, sob o comando de um homem forte, como Napoleão. Os liberais não podiam ter piedade da Igreja Católica porque isso significava reação e perda de liberdade. Os trabalhadores poderiam ser aliados úteis dos liberais, mas estes estavam assustados com o que os trabalhadores poderiam fazer: quanto mais democrática a Revolução de 1789 se tornava, mais tirânica ficava.

A mudança de regime era uma opção constante e de tempos em tempos havia revoluções e golpes fracassados. Como até os regimes liberais operavam sob ameaça, eles fechavam jornais e baniam organizações – e com isso encorajavam outras revoluções. Entre as revoluções fracassadas houve tentativas de estabelecer estados de trabalhadores, num país onde o desenvolvimento industrial era limitado e havia apenas uma pequena classe operária.

Eis um quadro da história política da França:

1815	1830	1848	1870
RESTAURAÇÃO	REVOLUÇÃO	REVOLUÇÃO	DERROTA NA GUERRA
Monarcas da família Bourbon	Monarca da família Orleans	República democrática 1848-1851	República democrática 1870-1940
Luís XVIII Carlos X	Luís Filipe	Revolução socialista fracassada	Comuna de Paris eliminada 1871
		Napoleão III imperador 1851-1870	Tentativa de monarquia fracassada
			República assegurada 1879

Após a derrota de Napoleão I em 1815, os aliados europeus que o tinham combatido devolveram o trono à Casa de Bourbon. Assim, surgiu mais um rei Luís, o décimo oitavo. Não deveria ser um monarca absolutista, mas o povo não teve *direito* a voz no governo. Luís concordou com a existência de um parlamento, que dispunha de pouquíssimos poderes e para o qual quase ninguém teria o direito de votar. Seu irmão, Carlos, um verdadeiro reacionário, lhe sucedeu, mas foi deposto na Revolução de 1830.

O governante seguinte seria um monarca constitucional: Luís Filipe, o Rei Cidadão. Era oriundo da Casa de Orleans, aparentada com os Bourbons, porém progressista. Seu pai tinha apoiado a Revolução de 1789 e adotara o nome de Philippe Egalité – Filipe Igualdade. Luís Filipe não estava comprometido com a igualdade; sob seu regime, mais pessoas podiam votar para os parlamentos, porém os trabalhadores ainda não. A revolução que o derrubou em 1848 estabeleceu uma república democrática, com uma constituição que incluía um presidente eleito. A primeira eleição presidencial foi ganha por Luís Napoleão, sobrinho do primeiro Napoleão.

Seu mandato era de quatro anos, sem renovação. Antes que o mandato expirasse, porém, ele deu um golpe, assumiu o poder absoluto e governou como imperador, visando à mesma glória de seu tio, mas fracassando a olhos vistos. Em 1870, foi capturado pelos prussianos, com quem tolamente entrara em guerra. Outra república democrática o substituiu. Essa teve um começo vacilante. Sua primeira eleição revelou uma maioria antirrepublicana e assim, durante um tempo, o parlamento tentou restabelecer a monarquia, para a qual havia candidatos rivais das casas de Bourbon e Orleans. Não querendo ser governado por

Tradição revolucionária: Delacroix retrata a Revolução de 1830 no quadro Liberdade liderando o povo.

um regime antirrepublicano, o povo parisiense criou por um breve tempo seu próprio governo, a Comuna, que foi reprimida pela república. Com o passar dos anos, a votação nacional pela república aumentou, de modo que em 1879 ela estava razoavelmente assegurada.

A Comuna de Paris foi o último e mais determinado esforço do povo parisiense para fazer uma revolução própria. Desde 1789 ele vinha provendo os combatentes de rua para todas as revoluções. Eles não queriam debater se a força física era legítima ou não. Em qualquer oportunidade estavam atacando lojas de armas para obter armamento, proclamando a república, cantando "A marselhesa", armando barricadas para bloquear as ruas e se preparando para a batalha. Mas o novo regime sempre acabava em decepção. Em 1832, o povo revoltou-se contra Luís Filipe, o qual tinha levado ao poder dois anos antes. O levante foi esmagado, com centenas de mortes. Em 1848, os trabalhadores e seus representantes participaram do primeiro governo revolucionário. Para satisfazê-lo, a jornada diária de trabalho foi reduzida para 10 horas em Paris e 11 nas províncias, e foram estabelecidas oficinas em âmbito nacional, não visando ao lucro, mas para dar trabalho aos desempregados. Porém, após as primeiras eleições, a república ficou mais conservadora e as oficinas foram fechadas. O povo encenou uma revolta, que foi sufocada, com cerca de 3 mil mortes.

Durante a Comuna, por 10 semanas o povo esteve no poder. Eles eram republicanos, anticlericais e socialistas. Seus ataques à Igreja e ao clero eram ferozes; usavam as igrejas para estocar armas e realizar encontros, e executaram um refém, o arcebispo de Paris. Estimularam a formação de oficinas cooperativas e declararam que contas e aluguéis excessivos não deveriam ser pagos. Padeiros foram dispensados de precisar trabalhar à noite e com isso o socialismo eliminou os pãezinhos quentes no café da manhã – em Paris!

As pessoas que lideraram e apoiaram a Comuna não eram operários de fábricas (Paris não era uma cidade industrial), mas trabalhadores comuns, operários da construção civil e trabalhadores especializados de pequenas oficinas, juntamente com estudantes, jornalistas e os costumeiros revolucionários. O socialismo se tornara parte da agenda dos trabalhadores, não porque as condições de trabalho tivessem mudado, mas porque Paris, o coração da revolução, era a sede natural de novas ideias para a libertação da classe operária.

Mas a França nunca daria suporte aos objetivos dos trabalhadores parisienses. Eles faziam as revoluções, mas, quando havia eleições, os camponeses – a grande massa da população – podiam muito facilmente ser persuadidos a votar pela preservação da propriedade privada da Igreja. Em 1871 os membros da Comuna, ou *communards*, tinham reconhecido isso e declarado que cada região da França deveria se governar, assim como eles estavam governando Paris; eles não iriam se impor ao país inteiro. O novo governo republicano, instalado então em Versalhes, de maioria monarquista, nunca aceitaria isso. Enviou tropas para retomar Paris para a França. Vinte mil *communards* foram mortos nos combates de rua e nas execuções sumárias que se seguiram. Não foi uma simples operação militar; foi um ato de ódio classista e de limpeza política.

Os socialistas e comunistas ficaram bastante esperançosos com o fato de terem tido, mesmo que por pouco tempo, um governo de trabalhadores. Marx ficou satisfeito ao saber da eclosão de uma luta de classes na França, embora os motivos para ela não tivessem sido bem os que ele e Engels haviam previsto. Ele achou que os *communards* não tinham sido implacáveis o bastante. Deveriam ter marchado sobre Versalhes e derrubado o novo governo republicano antes que ele se estabelecesse e impusesse seu poder à França. A necessidade de ser implacável, de não ir em busca de apoio – e sim de tomar o poder –, foi também a lição aprendida por Lênin, que seria o líder da revolução comunista na Rússia décadas depois.

A supressão brutal da Comuna determinou o fim da ameaça que a classe trabalhadora representava para a sociedade francesa. Uma vez assegurada a república, as associações de trabalhadores em sindicatos e partidos socialistas foram permitidas. Alguns trabalhadores ainda eram a favor da revolução, porém uma república estável não ofereceria a ruptura de autoridade que tempos antes tinha dado a eles uma oportunidade. Contudo, era uma república democrática: os trabalhadores tinham e mantiveram o direito ao voto. Essa república perdurou até a derrota da França para a Alemanha na Segunda Guerra Mundial.

A ALEMANHA TEVE SUA REVOLUÇÃO INDUSTRIAL mais tarde, na segunda metade do século XIX. Foi a terceira etapa de uma revolução industrial, depois da proeminência das indústrias química e elétrica, bem como das têxteis (primeira etapa) e das de carvão e metalúrgica (segunda etapa). Os trabalhadores de indústria alemães apoiavam o partido socialista do país, o maior da Europa, que durante muito tempo se ateve aos ensinamentos de Marx. Isso fez com que se opusessem à guerra numa sociedade que possuía a mais eficiente máquina de guerra na Europa.

A Alemanha só foi unificada em 1871, exatamente quando sua revolução industrial decolava. Antes disso, os vários estados germânicos estavam conectados por uma confederação bastante vaga, estabelecida pelas nações aliadas que tinham derrotado Napoleão em 1815. Essa confederação substituíra o Sacro Império Romano-Germânico, que Napoleão havia abolido. A Alemanha forneceu os mais profundos pensadores sobre o nacionalismo, tratando das raízes e da necessidade do movimento, em parte porque quando eles escreveram sobre o tema ainda não existia uma nação alemã.

Havia muitos obstáculos no caminho para a Alemanha se tornar uma nação. Apesar de o nacionalismo se tornar cada vez mais forte, os estados prezavam a independência e contavam com a adesão do povo. Os dois maiores estados alemães, a Prússia e a Áustria, eram rivais e nenhum queria que o outro organizasse uma nação alemã e se tornasse o mais importante do território unificado. Uma Alemanha unida seria uma nova potência na Europa, o que deixou as outras potências em alerta para quaisquer movimentos que pudessem criar uma união alemã.

De repente, em 1848, abriu-se um novo caminho para a união. A revolução em Paris deslanchou revoluções por toda a Europa, inclusive na Alemanha. Mas não na Inglaterra: os cartistas tinham coletado assinaturas para uma nova petição, mas, quando a polícia disse a um grupo de manifestantes populares que não poderiam entrar à força no parlamento para apresentá-la, a multidão se dispersou. Já na Europa Continental as multidões avançavam e assustavam os governantes para forçá-los a fazer mais concessões liberais e democráticas, a maioria das quais os políticos conseguiam retirar após o momento revolucionário. Os liberais passaram a temer os democratas. Enquanto tudo isso acontecia, representantes eleitos pelos estados alemães reuniam-se em Frankfurt para fundar uma nação alemã.

Eles formavam uma assembleia sólida e talentosa: professores, juízes, administradores, especialistas em diversas áreas, alguns empresários. A maioria era adepta da política liberal, mas alguns eram democratas. Tinham que decidir primeiro onde seriam traçadas as fronteiras da nova nação – se deveriam incluir toda a Áustria, o que abrangeria muitos não alemães. Por fim, decidiram excluir a Áustria. Emitiram uma declaração de direitos básicos e formularam uma constituição que dava a todos os homens o direito de votar para a câmara. Mas e o cargo de chefe da nação? Deveria ser confiado a um presidente eleito, um monarca eleito ou um monarca existente? Decidiram oferecê-lo ao rei da Prússia, que recusou. Não queria ser um governante sob uma constituição liberal e sabia que a assembleia não teria o poder que pretendia; o que pensariam a Áustria e as outras potências se ele se apresentasse como governante da Alemanha?

A assembleia começou seus trabalhos com um vácuo no poder. Quando chegou a essa conclusão, os monarcas e príncipes já estavam novamente no controle e aptos a ignorar a assembleia. Alguns dos democratas na assembleia queriam uma revolução, removendo os antigos governantes e estabelecendo uma nova nação, mas os liberais não queriam nada disso, pois tinham medo de descobrir até onde uma revolução poderia ir. O fracasso dos liberais na assembleia de Frankfurt prejudicou seu papel como criadores da nação.

A nação não seria formada com discursos e votos da maioria, mas a ferro e sangue: esse era o sentimento de Otto von Bismarck, ministro-chefe do rei da Prússia desde 1862 e um mestre da diplomacia e da guerra. Em 1866, ele arquitetou uma guerra contra a Áustria, rapidamente vencida pela Prússia. No acordo de paz, os estados do norte da Alemanha que tinham apoiado a Prússia e os que tinham cometido o erro de apoiar a Áustria passaram a fazer parte de uma Federação da Alemanha do Norte, controlada pela Prússia.

Depois ele tramou para que a França declarasse guerra à Prússia. Foi um ponto de refe-

O chanceler de ferro: Otto von Bismarck.

rência na diplomacia europeia e na guerra: Bismarck conseguiu que a França fizesse o que ele queria. Para isso, adulterou um comunicado à imprensa, mais especificamente um telegrama de seu rei relatando que uma controvérsia com a França quanto a quem deveria assumir o trono da Espanha fora resolvida. Bismarck editou o telegrama de modo a parecer que o rei tinha repelido a posição francesa e o liberou para a imprensa. A França sentiu-se ultrajada com o insulto; a honra nacional estava em jogo. Napoleão III declarou guerra.

Bismarck queria a guerra naquele momento porque raciocinou, de forma correta, que as outras potências não interviriam e que, sob a cobertura da guerra, ele poderia fazer os estados do sul da Alemanha se juntarem à sua federação. Pelo menos nominalmente a França era a protetora da independência desses estados – fazia isso para evitar que a Alemanha ficasse grande demais. Mas agora a França era a nação agressora e em pouco tempo o exército prussiano cercou o exército francês e seu desafortunado imperador. A França estava impotente. Os estados do sul embarcaram na federação. Falando pelos governantes de todos os estados alemães, o rei da Baviera, um dos estados do sul, propôs que o rei da Prússia se tornasse imperador da Alemanha (com um texto fornecido por Bismarck!). Guilherme I foi proclamado imperador no palácio de Versalhes.

O Império Alemão era, em essência, prussiano. O rei Guilherme da Prússia e seu ministro-chefe, Bismarck, eram também o imperador e o chanceler da Alemanha. O exército alemão e o funcionalismo público eram basicamente formados por prussianos e procediam segundo métodos prussianos. A capital da Prússia, Berlim, tornou-se a capital da Alemanha. Bismarck providenciou um parlamento, o Reichstag, para a nova nação. O parlamento não controlava o chanceler e suas políticas, apenas aprovava as leis e o orçamento anual. O orçamento militar só precisava ser aprovado de sete em sete anos. Se o Reichstag questionasse os gastos militares, Bismarck fabricava uma crise nacional para pô-lo na linha.

A Prússia começara como um pequeno estado na fronteira oriental das terras alemãs, atual Polônia. Sua aristocracia de proprietários das terras, os *junkers*, imprimia seu caráter ao estado: eram decididos na proteção à ordem e opositores ferrenhos do liberalismo e da democracia; eram oficiais do exército e tinham como ideal a vida militar com sua disciplina, seu serviço e um elevado senso de honra. A eficiência do exército prussiano levou esse pequeno estado marginal à grandeza. Agora a Prússia imprimia seu caráter a todo o novo Estado alemão. A maioria dos liberais, que haviam desejado uma nação criada e controlada pelos cidadãos, aceitou a união forjada por Bismarck. O próprio Bismarck era um *junker*, embora os *junkers* não entendessem nem estimassem o fato de sua ordem estar sendo protegida por alguém tão flexível e oportunista como Bismarck.

Ele se opunha à democracia, porém providenciou para que todos os homens tivessem direito de votar para o Reichstag. O imperador ficou chocado quando Bismarck revelou pela primeira vez que apoiava o sufrágio. "Isso é revolução", disse o imperador. Bismarck respondeu: "O que pode isso importar a Vossa Majestade, já que o sufrágio o coloca numa rocha na qual as águas nunca poderão alcançá-lo?" Assim, um Reichstag democrático mantinha tranquilos os liberais e os democratas; o truque era manobrá-lo de modo que o imperador e o chanceler ainda pudessem governar como queriam.

O Reichstag não podia destituir Bismarck, mas, para aprovar medidas, ele precisaria de apoio da casa. E ele o encontrava onde pudesse: usou os liberais quando quis se livrar das restrições ao comércio dentro do império e limitar o poder da Igreja Católica (a Prússia era majoritariamente protestante; os estados do sul, recém-adquiridos, eram católicos); usou os conservadores quando decidiu que a agricultura tinha de ser protegida e o socialismo, controlado. Não aceitava ser limitado pelo Reichstag, menos ainda permitir aos poucos que a casa se tornasse, como o parlamento britânico, um corpo que controlava o governo. Em tese, os liberais no Reichstag queriam isso, mas respeitavam demais a autoridade e temiam demais a democracia para entrar em conflito buscando assumir o controle do governo.

O Partido Social-Democrata, dos socialistas, ganhou força no Reichstag. Era o único partido que jamais daria apoio a Bismarck. Ele, por sua vez, odiava os socialistas. Ficara horrorizado com a Comuna de Paris, que se tinha apoderado da cidade quando o exército prussiano estava na França, e os odiou ainda mais depois que o líder dos sociais-democratas elogiou abertamente a Comuna em pleno Reichstag. Após uma tentativa de assassinar o imperador em 1878, Bismarck fez aprovar uma lei que bania organizações e publicações socialistas. No entanto, os socialistas mantinham o direito de ser eleitos para o Reichstag. Assim, a Alemanha adotou um caminho oposto ao britânico em relação ao desafio da classe operária. A Inglaterra permitia que os cartistas se organizassem, mas não que votassem; a Alemanha permitia que os socialistas votassem, mas não que se organizassem. O efeito foi alienar da sociedade alemã as pessoas que apoiavam os socialistas. A organização socialista continuou existindo, mas passou a ser clandestina.

Bismarck tentou, então, atrair os trabalhadores e afastá-los do socialismo. Para isso, tornou-se um pioneiro do bem-estar social provido pelo Estado: introduziu a pensão para idosos, o seguro contra acidentes e o seguro-saúde. Isso também não funcionou. Os socialistas continuaram ganhando força.

Em 1888, a Alemanha ganhou um novo imperador: Guilherme II, neto de Guilherme I. Ele era inteligente, ativo e tinha ambições para o país, mas também era impulsivo, quase infantil em suas vontades e no temperamento, imprudente e descomedido, e sempre muito confiante em sua capacidade de governar sem precisar da assistência do velho Bismarck. Ele e Bismarck divergiam quanto ao socialismo. Bismarck queria tornar permanente sua legislação antissocialista; o imperador se opunha ao socialismo, claro, porém achava que poderia limitar seu apelo com métodos mais suaves. Assim, Bismarck renunciou ao cargo. As leis antissocialistas foram revogadas e outras foram aprovadas para regulamentar as horas e as condições de trabalho.

O Partido Social-Democrata floresceu, tornando-se no início do século XX o maior da Alemanha, com uma em cada três pessoas votando com ele. Politicamente, isso ainda lhe proporcionava pouca influência, já que a política era determinada pelo imperador e por seu chanceler. Os sociais-democratas não se tornavam ministros; o partido, por seu lado, não queria integrar um governo não socialista. O partido também incentivava seus apoiadores a levar uma vida isolada, frequentando associações culturais e esportivas mantidas por ele. Isso servia, em parte, para proteger os trabalhadores da corrupção da sociedade de classe média, mas a verdade é que a classe média também não estava nem um pouco disposta a se misturar com trabalhadores. Assim, essa nova grande força na vida alemã permanecia isolada e encurralada.

O partido estava dividido quanto à política. Marx tinha sido uma grande inspiração, mas agora "revisionistas" alegavam que as previsões de Marx não estavam se concretizando: trabalhadores não estavam ficando mais pobres, o padrão de vida estava se elevando; a sociedade não estava se reduzindo a apenas duas classes – trabalhadores e patrões –, pois havia um grupo crescente de trabalhadores de colarinho-branco; o Estado estava melhorando as condições dos trabalhadores. Isso significava que o partido devia trabalhar pelo socialismo utilizando os canais existentes, e não considerar crises, rupturas e revolução. A maioria dos sociais-democratas no Reichstag aceitava, na prática, essa visão, mas oficialmente o partido rejeitava o revisionismo. Para demonstrar fidelidade e satisfazer o partido, era preciso falar de revolução. Com isso, a social-democracia continuou a ser vista com temor pela sociedade alemã.

Eis um resumo de como industrialização e revolução funcionavam na Inglaterra, na França e na Alemanha no início do século XX:

INGLATERRA	FRANÇA	ALEMANHA
• *histórico de monarcas controlados por parlamento* • *revolução industrial* • *classe média emancipada* • *reivindicações democráticas dos trabalhadores rejeitadas – e depois aceitas*	• *histórico de revolução* • *industrialização limitada* • *revoluções de trabalhadores fracassadas* • *república democrática, mas não socialista*	• *histórico de governo autocrático* • *rápida industrialização* • *grande partido socialista pregando a revolução* • *autocracia encurrala os sociais-democratas*

As questões políticas na Inglaterra e na França tinham alcançado certa estabilidade. Na Alemanha, ainda não se sabia ao certo como a nova classe trabalhadora se acomodaria no Estado.

MARX TINHA CONVOCADO TODOS OS TRABALHADORES de todos os países a se unirem. Em 1864, ele mesmo ajudou na formação de uma organização internacional de trabalhadores em 1864, que ruiu nas discussões entre socialistas e anarquistas. Uma segunda Internacional foi formada em 1889. Delegados dos países da Europa e de uns poucos de fora do continente encontravam-se com regularidade em congressos. Debatiam como os socialistas deveriam reagir à guerra para que trabalhadores não fossem massacrados em benefício dos interesses dos patrões. As opções eram: socialistas no parlamento recusarem-se a aprovar orçamentos para a guerra, greve geral e sabotagem aos esforços de guerra. Lênin, o líder comunista da Rússia, tinha uma posição diferente. Em seu país, dono de uma economia ainda atrasada, a industrialização engatinhava, de modo que não seria possível contar com um apoio massivo de trabalhadores para impedir a guerra. Em vez disso, ele disse que as exigências da guerra enfraqueceriam os governos e isso daria a um determinado grupo de trabalhadores a oportunidade de executar uma revolução e destruir o capitalismo.

A Rússia era comandada por governantes autocráticos, os czares. Em 1905, o czar Nicolau II tinha sido forçado a permitir o funcionamento de uma assembleia, a Duma, que, no entanto, não controlava o governo. O czar Nicolau e seus ministros estavam desesperados para alcançar o nível da Europa Ocidental, por isso o governo incentivara a limitada industrialização da Rússia. As novas indústrias pesadas concentravam-se nas grandes cidades de São Petersburgo e Moscou. Ter uma indústria pesada e seus operários concentrados na capital não era o padrão da industrialização na Europa Ocidental. Isso tornou o czar mais vulnerável.

Quando as grandes potências entraram em guerra, em agosto de 1914, a Rússia lutou ao lado da França e da Inglaterra contra a Alemanha e a Áustria. Foi o primeiro país a entrar em colapso sob as tensões da Primeira Guerra Mundial, que exigiu grande mobilização de homens e materiais. No início de 1917, houve motins de soldados e greves nas fábricas de São Petersburgo e Moscou. Trabalhadores e soldados formaram conselhos conhecidos como soviéticos para tomar o poder. O czar abdicou e se formou um governo provisório que planejaria eleições para uma assembleia constituinte, que por sua vez criaria uma constituição. O novo governo tinha a intenção de dar continuidade à guerra, mas, com a promessa de uma reforma, os motins e as deserções cresceram rapidamente. Os camponeses depuseram suas armas e voltaram para casa.

Os comunistas viram a oportunidade. Lênin dirigia uma organização pequena e estreitamente unida que estava pronta para tomar o poder e tirar a Rússia da guerra. Sua ala no movimento comunista era chamada de bolchevique (maioria); os mencheviques (minoria) queriam colaborar com os reformistas, e não apressar a revolução. Os bolcheviques assumiram o controle dos sovietes de trabalhadores e soldados e, em novembro de 1917, Lênin organizou uma revolução que derrubou o governo provisório praticamente sem derramamento de sangue. O sangue correu mesmo depois da revolução. Os bolcheviques fecharam a

Lênin dirigindo-se a soldados e trabalhadores.

assembleia constituinte, assumiram poderes ditatoriais, apoderaram-se de empresas e propriedades sem indenizações, atacaram igrejas e mataram sacerdotes, e impuseram seu regime usando uma polícia secreta que torturava e assassinava. Mas Lênin tinha um mote popular – paz, pão e terra – que se traduzia como o fim da guerra, mais comida e a fazenda que você deseja. Por ora, os camponeses receberiam sua terra – apesar de os comunistas se oporem à propriedade individual. O comunismo seria tentado na Rússia, apesar de Marx ter pensado que a revolução aconteceria primeiro em países onde o capitalismo estava mais avançado e que os países economicamente atrasados não estavam preparados para ele. Lênin estava certo: o esforço de guerra, que não fazia parte da teoria de Marx, possibilitaria a revolução.

A Revolução Russa foi um acontecimento fundamental na história mundial, porque, a partir dela, se formou um grande Estado governado por comunistas, em nome dos trabalhadores. Marx tinha apresentado uma ideia que ele considerava a ciência segundo a qual as sociedades industriais seriam derrubadas por uma revolução dos trabalhadores. Suas previsões "científicas" estavam erradas; o que sua "ciência" fez foi encorajar os comunistas a pensar que a revolução era inevitável, que a história estava a seu lado e que eles tinham o direito de governar impiedosamente – o que os levou a alcançar o sucesso nos lugares mais improváveis segundo a teoria marxista. A Rússia foi uma surpresa em 1917; a China, em 1949, foi uma bizarrice.

Lênin sabia que o comunismo não poderia ser construído facilmente num atrasado país de camponeses. Ele esperava que a Revolução Russa fosse o estopim para revoluções em toda a Europa, que destruiriam o capitalismo e permitiriam que os trabalhadores em todos os lugares estabelecessem o comunismo. Por toda parte, os trabalhadores radicais se animaram com o estabelecimento de um Estado de trabalhadores e esperavam poder imitá-los. Na Alemanha, eles haviam tido um sucesso efêmero e parcial, consequência da Primeira Guerra Mundial, mais exatamente da derrota alemã.

No próximo capítulo, vamos examinar as origens dessa guerra, que deu aos comunistas sua oportunidade – e provocou uma terrível reação.

CAPÍTULO 10

Duas guerras mundiais

Após criar a Alemanha, o espírito aventureiro de Bismarck desapareceu e ele passou a querer preservar a paz na Europa. Havia cinco grandes potências no continente, e seu objetivo era estar sempre numa aliança de três.

O mapa da página seguinte mostra a Europa após a unificação da Alemanha.

O novo Império Alemão era muito maior do que a Alemanha atual. Após as perdas sofridas em duas guerras mundiais, as posses da Alemanha no leste foram muito reduzidas. Onde eram os territórios prussianos do leste, hoje existe a Polônia.

Assim como a Alemanha, a Itália tinha sido unificada havia pouco tempo e seus movimentos rumo a essa união seguiram o padrão dos da Alemanha. Com o colapso da autoridade nas revoluções de 1848, fora proclamada em Roma uma república democrática para toda a Itália, que depois foi abolida. Então Cavour, o ministro-chefe do estado do Piemonte, ao norte, unificou a Itália usando a força e a inteligência na diplomacia. Seu rei, Vítor Emanuel, tornou-se rei da Itália. O último estado a ser integrado à no-

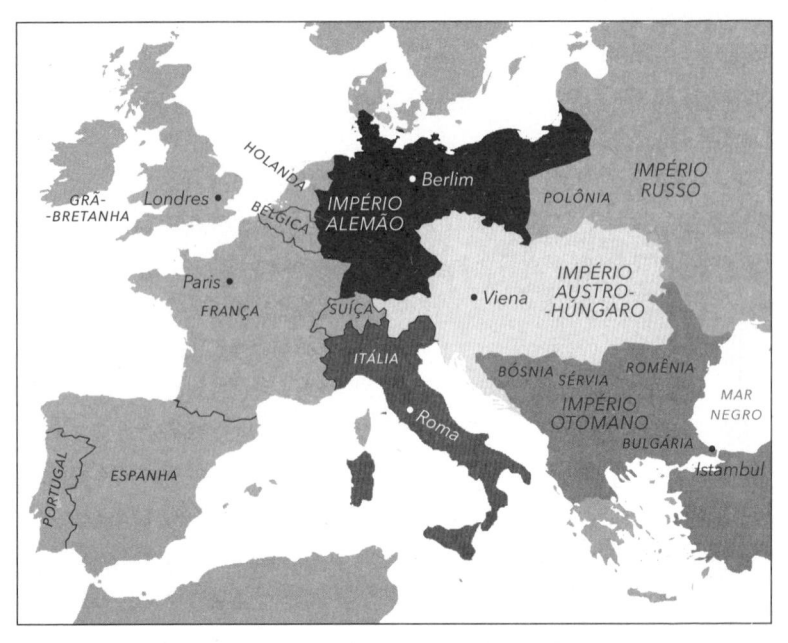

Estados da Europa após a unificação da Alemanha.

va nação foi o do papa, cujo território consistia numa substancial faixa de terra que cruzava o centro da península. Após os levantes de 1848, Napoleão III, da França, tinha enviado um exército para proteger o papa. Quando Napoleão foi derrotado pela Prússia em 1870, a Itália pôde se apoderar de Roma.

A leste das novas nações da Alemanha e da Itália ficavam os extensos impérios da Rússia e da Áustria, economicamente atrasados em comparação com a Europa Ocidental. Eram sociedades multiétnicas, abrangendo povos que agora se viam como nações subjugadas. Os magiares da Hungria tinham se tornado uma ameaça tão grande à Áustria que esta concordou, em 1867, em compartilhar o poder com eles numa monarquia conjunta, sob o nome de Império Austro-Húngaro.

Havia um terceiro império multiétnico na Europa, o Turco-Otomano, governado de Istambul (antiga Constantinopla). Era um império em declínio, o que deu aos povos dos Bálcãs a oportunidade de criar suas próprias nações. Era um caminho arriscado. Mesmo tendo concedido a eles o direito a uma existência em separado, a Turquia ainda queria manter algum controle sobre esses novos países. A Áustria e a Rússia viram com bons olhos a ruptura do Império Turco, mas não queriam que as novas nações fossem independentes demais, por terem seus próprios interesses nesse território. A Rússia queria anexar a parte europeia da Turquia para ter acesso direto ao Mediterrâneo a partir do mar Negro, através dos estreitos de Bósforo e dos Dardanelos. Tendo perdido para a Prússia no norte da Europa, a Áustria não queria perder para a Rússia no sudeste. Essa era a arena de batalha da Europa; sempre haveria conflitos. A Turquia continuou rechaçando as investidas, o que deu certa esperança aos nacionalistas do país; as novas nações que se formaram saindo do domínio da Turquia foram um incentivo às que ainda estavam sob controle austríaco ou russo; as forças de libertação nacional chocavam-se com os interesses estratégicos das grandes potências. Além de tudo, as novas nações e as nações ainda por vir tinham reivindicações recíprocas, uma vez que os povos se misturavam e os territórios tinham mais de um interessado.

As cinco grandes potências eram a Inglaterra, a França, a Alemanha, a Áustria e a Rússia. A Itália queria ser a sexta, mas não tinha muito peso no sistema de alianças. Para Bismarck, os melhores amigos da Alemanha eram a Rússia e a Áustria, que, assim como a Alemanha, eram governadas por imperadores. Após a derrota para a Prússia em 1870, a república da França nunca se aliaria à Alemanha. Na verdade, acalentava profundos sentimentos de vingança, porque depois da guerra a Alemanha se apoderou da Alsácia e da Lorena, províncias orientais francesas. A maior parte da população desses territórios falava alemão, e os generais alemães queriam usufruir da vantagem de ter um território alemão na outra margem do Reno. A Inglaterra tendia a se isolar em relação à Europa Continental; seus interesses estavam no além-mar, embora tivesse a política de impedir que uma potência dominasse o continente.

A Rússia e a Áustria davam a Bismarck seu grupo de três, mas seria muito difícil manter os dois aliados porque eles estavam às turras quanto aos Bálcãs. Querendo ou não, Bismarck teria de se envolver na questão e manter os dois impérios alinhados com ele. Se a Alemanha apoiasse demais a Áustria na questão dos Bálcãs, a Rússia poderia se voltar para a França para tê-la como aliado. Então aconteceria o pesadelo de Bismarck: se a guerra eclodisse, a Alemanha teria de combater em duas frentes. Ninguém era melhor que Bismarck nesses malabarismos e até sua partida ele manteria viva essa aliança de três – com muita dificuldade.

Guilherme II e seus chanceleres desistiram de manter a Rússia e a Áustria como aliados ao mesmo tempo. Seu compromisso sincero era com a Áustria, o que gerou uma consequência inevitável: em 1893 a Rússia formou aliança com a França. Depois, em 1904, a Inglaterra chegou a uma entente (acordo) com a França. Os detalhes desse pacto tinham a ver com uma solução para disputas de territórios que ambas reivindicavam fora da Europa. Não havia o compromisso, por parte da Inglaterra, de ajudar a França numa guerra europeia, mas, como a França era um antigo inimigo, a nova aliança foi significativa. A Alemanha e a Áustria eram agora duas num grupo de cinco. Não adiantou muito chamar a Itália (e durante a Primeira Guerra Mundial ela mudou de lado).

Confiante no poder da Alemanha, Guilherme II e seus ministros não se perturbaram com a perda da Rússia. Por falar alemão, a Áustria era mais compatível e amistosa com a Alemanha do que os atrasados e (assim considerados por eles) bárbaros eslavos do leste – fator que não seria levado em conta por Bismarck, que entrara em guerra com a Áustria para assegurar uma união alemã sob controle prussiano. Mas agora a Alemanha tinha de se preparar para uma guerra em duas frentes. O plano consistia num rápido e demolidor golpe contra a França, para depois voltar todo o poder contra a Rússia.

A Prússia, e depois a Alemanha, eram mestres na logística de mobilizar e movimentar forças rapidamente; utilizavam trens para o transporte de tropas e o telégrafo para monitorá-las e orientá-las. Em 1870 a Prússia tinha derrotado a França no curto espaço de seis meses. O plano para a guerra seguinte previa que isso acontecesse em seis semanas. As outras potências seguiram o exemplo da Alemanha e conceberam planos para uma mobilização rápida; estavam preparadas para a guerra.

Não satisfeita em ser a grande potência da Europa Continental, a Alemanha tratou de criar uma marinha considerável. Era um projeto muito estimado pelo imperador, que não suportava a proeminência inglesa nessa área. O domínio britânico dos mares era essencial para a sobrevivência de seu império e para sua própria sobrevivência, uma vez que a Grã-Bretanha não produzia alimentos suficientes para consumo próprio. A Grã-Bretanha ficou alarmada com a atividade da indústria naval alemã e tratou de demonstrar que poderia superá-la nisso.

Uma corrida bélica naval se estabeleceu, com os povos dos dois países alternando aplausos e pânico. Os jornais e os políticos batiam na tecla do sentimento nacionalista, que era um novo elemento no planejamento defensivo. Winston Churchill, ministro do governo britânico, disse a certa altura que a marinha precisava de seis novos navios de guerra. Os economistas disseram que o país só poderia se permitir ter mais quatro – "Por fim, entramos num acordo para oito".

A guerra acabou eclodindo, como amplamente previsto. Parecia ser quase bem-vinda. Novas correntes de pensamento sobre a força racial e a sobrevivência dos mais aptos fizeram parecer que ela seria um teste adequado para a noção da nacionalidade. Era impossível imaginar que a guerra não seria rápida e breve – isso era o que quase todos achavam.

A Alemanha era o elemento perturbador entre as grandes potências. Tendia a buscar cada vez mais influência conforme seu poder econômico aumentava, mas em julho de 1914 seus líderes militares arriscaram tudo apostando numa vitória em uma guerra europeia total. A oportunidade que se apresentou, e foi aproveitada, foi uma crise nos Bálcãs. Quando o arquiduque Francisco Ferdinando, o herdeiro do trono do Império Austro-Húngaro, visitava a Bósnia, no extremo sul do império, foi assassinado por um nacionalista sérvio. Na Bósnia viviam muitos sérvios, que foram incentivados por elementos da Sérvia a se rebelar contra a Áustria. A própria Sérvia tinha contado com a ajuda da Áustria para se tornar independente da Turquia; agora a Áustria considerava a Sérvia uma força subversiva. Ao ser ameaçada pela Áustria, a Sérvia buscou a proteção da Rússia.

O governo austríaco sabia que, se fosse duro demais com a Sérvia – que ele considerava a responsável pelo assassinato –, poderia provocar uma guerra com a Rússia. A Alemanha o instigou a ser rigoroso e o próprio imperador alemão prometeu apoio incondicional à Áustria. Com isso, a Áustria fez exigências tão duras à Sérvia que esta se viu obrigada a resistir a elas e, assim, dar à Áustria as razões para a guerra. Foi quando as outras potências perceberam o perigo caso a Sérvia resistisse e fosse apoiada pela Rússia e buscaram caminhos para evitar a guerra (inclusive a própria Rússia). A Alemanha fingiu para as outras potências que nada tinha a ver com as duras exigências que a Áustria fizera à Sérvia, frustrando assim todas as tentativas de um acordo pacífico. Os líderes militares alemães queriam que a Áustria provocasse a entrada da Rússia na guerra. Queriam combater a Rússia antes que ela completasse o programa de incremento da capacidade bélica.

Se a Rússia se fortalecesse demais, seria impossível vencer a guerra em duas frentes. O imperador alemão não queria uma guerra tão ampla, mas foi vencido por seu chanceler e pelos militares.

Moltke, o comandante do exército alemão, tinha pressa para dar início à guerra; ele teria que derrotar a França rapidamente, antes que a Rússia conseguisse se organizar. Mas era importante que a Rússia se mobilizasse primeiro, para parecer que ela, e não a Alemanha, era o país agressor. O Partido Social-Democrata era contra a guerra; havia condenado a agressiva abordagem alemã em relação à Sérvia, porém apoiaria uma guerra defensiva, se a Rússia fosse o agressor. A Rússia mobilizou-se para dissuadir a Áustria, o que deixou os militares alemães satisfeitos, pois a Alemanha poderia declarar guerra à Rússia. A Alemanha acusou a Rússia de ser o agressor numa guerra engendrada em Berlim. A França, por fim, se mobilizou para se defender da Alemanha.

O plano de conquistar a França em seis semanas foi posto em ação. Para isso seria preciso que exércitos alemães atravessassem a Bélgica e entrassem na França pelo norte. Em seguida, fariam um enorme arco na direção sul, envolvendo Paris, e depois seguiriam para leste e surpreenderiam os exércitos franceses pela retaguarda enquanto estes atacavam ao longo da fronteira franco-alemã. Os alemães pediram à Bélgica permissão para passar com seus exércitos, o que foi recusado. Mesmo assim, os exércitos alemães se puseram em marcha, violando a neutralidade da Bélgica, da qual eram um dos guardiões. A Inglaterra ficou ultrajada com a brutalidade alemã. Antes não havia certeza quanto à participação inglesa na guerra; a violação da neutralidade belga determinou que o país entraria na batalha.

Num discurso no Reichstag, Guilherme II contou uma grande mentira ao declarar que a Alemanha tinha feito todo o possível para evitar a guerra. Os membros do Partido Social-Democrata podem não ter acreditado nele, mas votaram com todos os outros para aprovar unanimemente a primeira parcela do orçamento de guerra. Achavam que seria pior se a Rússia saísse vencedora. Em todos os países onde havia socialistas no parlamento, eles votaram apoiando a guerra. O nacionalismo tinha triunfado. Os trabalhadores, afinal, iriam combater uns aos outros.

O PLANO ALEMÃO PARA A INVASÃO da França fracassou. O grande movimento de varredura das forças armadas não foi poderoso o suficiente. Os exércitos passaram pelo norte de Paris, em vez de fazer a volta pelo sul da cidade, circundando-a, e as forças francesas e britânicas conseguiram atacar seu flanco. Logo surgiu um impasse: as forças em confronto ficaram frente a frente numa linha de trincheiras que se estendia através da Bélgica e do norte da França até a neutra Suíça. Durante três anos essas linhas quase não saíram do lugar, embora milhões tenham morrido tentando fazer sua linha empurrar a outra para trás. A vantagem era sempre de quem estava se defendendo. Os que escalavam as trincheiras e saíam para atacar eram dizimados pelo fogo de metralhadoras das outras trincheiras e por obuses de artilharia. No caminho de quem quisesse atacar havia espirais de arame farpado. Eram missões suicidas. Foi só no último ano da guerra que uma invenção britânica – o tanque de guerra – deu aos atacantes alguma proteção.

A guerra seria vencida pelo lado que mantivesse por mais

Guerra total: mulheres trabalham em fábrica de munições na Inglaterra durante a Primeira Guerra Mundial.

tempo o suprimento de homens e armas para sua máquina de matar. Economias inteiras foram reorganizadas para suprir a guerra; povos inteiros tiveram de ser mobilizados para combater, trabalhar e acreditar na causa. Era a guerra total.

A marinha britânica criou um bloqueio para impedir que mercadorias de além-mar chegassem à Alemanha. A Alemanha pôs em ação seus submarinos – os *U-boats* – para afundar navios que supriam a Inglaterra de mercadorias e, o mais importante, alimentos. Precisou tomar certos cuidados. Os Estados Unidos se mantinham neutros, mas, caso a Alemanha afundasse seus navios, correria o risco de fazê-los entrar na guerra.

Em fevereiro de 1917, a Alemanha, desesperada por romper o impasse na luta, ordenou uma guerra submarina sem restrições. Sabia que isso traria os Estados Unidos para a guerra – o que aconteceu em abril de 1917 –, mas o plano era que, antes que as tropas americanas chegassem à Europa, os britânicos estariam morrendo de fome e a guerra, ganha. O imperador e seu chanceler tinham dúvidas quanto a essa decisão, mas agora eram os militares que estavam no comando. Os generais Hindenburg e

A Alemanha enfureceu os Estados Unidos ao afundar o Lusitânia, *que transportava cidadãos americanos e munição de Nova York para Liverpool.*

Ludendorff constituíam de fato o governo da Alemanha. Tempos depois, tiveram estreitas tratativas com Hitler. Ludendorff o apoiou em seu fracassado golpe de 1923. Hindenburg, então presidente da Alemanha, nomeou-o chanceler em 1933.

Foi então que um golpe de sorte beneficiou os alemães. Eclodiu uma revolução na Rússia. O czar Nicolau II abdicou. O novo governo planejou continuar com a guerra, mas os alemães sabiam que Lênin, o líder comunista russo, se opunha à guerra. Ele estava vivendo no exílio, na Suíça. O governo alemão organizou seu transporte através da Alemanha num trem blindado, para que ele retornasse à Rússia. Lá, Lênin fez o que eles esperavam – tirou a Rússia do conflito. São as medidas desesperadas que uma guerra impõe. O governo de generais alemães foi responsável pelo primeiro sucesso do comunismo, supondo que sem Lênin os bolcheviques não teriam assumido o poder, o que é bem razoável.

Para tirar a Rússia da guerra, Lênin teve de concordar com termos muito duros apresentados pela Alemanha, que reivindicava enormes faixas do território oeste da Rússia. Agora a Alemanha estava livre para concentrar toda a sua força na frente ocidental da batalha. No início de 1918, realizou um último ataque, que empurrou franceses e britânicos para trás, mas não rompeu suas linhas. Estes, então, contra-atacaram com a ajuda de soldados americanos, que tinham chegado em grande número mais cedo do que os alemães esperavam. Foi quando os alemães bateram em retirada em escala total. Em agosto seus generais sabiam que a guerra estava perdida.

O presidente Woodrow Wilson, dos Estados Unidos, assumiu uma difícil missão ao levar seu país à guerra. Havia no país uma forte tradição de ficar fora de entreveros e guerras na Europa, mas o presidente tornou esse conflito mais palatável aos americanos declarando que não seria uma guerra de conquista e vingança, mas para tornar o mundo um lugar "seguro para a democracia". A paz seria assegurada no futuro quando grupos étnicos subjugados se tornassem nações separadas; acabariam os tratados secretos entre nações e haveria um novo corpo mundial para resolver os conflitos. Os princípios de Wilson para a paz foram listados em seus famosos 14 pontos.

Diante da derrota, os generais alemães pensaram que seria melhor negociar a paz com Wilson do que com a Inglaterra e a França, que estavam propensas a uma vingança. Percebendo que Wilson não ia querer negociar com uma Alemanha governada por generais, eles disseram a Guilherme II que ele deveria criar um governo parlamentar adequado, com chanceler e ministros responsáveis pelo Reichstag. Assim, o que os liberais não tinham conseguido obter desde 1848 foi feito pelo alto-comando militar. Wilson não ficou totalmente convencido dessa súbita mudança; achou que os "senhores militares e autocratas monárquicos" continuavam no poder. Queria que o imperador fosse embora, mas por enquanto ele se recusava.

Após a revolução vinda de cima, uma ameaça revolucionária veio de baixo. Com a guerra claramente perdida, marinheiros e soldados alemães se amotinaram e trabalhadores entraram em greve. Formaram conselhos que apresentaram diversas reivindicações, mas todos queriam que a guerra parasse e que o imperador deixasse o poder. Esses conselhos eram inspirados nos sovietes russos e a Rússia era o modelo para os socialistas, que queriam usar os conselhos para fazer uma revolução proletária.

Para todos os outros grupos, o bolchevismo era aterrorizante. A brutalidade do governo comunista na Rússia era bem conhecida. Ele estava atacando não apenas os donos de propriedades, mas também outros partidos reformistas e socialistas – partidos semelhantes ao Partido Social-Democrata alemão. Parar o avanço do comunismo russo seria uma das grandes cartadas de Hitler. Mas foi com o regime bolchevique na Rússia que ele aprendeu o que movimentos revolucionários eram capazes de alcançar quando se livravam de todas as restrições ao exercício do poder.

O último chanceler de Guilherme II estava convencido de que eram necessárias duas coisas para impedir a revolução: o imperador tinha de abdicar e os sociais-democratas deviam se instalar no poder. Assim, o imperador foi para o exílio e Friedrich Ebert, líder dos sociais-democratas, tornou-se chanceler. Ebert ainda estava comprometido com o socialismo, mas queria obtê-lo pelos meios parlamentares normais, não por uma revolução que poderia redundar em terror e guerra civil, dos quais ele e seus colegas provavelmente seriam vítimas. Os socialistas revolucionários disseram a ele que uma nova Alemanha democrática significaria muito pouco se os grandes complexos industriais, o exército, o funcionalismo público e os juízes continuassem sendo como antes. Mas Ebert nunca usaria a força contra esses grupos.

Por um tempo Ebert teve de agradar aos conselhos de trabalhadores e governar com eles, mas quando os socialistas revolucionários proclamaram repúblicas socialistas, o que aconteceu em vários lugares em meio ao caos dos anos que se seguiram à guerra, Ebert agiu firmemente para suprimi-los. O exército lhe ofereceu cooperação total e matou muitos trabalhadores. Como muitos soldados se recusavam a atirar contra os trabalhadores, o exército e o ministro da Defesa social-democrata organizaram forças informais chamadas *Freikorps* — Corpos Livres —, grupos paramilitares constituídos por oficiais e ex-soldados ansiosos por derrubar a revolução. Eles viam nessa missão uma forma de vingança.

Os socialistas revolucionários e seus seguidores nunca perdoaram Ebert e os sociais-democratas por essa traição à causa do socialismo. Eles se organizaram num Partido Comunista, o maior fora da Rússia, que, como outros partidos comunistas no mundo inteiro, recebia instruções diretamente de Moscou. Os comunistas conseguiram uma grande representação no Reichstag e sua

Tropas dos Freikorps prestes a executar um socialista revolucionário.

principal conquista foi fazer com que a ameaça do comunismo russo se tornasse real e a seu alcance.

Enquanto isso, as potências vitoriosas se reuniam em Paris para elaborar um tratado de paz. Desenharam, da melhor maneira possível, as fronteiras das novas nações do Leste Europeu, mas isso não garantiria a paz, pois elas criaram países com grande mistura de etnias e isso ia de encontro ao processo de fazer com que o povo de um país tivesse uma só identidade. Foi estabelecida uma Liga das Nações, que já nasceu comprometida porque o senado dos Estados Unidos recusou-se a aprovar que o país participasse dela. Na questão da Alemanha, o presidente Wilson fez exigências: seria uma paz em termos muito duros. A Alemanha perdeu territórios no leste, para a criação da Polônia, e, no oeste, perdeu a Alsácia e a Lorena. Suas forças ou equipamentos militares não poderiam chegar a menos de 50 quilômetros da margem alemã do rio Reno. Suas forças defensivas seriam rigorosamente limitadas em homens e equipamentos. Ela estava proibida de ter uma força aérea. Teria de pagar grandes quantias como reparação pelos danos que a guerra tinha causado. O tratado de paz declarava com todas as letras que a Alemanha era culpada por ter iniciado a guerra.

A Alemanha não esteve presente na conferência de paz; esses termos foram apresentados a seu governo, que foi informado de que precisava assiná-los. Os termos causaram a ira nacional. Ao desânimo, à desorientação e à raiva pela derrota, acrescentava-se o estigma perpétuo da culpa. Verdade que a Alemanha teria sido tão dura, ou até mais, se tivesse vencido e que era amplamente responsável pela eclosão da guerra, mas, ao tratar assim a Alemanha, a conferência de paz lançou as sementes para a guerra seguinte. A Alemanha não conseguiria viver com essas restrições e essa humilhação; de um modo ou de outro, buscaria eliminá-las.

Antes da guerra, o movimento operário alemão era grande em quantidade mas pouco influente. Não estava claro como ele se acomodaria nesse novo estado de coisas. Os primeiros 12 meses após a derrota trouxeram a resposta. Os sociais-democratas foram instalados no poder para matar os socialistas que tinham optado pela revolução e para assumir a responsabilidade pela humilhação nacional. Por esse trabalho sujo, não receberam a gratidão da classe média, das classes mais altas ou do exército. Na verdade, os sociais-democratas foram acusados de serem os culpados pela derrota alemã. Hindenburg começou a divulgar a versão de que os políticos tinham apunhalado o exército pelas costas. Até certo ponto essa versão dos fatos era plausível, pois quando a luta terminou o exército estava bem posicionado nos solos francês e belga. Hindenburg e Ludendorff tinham certeza de que ele estava batido; foram eles que quiseram a interrupção da guerra naquele ponto, pois temiam que, se os franceses e britânicos entrassem na

Alemanha, haveria revolução. Mas a história da "punhalada nas costas" pegou e foi uma das grandes armas de Hitler. Ele chamou os sociais-democratas de "criminosos de novembro".

A CONSTITUIÇÃO ALEMÃ TINHA SIDO ALTERADA às pressas em outubro de 1918 para agradar ao presidente Wilson. Em janeiro de 1919 foi eleita uma assembleia constituinte para aprovar uma constituição inteira para a nova república. A assembleia não poderia se reunir em Berlim porque lá provavelmente seria assediada por greves e tentativas de uma revolução socialista. Reuniu-se, então, na pequena cidade de Weimar, que deu seu nome à nova constituição e à república que instaurou. Ameaçada com uma revolução ainda antes de existir, essa nova república democrática tinha uma característica incomum: o presidente, a ser eleito pelos cidadãos (homens e mulheres) a cada sete anos, poderia, caso houvesse desordem, suspender direitos humanos básicos e usar a força para preservar a república. A assembleia constituinte empossou Friedrich Ebert, o líder social-democrata, como o primeiro presidente. Ele se valeu do poder emergencial por diversas ocasiões. Em geral, o governo ficava nas mãos do chanceler, escolhido pelo presidente, que precisaria ter o apoio da maioria no Reichstag.

Todo regime novo precisa lutar para ganhar legitimidade. A república de Weimar tinha a grande desvantagem de estar associada à derrota e à humilhação nacionais. Além disso, os inimigos da república estavam, desde o início, instalados no próprio Reichstag. Entre os partidos, não havia consenso de que essa era a constituição que deveria fazer tudo funcionar e uniria a todos. Na esquerda havia o Partido Comunista, defendendo abertamente uma revolução para o estabelecimento de uma Alemanha Soviética que receberia ordens da União Soviética, como a Rússia passara a se chamar. Na direita havia os partidos conservadores e nacionalistas que queriam trazer o imperador de volta, sobrepor-se à democracia e derrubar as restrições impostas pelo Tratado de Versalhes. No meio, estavam os sociais-democratas, o Partido do Centro (apoiado pelos católicos) e os democratas, um partido da classe média liberal.

Dois anos após o início da república de Weimar, a sociedade alemã foi lançada num verdadeiro caos por uma hiperinflação, rápida elevação nos preços que fez sua moeda não valer quase nada. Se você tivesse dinheiro, seria melhor pagar imediatamente o que estivesse devendo. Se tivesse economias ou poupança, como a classe média, elas eram destruídas pela hiperinflação. O governo tinha de imprimir cada vez mais dinheiro e, para fazer compras, era preciso carregar o dinheiro numa mala ou num carrinho de mão. Depois de 12 meses o governo estabilizou a situação criando uma nova moeda, mas persistiu a memória de um mundo fora de controle e de pessoas respeitáveis sendo arruinadas. Na crise seguinte, a classe média se mostraria mais disposta a suportar medidas desesperadas.

A inflacionada moeda alemã valia mais como combustível do que como dinheiro.

Nenhum partido jamais obteve a maioria no Reichstag. Todos os governos precisaram ser de coalizão. Os chanceleres manobravam a fim de obter a maioria e geralmente ficavam sem ação quando as frágeis coalizões se desfaziam. A rivalidade entre partidos não resulta em coisas bonitas, mas um governo forte com um partido que conta com maioria tem seus atrativos. Os alemães nunca vivenciaram isso na república de Weimar. Com tantas divisões e conflitos permanentes, para Hitler foi fácil denunciar a república.

O Partido Social-Democrata, antes da guerra o maior da Alemanha, era visto como favorito para se tornar majoritário, porém sofreu um revés com a volta do temor despertado pelo regime comunista na Rússia e pelas ameaças comunistas na Alemanha. Apesar de todo o seu comprometimento com a república, os sociais-democratas não tinham renunciado ao marxismo, o que significava que não ganhariam força fora da classe operária. Uma grande fatia do apoio dessa classe tinha passado para o Partido Comunista, que acusou os sociais-democratas de serem lacaios do capitalismo e se recusarem a colaborar com ele. Tanto os sociais-democratas quanto os comunistas se opunham ao nazismo, porém, divididos, tiveram menos chance de deter Hitler.

Os comunistas estavam tão ofuscados que, nas eleições para presidente após a morte de Ebert em 1925, apresentaram um candidato próprio – que, é claro, não tinha qualquer chance de vencer – em vez de se unirem ao candidato da coalizão entre o centro e os sociais-democratas. Isso deu a vitória ao candidato da direita: Hindenburg, o general autoritário e conservador que culpara os políticos pela derrota da Alemanha na guerra e que, em 1933, faria de Hitler o chanceler.

Durante a maior parte da década de 1920, o partido de Hitler foi marginal. Chamava-se Partido Nacional Socialista – Nationalsozialistische, de onde vem "názi", que deu origem ao termo "nazista". Socialista porque queriam atrair os trabalhadores, mas Nacional para distingui-lo do internacionalismo do socialismo marxista. Hitler ficara furioso com as alegações de Marx de que os trabalhadores não tinham pátria, que a maior lealdade do grupo seria com a luta de sua classe. O conteúdo socialista do programa do partido era cada vez mais diluído e os que queriam levá-lo a sério eram afastados ou, após Hitler se tornar chanceler, mortos. Hitler não queria atacar os grandes empresários, que realizariam a tarefa de rearmar a Alemanha, mas queria que os trabalhadores tivessem emprego, vivessem com conforto em moradias melhores e tivessem mais férias, embora fossem proibidos de criar sindicatos. Ele planejou a produção dos *Volkswagen*, os carros do povo, que na época de Hitler nunca chegaram ao povo; os que eram produzidos iam para o exército.

O programa era muito mais nacional do que socialista. Hitler queria pôr fim à divisão partidária, criar uma Alemanha unida sob sua liderança, forte o bastante para derrubar as restrições do Tratado de Versalhes, com o qual os políticos, covardemente, tinham concordado, e reivindicar um "espaço vital" para a nação alemã no leste, naquele momento ocupado pelos "inferiores" eslavos: poloneses, ucranianos e russos. Os inimigos internos do *Reich* (literalmente, "reino" ou "reinado" – para os nazistas, seu regime era o terceiro "reinado" na Alemanha, o Terceiro Reich) deveriam ser eliminados: havia os marxistas (tanto os socialistas quanto os comunistas) e, mais importante, os judeus. Hitler acreditava que havia uma conspiração mundial judaica para derrubar as classes "superiores" que conduziam a civilização. Marx era judeu e alguns dos principais bolcheviques na Rússia também eram. Assim, o bolchevismo tornou-se o "bolchevismo judaico". Hitler considerava os judeus os responsáveis pela Primeira Guerra Mundial e imaginava quanto sofrimento teria sido evitado se antes de tudo eles tivessem ido para a câmara de gás.

O preconceito contra os judeus era muito antigo na Europa, com base na versão religiosa de terem sido eles que mataram Cristo. Mas, quando os conceitos de raça se fortaleceram no século XIX, os antissemitas começaram a ver nos judeus uma ameaça imediata e traiçoeira à pureza racial. A miscigenação dos judeus com as raças "superiores" prejudicaria suas perspectivas de terem sucesso na luta pela existência. Essas ideias eram amplamente compartilhadas não só na Alemanha; eram consideradas "científicas". Hitler foi um ponto fora da curva na paranoia em relação a esse suposto perigo e, com isso, desumano na busca de uma solução para ele.

Hitler não fundou o Partido Nazista. Com o nome de Partido dos Trabalhadores Alemães, ele nasceu em Munique, sul da Alemanha, em 1919. Hitler estava presente em seu primeiro encontro e, meses mais tarde, ficou surpreso ao descobrir que, embora o partido fosse contra a democracia parlamentar, suas decisões eram tomadas por meio de voto. Ele logo mostrou que poderia ser diferente. Tornou-se seu líder inquestionável, baniu os comitês e determinou que a plataforma do partido jamais fosse discutida novamente. Adquiriu esse poder devido a sua extraordinária capacidade oratória. Ele conseguia fascinar, persuadir, empolgar e energizar suas plateias. Esse soldado desmobilizado, que fora um enjeitado e um vagabundo antes da Primeira Guerra Mundial, tinha encontrado seu métier. Sua habilidade fez de seu minúsculo partido um fator significativo na vida política de Munique e arrebanhou para ele o apoio de algumas pessoas influentes.

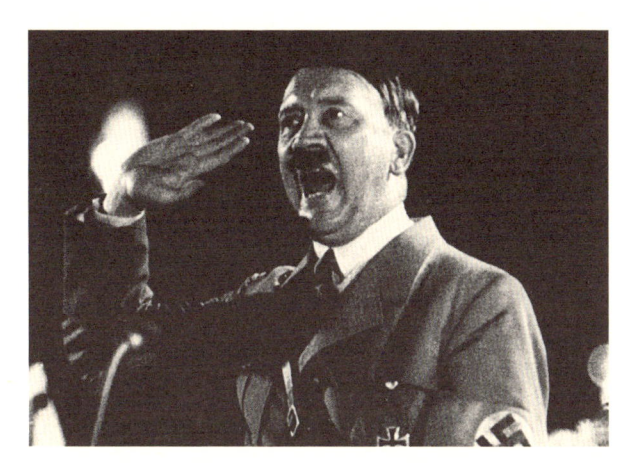

Adolf Hitler: um mestre da oratória.

Em 1923, Hitler planejou, com o apoio de unidades locais do exército e do general Ludendorff, marchar com seus seguidores sobre Berlim e depor o governo. Foi uma imitação da marcha de Mussolini sobre Roma que o levou a se tornar o ditador da Itália em 1922. O movimento de Mussolini chamava-se fascismo, nome inspirado no feixe de varas ("fasces") que era o símbolo da autoridade na Roma antiga. Os fascistas tinham como objetivo acabar com as divisões, especialmente a divisão de classes promovida pelos trabalhadores, e construir uma força nacional sob o controle de um homem forte ou ditador.

Hitler admirava o fascismo de Mussolini, mas sua tentativa de imitar a tomada de poder do italiano foi um fracasso total – bastou a polícia para detê-la. Houve uma breve troca de tiros. Quatro policiais e 14 homens de Hitler foram mortos. Ele foi levado a julgamento por traição e, como no caso de outros nacionalistas de direita rebelados nos tumultos de Weimar, teve uma pena leve – cinco anos de prisão –, pois julgou-se que sua ação teve motivação patriótica. Em geral, os rebeldes socialistas e comunistas não eram levados a julgamento, mas simplesmente executados. Ludendorff foi declarado inocente, para seu próprio desgosto.

Hitler foi confinado não num presídio, mas, com todo o conforto, num antigo castelo usado para prisioneiros políticos. Teve tempo para ler, pensar e escrever. Produziu um longo e desconexo livro intitulado *Mein Kampf* (Minha luta), que se tornou a bíblia de seu movimento. Era uma miscelânea de sua história de vida, suas ideias políticas e a história das futuras lutas raciais. Nenhuma dessas ideias era original; as passagens originais registravam suas descobertas sobre como fazer uma multidão mudar de ideia, o que ele chamou de "sugestão das massas". O discurso falado era essencial; o impresso era um meio de comunicação frio demais. A argumentação racional não funcionaria: você precisa suplantar opiniões e hábitos formados; sua vontade tem de prevalecer sobre uma multidão de vontades individuais. O momento e a encenação das demonstrações eram importantes: a noite era preferível ao dia; alguns salões funcionavam, outros não. Com o tempo, Hitler deixou de usar as cervejarias de Munique e passou a presidir enormes manifestações ao ar livre, encenadas e coreografadas com todo o cuidado. Ele sabia por que elas funcionavam: o indivíduo solitário e cheio de incertezas torna-se parte de uma comunidade maior e o moral dessa comunidade vai às alturas.

Em seu livro, Hitler se gabou de seu êxito em derrotar os comunistas que apareciam para perturbar seus comícios. Pedir a proteção da polícia seria um erro. Era importante mostrar que o movimento podia cuidar de si. Essa foi a origem das tropas de choque de Hitler, com suas camisas marrons, sua força nas demonstrações e nas ruas, que cresceu para se tornar um enorme exército particular. Ele desdenhava da classe média, que odiava os comunistas mas não sabia lidar com eles: "O terror só pode ser vencido pelo terror."

Hitler foi solto em menos de um ano. Anunciou que estava abdicando de métodos ilegais – seu movimento, disse, chegaria ao poder por meios constitucionais –, mas não fez segredo de que, uma vez no poder, a constituição seria muito diferente – não haveria partidos disputando o poder, apenas um com ele mesmo, o Führer ("condutor", "líder") no comando. E em seu caminho rumo ao poder ele ameaçou usar a força: suas tropas de choque, sempre prontas para a ação. Como sinal de que se valeria da força, Hitler sempre empunhava um rebenque.

O Partido Nazista atraiu pessoas de todas as classes: trabalhadores, oficiais de justiça, lojistas, estudantes, gente da classe média e das classes superiores. Os demais partidos representavam uma classe, crença ou região; só o Partido Nazista era realmente nacional e ganhou força porque nenhum dos outros jamais poderia ser. Hitler não o dirigia como se fosse um partido político;

era um movimento nacional dinâmico que apostava em sua reivindicação para assumir o controle da nação. Dentro do partido, seus membros eram dos mais diversos setores e não se distinguiam por nível, prática inovadora numa sociedade ainda muito moldada pelo status. Todos tinham amor à pátria, faziam parte da dita "raça ariana superior" e obedeciam ao Führer, que, como anunciava a propaganda do partido, era um homem comum.

SE NÃO TIVESSE HAVIDO A GRANDE DEPRESSÃO, ou se ela não tivesse afetado tão gravemente a Alemanha, os nazistas com certeza teriam continuado sendo um grupo sem grande importância. Em 1930, o segundo ano da Depressão, o governo (como sempre, uma coalizão) se desfez. Seus membros social-democratas se recusaram a aceitar uma redução nos benefícios dos desempregados, dos quais milhões dependiam. Em princípio, foi uma posição desastrosa. Seguiram-se eleições nas quais os nazistas tiveram um crescimento espetacular, passando de 2,6% dos votos nas eleições anteriores para 18,3%.

Nas eleições seguintes, em 1932, já em plena e profunda Depressão, eles tiveram 37,3% dos votos e se tornaram o maior partido no Reichstag. A votação cresceu primeiro à custa dos nacionalistas de direita, depois dos partidos de classe média no centro. Os votos combinados dos partidos das classes trabalhadoras, dos sociais-democratas e dos comunistas se mantiveram; seus seguidores não se deixaram seduzir por Hitler. Mas um em cada quatro trabalhadores votou nele em 1932, a maior parte de cidades pequenas e do campo. Hitler tinha um apoio que abrangia todas as classes.

A partir de 1930 o presidente Hindenburg usou seus poderes de emergência para sustentar governos, pois nenhum governo obteria maioria no Reichstag. Os sociais-democratas não apoiariam cortes em orçamentos da previdência social. Os comunistas e os nazistas só apoiariam a si mesmos. O presidente e aqueles que o cercavam começaram a pensar nos caminhos possíveis para estabelecer um governo autoritário que não dependesse do Reichstag e adotasse as duras medidas necessárias para lidar com a crise econômica e impedir uma revolta dos desempregados, que os comunistas estavam recrutando. Grandes proprietários de terras, o exército e parte dos grandes empresários instavam o presidente a impor limites à democracia – ou acabar com ela.

Seria possível surgir uma maioria no Reichstag caso os nazistas governassem em coalizão com outros partidos nacionalistas de direita, mas Hitler insistia em não aderir a qualquer governo no qual não fosse ele próprio o chanceler. Tinha se promovido a líder da nação; não seria – não poderia ser – um mero ministro ou vice. Hindenburg tinha jurado que nunca nomearia um homem tão intolerante como chanceler. Porém não dava mais para ignorar o apoio popular que Hitler seria capaz de angariar num governo autoritário. O perigo que ele poderia representar como chanceler seria neutralizado se, no máximo, três nazistas fossem ministros e os representantes de outros partidos nacionalistas, que manteriam Hitler sob controle. Que grande erro de cálculo! Os nazistas foram implacáveis em usar o poder que tinham adquirido e Hitler se tornou tão popular que os antigos políticos foram marginalizados. O presidente Hindenburg era uma força moderadora, mas, quando morreu, em 1934, Hitler se nomeou presidente, além de continuar chanceler.

A ditadura nazista estabeleceu-se sob uma aparência de legalidade. O plano era conseguir que o Reichstag aprovasse uma lei permitindo que o próprio governo criasse leis – com isso tornando o Reichstag irrelevante. Eram necessários dois terços dos votos para essa emenda constitucional. Ao assumir o cargo de chanceler, Hitler tinha pedido e obtido do presidente uma eleição antecipada, de modo que os nazistas pudessem ocupar mais cadeiras no Reichstag. Pouco antes do dia da votação, um comunista holandês ateou fogo no prédio do Reichstag. Hitler declarou que esse era o início de uma tentativa comunista de tomar o poder e convenceu o presidente a usar seus poderes emergenciais para suspender as liberdades civis e políticas.

O Partido Comunista foi banido e os comunistas foram levados para campos de concentração. Mesmo assim, os nazistas não conseguiram obter maioria absoluta – tiveram 43,9% dos votos. Precisavam do apoio dos partidos nacionalistas e do partido católico do centro para aprovar sua Lei Habilitante. O partido do centro, cujo suporte eleitoral tinha resistido ao avanço nazista, concordou, relutante, após receber garantias verbais, logo descumpridas, quanto à independência das igrejas. Apenas os sociais--democratas, corajosamente, votaram contra a lei. Os deputados comunistas já estavam presos ou tinham fugido. Tropas de choque se postaram em torno da sala para intimidar os membros do Reichstag na hora da votação. O governo usou seus novos poderes para banir primeiro o Partido Social-Democrata, depois todos os outros. A partir de então, só o Partido Nazista era legal.

A eliminação dos partidos marxistas foi feita imediatamente. Isso, acima de tudo, era o que queriam aqueles que haviam arquitetado um governo autoritário.

Com os judeus, que eram uma fixação de Hitler, o governo nazista procedeu com mais cautela. As tropas de choque tinham começado a agir por conta própria e precisaram ser controladas. Boicotes a empresas e negócios de judeus amedrontaram muita gente e causaram uma ruptura econômica, por isso foram suspensos. Depois, por uma lei de 1935, os judeus foram destituídos de sua cidadania e proibidos de se casar ou ter relações sexuais com alemães não judeus. Em 1938, os nazistas deram sinal verde a seus seguidores para que atacassem sinagogas e lojas e negócios judaicos. Foi a *Kristallnacht*, ou Noite dos Cristais, a noite dos vidros quebrados. Pela primeira vez judeus foram enviados a campos de concentração apenas por serem judeus, e não por serem membros de organizações políticas. Em seguida, houve uma volta à "legalidade": foram aprovadas leis que determinavam a tomada das propriedades de judeus, a proibição de sua presença em lugares públicos e a expulsão de suas crianças das escolas. A emigração dos judeus foi encorajada. A forma pela qual seriam completamente eliminados ainda não tinha sido decidida.

Poucos anos após ter assumido o cargo, Hitler cumpriu a promessa de reverter as restrições do Tratado de Versalhes. Reintroduziu o alistamento para as forças armadas e planejou montar um exército cinco vezes maior que o que fora estipulado em Versalhes. Começou a criar uma força aérea. Fez tropas alemãs marcharem sobre a região desmilitarizada da Renânia, próxima da fronteira com a França, território até então proibido para militares alemães por imposição do Tratado de Versalhes.

A Grã-Bretanha e a França não quiseram se arriscar a começar uma guerra para detê-lo. Não desejavam reviver os horrores da Primeira Guerra Mundial. Na Inglaterra, especialmente, havia um sentimento de que o tratado de paz tinha sido muito duro e que a Alemanha deveria ter direito a uma recuperação. Era uma política de apaziguamento: conceda-se à Alemanha algo que seja razoável e a agressão de Hitler cessará. Ou, como disse Winston Churchill, o mais ferrenho opositor britânico do apaziguamento: "O apaziguador é aquele que alimenta um crocodilo na esperança de que ele o devore por último."

Na Áustria, país de língua alemã, havia forte apoio ao Partido Nazista, que desejava que ela se unisse à Alemanha. O Tratado de Versalhes tinha criado novas nações em terras que eram do antigo Império Austro-Húngaro, deixando para os falantes do alemão uma Áustria muito reduzida. Pelo tratado, a Áustria estava impedida de se unir à Alemanha, mas Hitler estava determinado a anexá-la. Sob pressão dos nazistas locais, o chanceler da Áustria decidiu realizar um referendo sobre a questão. Antes de ele acontecer, Hitler fez seus soldados marcharem sobre a Áustria e foi recebido em êxtase em Viena – e na Alemanha, quando retornou.

A popularidade que Hitler conquistou por ter revertido as restrições de Versalhes demonstrou quão profunda era a humilhação que o tratado tinha causado. Algumas pessoas estavam preparadas para suportar essas restrições até a chegada de tempos melhores, outras queriam desafiá-las imediatamente, e então, de repente, as restrições foram ignoradas, e todos os alemães, mesmo os que tinham votado contra Hitler, se uniram no orgulho do renascer da nação como uma grande potência. Mais tarde, quando Hitler colecionava mais derrotas do que triunfos, deixou de ser tão popular, porém já tinha o aparelho para lidar com resistentes: eles eram eliminados pela Gestapo, polícia secreta do Estado, ou desapareciam nos campos de concentração.

Nos novos estados da Tchecoslováquia e da Polônia, criados pelo Tratado de Versalhes, havia comunidades alemãs que Hitler reivindicava para a Alemanha. A França e a Inglaterra receberam apelos para que protegessem a Tchecoslováquia, mas, quando Hitler ameaçou ir à guerra para incorporar os alemães da Tchecoslováquia ao Reich, a França e a Inglaterra cederam e disseram à Tchecoslováquia que desistisse, no que se tornou famoso como o Acordo de Munique, de 1938. Supostamente assegurando a paz, o primeiro-ministro britânico, Neville Chamberlain, foi recebido de volta como herói. Hitler havia declarado que não tinha mais reivindicações territoriais na Europa, mas Chamberlain incrementou e agilizou os preparativos britânicos de defesa do país.

Quando Hitler invadiu a Polônia, em setembro de 1939, a Inglaterra e a França finalmente declararam guerra à Alemanha. Para garantir que não precisaria enfrentar uma guerra em duas frentes, Hitler assinou um pacto de não agressão com a União Soviética comunista, país que ele abominava por ser o lar do "veneno bolchevique judaico". Dessa vez, os planos alemães para conquistar a França funcionaram: ela foi derrotada em cinco semanas, numa *Blitzkrieg*, ou "guerra-relâmpago", em que tropas protegidas por tanques no solo e aviões no céu atropelavam o inimigo.

Agora a Inglaterra enfrentava Hitler sozinha. A Alemanha fez planos de invasão, mas primeiro teria de controlar os céus. Houve, então, a chamada Batalha da Grã-Bretanha, vencida pelos pilotos britânicos. Sobre eles, Churchill, então primeiro-ministro britânico, disse: "Nunca, no campo dos conflitos humanos, tantos deveram tanto a tão poucos." Hitler ficou surpreso com a recusa da Inglaterra a aceitar o acordo que ele oferecera: a Inglaterra poderia manter o controle de seu império mundial se deixasse a Alemanha livre para obter o controle da Europa. Atribuiu a recusa à influência da "plutocracia judaica".

Sem conseguir derrotar a Inglaterra, Hitler voltou-se para o leste e atacou a União Soviética, rompendo o pacto de não agressão, o que significava que teria uma guerra em duas frentes. Foi um erro, com base em cálculos militares equivocados, mas Hitler não deixaria que o "bolchevismo judaico" prosperasse, ainda mais num território do qual necessitava para dar à Alemanha seu espaço vital. A perspectiva de que Hitler derrotasse o comunismo russo fez com que algumas pessoas no alto escalão do governo britânico vissem com bons olhos a proposta de acordo alemã. Churchill certamente não foi uma delas.

Hitler não achava que haveria uma guerra em duas frentes porque tinha certeza de que derrotaria a Rússia em cinco meses. Esse foi seu grande erro de cálculo. A *Blitzkrieg* não funcionou tão bem nas vastas distâncias da Rússia, contra um inimigo que tinha uma enorme reserva de tropas. Stálin, o ditador russo, mediante controle e terror implacáveis, tinha industrializado o país atrasado do qual os comunistas tinham se apoderado. Com isso, suas forças armadas podiam contar com tanques, aviões e artilharia equiparáveis aos dos alemães.

Os alemães fizeram grandes avanços em sua incursão, mas os exércitos russos tinham recuado e, em fevereiro de 1943, cercaram e aprisionaram todo um exército alemão em Stalingrado – Hitler não havia permitido que os alemães recuassem ou se rendessem quando a batalha se mostrou claramente perdida. A partir desse momento, os russos passaram à ofensiva. Mesmo assim, demoraram mais de dois anos para chegar a Berlim.

Para Hitler, o conflito no leste era muito mais que uma guerra; ele fez desse evento uma cruzada de assassinato em massa e escravização, para que as terras ocupadas por eslavos e judeus fossem liberadas para o estabelecimento da raça superior. No início, os judeus eram reunidos e fuzilados, mas, como esse era um trabalho lento e repulsivo, os nazistas construíram uma máquina de matar em escala industrial, na qual os judeus eram mortos em câmaras de gás, e seus corpos, queimados em fornos crematórios. Quando o sistema entrou em funcionamento, judeus de todos os países ocupados pelos nazistas eram enviados para ser destruídos nesse aparato.

O arrebanhamento e transporte dos judeus continuou mesmo quando a luta contra Hitler ganhava terreno e seus recursos ficaram seriamente comprometidos. Para Hitler, a eliminação de judeus tinha se tornado prioridade absoluta, necessária para garantir o futuro da Alemanha e uma punição adequada a uma raça que, para ele, era responsável por aquela guerra, assim como pela anterior. No total, cerca de 6 milhões de judeus morreram nesse extermínio, que foi chamado de Holocausto. Embora os nazistas achassem que essa destruição era para o bem, eles não divulgaram o que estavam fazendo. Mas muitos milhares de alemães dentro e fora do Partido Nazista sabiam o que acontecia, pois estavam diretamente envolvidos.

A crença de Hitler na existência de uma conspiração mundial de judeus ajuda a compreender outro de seus "erros" militares. Os Estados Unidos só entraram na guerra quando o Japão, um dos aliados da Alemanha junto com a Itália fascista, lançou um ataque à base naval americana em Pearl Harbor, no Havaí, em dezembro de 1941. O presidente Roosevelt, é claro, declarou guerra ao Japão, porém, consciente de que em seu país o sentimento contra o envolvimento no conflito europeu ainda era forte, não declarou guerra à Alemanha. Mas Hitler imediatamente declarou guerra aos Estados Unidos e transformou a maior potência mundial em sua inimiga. Ao fazer isso, acusou o presidente Roosevelt de ser apoiado por "toda a insídia satânica" dos judeus. Para derrotar os judeus, então, Hitler teria de combater os Estados Unidos.

Já havia muito tempo que o presidente Roosevelt considerava a Alemanha de Hitler uma ameaça aos Estados Unidos, embora a maioria de seus compatriotas não pensasse assim. Agora

Fornos crematórios no campo de concentração de Dachau.

que os Estados Unidos estavam em guerra, Roosevelt e Churchill concordaram que deveriam derrotar Hitler primeiro, enquanto mantinham uma guerra de contenção contra o Japão. Assim, a maioria das forças que desembarcaram na França ocupada pelos alemães em 1944 pertencia aos Estados Unidos, comandadas por um general americano (Dwight Eisenhower).

Hitler agora tinha uma guerra em duas frentes. Embora estivesse claramente perdida, suas tropas lutaram determinadas até o fim. As tropas americanas vindas do oeste e as tropas russas vindas do leste encontraram-se na Alemanha em abril de 1945. Foram os russos que abriram caminho lutando até o centro de Berlim, onde Hitler e seu círculo mais íntimo estavam abrigados num bunker. Hitler não se comoveu com a devastação que sua guerra causou à Alemanha. Na visão do ditador, a culpa era do povo alemão, que tinha falhado com ele e não merecia sobreviver. Para não ser capturado, ele cometeu suicídio.

Os nazistas da Alemanha se encaixavam num padrão europeu – porém, ao mesmo tempo, eram únicos. No período entre as guerras, a democracia tinha fracassado em quase todos os países da Europa e fora substituída por regimes fascistas e autoritários. O governo representativo tinha raízes superficiais; a democracia, então, nem se fala: ainda teria de abrir caminho em algumas nações totalmente novas criadas pelo Tratado de Versalhes. Mas os nazistas eram uma força mais explosiva e destrutiva porque controlavam a maior potência da Europa, que tinha todos os motivos para ser vingativa, e porque estavam sob o controle de Hitler, um gênio do mal sem paralelo. É possível entender como um homem assim tenha chegado ao poder, mas é impossível compreender como conseguiu levar adiante sua determinação de eliminar os judeus, motivo pelo qual o Holocausto continua a nos desafiar e horrorizar.

Hitler não fracassou apenas na tentativa de destruir o comunismo russo; ele atraiu o Exército Vermelho para a Europa Central. Os russos instalaram o comunismo nos países que libertaram dos nazistas: Polônia, Tchecoslováquia, Hungria e os estados balcânicos, com exceção da Grécia. A Alemanha ficou dividida entre o leste comunista e uma democracia capitalista no oeste. Em 1946, Churchill cunhou o termo "cortina de ferro" para falar da nova divisão da Europa.

Em 1951, outra barreira começou a ruir: a Alemanha e a França, velhos inimigos, concordaram em compartilhar seus recursos de carvão e ferro e evitar competir na fabricação de aço. Desse primeiro passo originou-se o Mercado Comum Europeu (1957), agrupamento de seis países europeus, com a França e a Alemanha no centro. Por meio desses arranjos econômicos a Alemanha voltou a ser aceita na comunidade das nações e estabeleceu relações pacíficas com elas. A cooperação econômica aumentou com a União Europeia (1993), organização política que parecia a caminho de se tornar uma federação europeia.

No fim da década de 1980, quando a União Soviética começou a realizar reformas internas e a deixar de apoiar os governos comunistas no Leste Europeu, esses regimes não demoraram a entrar em colapso. Os países ex-comunistas pediram para ingressar na União Europeia e foram aceitos. O colapso dos regimes comunistas libertou milhões de pessoas da tirania e, finalmente, a Europa da perniciosa doutrina que pregava que sua civilização não passava de um sistema de opressão e que uma ditadura impiedosa criaria um Estado de trabalhadores onde prevaleceria uma perfeita igualdade.

Ainda se discute até onde deve ir a autoridade da União Europeia. A união em si é um meio de controlar um nacionalismo que fomenta a guerra, mas um Estado pode funcionar sem um sentimento comum que o sustente? Será que vai se desenvolver um espírito europeu capaz de sustentar uma federação europeia total?

Em 2004, os Estados membros formularam uma constituição formal, um documento único para substituir os tratados sob os quais a União tinha operado e cujo objetivo era dar ao grupo maior coesão. Todos os membros teriam de aceitá-la para que entrasse em vigor. O processo chegou a um impasse quando os franceses e holandeses rejeitaram a constituição em referendos. Teria de ser criado outro tratado para realizar parte do que fora previsto na constituição. Além disso, talvez a União tenha se excedido ao criar uma moeda comum – o euro – sem um governo central responsável por ela.

A constituição da União Europeia, ainda não adotada, tem, como é comum, um preâmbulo. Numa civilização com origens tão diversas e mescladas, é natural haver discussões sobre o que ela deveria conter. O papa queria que o cristianismo fosse reconhecido e mencionado; os alemães aceitariam isso, mas a França, berço e apoiadora do Iluminismo, fez forte oposição. Assim, o que se reconhece e menciona não é o cristianismo, e sim o legado religioso europeu de modo mais geral, que se junta ao humanismo da Renascença e, genericamente, à sua cultura. O Iluminismo é a influência dominante numa Europa comprometida com "os valores universais que são os direitos invioláveis e inalienáveis da pessoa humana", por isso ela deve seguir um caminho de "progresso e prosperidade". E o nacionalismo será transcendido, pois, "mesmo permanecendo orgulhosos de suas identidades nacionais e suas histórias, os povos da Europa estão determinados a transcender suas divisões anteriores e, ainda mais estreitamente unidos, forjar um destino comum".

POSFÁCIO

O destino da Europa está no Leste

John Hirst conclui *A mais breve história da Europa* num tom otimista. Em 2004, a União Europeia (UE) havia acabado de incluir diversos países do Leste Europeu que anteriormente faziam parte da Cortina de Ferro, assinalando uma "vitória" da união da Europa após um terrível século XX marcado pela divisão. Essa nova Europa, unificada, estava comprometida com os "valores universais dos direitos invioláveis e inalienáveis da pessoa humana", afirmava a UE, e, embora permanecessem "orgulhosos de sua identidade nacional", os europeus transcenderiam o nacionalismo e se transformariam numa União cada vez mais estreita rumo ao "progresso e [à] prosperidade".

Hirst nos lembra, porém, que os chavões da UE sobre "união" resultaram do impasse entre os Estados-membros quanto a reconhecer ou não o cristianismo como um dos valores europeus centrais no preâmbulo da Constituição da UE em 2004 (não adotada). O impasse em relação a essa questão específica tropeçava em divisões mais profundas da história europeia, relacionadas a identidade e soberania nacional, e que ao longo de duas décadas moldariam as crises existenciais da UE – aliás do continente inteiro, especialmente entre as partes "oriental" e "ocidental". Identidade e soberania nacional foram os temas que forjaram a crise da Zona do Euro de 2009-2010, a resultante crise dos refugiados de 2015, a do Brexit, em 2016, e a reação da UE à guerra da Rússia contra a Ucrânia desde 2014. Assim, *A mais breve história* de Hirst é relevante e reveladora também para compreender o principal acontecimento da história europeia após a publicação do livro.

Hirst também tinha razão ao se mostrar cauteloso em relação à adoção de uma moeda comum, o euro, sem um governo central que por ela se responsabilizasse, deixando isso a cargo do Banco Central Europeu (BCE). A crise da Zona do Euro ameaçou as economias do bloco e aumentou as tensões entre Estados-membros, particularmente com o BCE e com Bruxelas, sede de importantes instituições da UE. As amplas medidas de austeridade impostas por Bruxelas às economias nacionais para lidar com a crise apertaram o já espremido bolso do cidadão comum e trouxeram para o centro do debate o poder de "tecnocratas distantes" (não representativos) de tomar decisões (muitas delas destrutivas) sobre a vida cotidiana das populações. A forma como a UE lidou com a crise dos refugiados a partir de 2015, permitindo a milhões de pessoas ingressar nos países do bloco, exacerbou em muitos essa sensação de impotência. Estruturas de bem-estar social já frágeis foram ainda mais sobrecarregadas pelas pressões populacionais crescentes e a composição das sociedades passou a mudar mais depressa.

Como era de se esperar, as reações populares a essas crises de redução no padrão de vida e de grandes mudanças demográficas e sociais ameaçaram a unidade da UE. O Reino Unido se retirou do bloco por plebiscito, em 2016. Foi o primeiro Estado-membro a deixar a União. Embora ainda não haja unanimidade quanto aos motivos para a maioria dos britânicos ter apoiado o Brexit, pobreza, migração e soberania foram sem dúvida fatores cruciais. A segunda maior fonte de desunião veio de dentro da própria UE, da assim chamada "nova Europa", no "leste", incorporada em 2004. Revoltas da direita populista na Polônia e na Hungria ganharam um fôlego imenso nos últimos anos, alimentadas por queixas de húngaros e poloneses contra a UE.

O perigo que essas revoltas representam à coesão da UE talvez vá muito além do Brexit. Pelo menos aos olhos de muitos em Bruxelas, tais eventos ameaçam os valores básicos comuns a toda a sociedade europeia: liberalismo, democracia, direitos individuais e pluralidade política. Tanto o Lei e Justiça quanto o Fidesz – os partidos no poder na Polônia e na Hungria, respectivamente – são governos eleitos democraticamente porém vistos por muitos como responsáveis pelo desmonte da democracia liberal em seus países, em especial pela erosão da independência do Judiciário na Polônia e pelos ataques a opositores políticos na Hungria. Viktor Orbán, primeiro-ministro e líder do Fidesz, afirmou especificamente estar comprometido com a criação de uma "democracia cristã não liberal".

Assim como no caso do Lei e Justiça e sua visão de uma sociedade polonesa católica tradicional, o que fica mais claro nesse plano do Fidesz é o que ele exclui, não o que inclui. Nenhum dos dois regimes quer a migração em massa de não cristãos para seu país, em especial de muçulmanos, e tampouco apoia os direitos das minorias sexuais, ambas iniciativas importantes da UE. Polônia e Hungria estão numa queda de braço para tomar o poder de volta de Bruxelas (usando bilhões de euros em financiamentos da UE) de modo a oferecer suporte a programas nacionais e religiosos contrários ao poder supranacional e secular da Europa. O impasse de 2004 sobre o reconhecimento do cristianismo como uma das raízes da civilização europeia no preâmbulo da Constituição reflete esses problemas mais profundos. É provável que eles perdurem.

Hirst deu pouco espaço em sua obra à Polônia, à Hungria e ao Leste Europeu porque, segundo ele, estava escrevendo *A mais breve história da Europa*, e as Partilhas da Polônia não eram tão importantes quanto o Renascimento. De fato não são, mas, rebatendo a provocação, o desafio da Polônia/Hungria para a UE tem sido elemento fundamental na história europeia mais recente. A divisão da Ucrânia em 2014, com a anexação da Crimeia pela Rússia, aliada a uma potencial nova divisão como consequência da guerra em curso, parece ser o problema mais urgente para o futuro imediato da Europa. Para trazer *A mais breve história* de Hirst até os dias de hoje, precisamos levar o "leste" em consideração com mais seriedade. Na verdade, devemos refletir sobre o que essas categorias de Europa "oriental" e "ocidental" significam atualmente.

A "Europa Ocidental" de Hirst *era* a Europa. Ele argumenta que ela foi criada ao longo de séculos de conflito entre pequenas potências cujas origens remontavam à fusão dos mundos grego, romano e germânico. Os reis reinavam, mas nunca de forma absoluta. A fim de se manter no poder, dependiam dos nobres para recolher os impostos e fornecer soldados que defendessem seus reinos contra outros reis, a quem os nobres podiam transferir sua lealdade. Foi desse conflito incessante entre monarcas e de sua relação com a nobreza que brotou a nascente competitiva e cooperativa das estruturas políticas auxiliadas pela Reforma e pelo Iluminismo, que viriam a formar – e posteriormente passariam a caracterizar – boa parte daquilo que muitos compreendem por Europa "moderna". Essa Europa era composta por nações-estado governadas por democracias representativas e estruturadas pelo estado de direito e por direitos individuais protegidos pela lei.

A "Europa Oriental" de Hirst era mais parecida com a Ásia do que com a Europa Ocidental. Formada pelos impérios Bizantino, Russo e Otomano, a região fora governada em grande medida por monarcas absolutistas que, na ausência de guerras internas e contando com menos lealdade da nobreza, tinham menos incentivo para modernizar seus reinos e dividir o poder internamente. O "leste" se formou a partir de uma outra nascente, que produziu a sociedade da Europa Oriental. Ela se beneficiou menos dos grandes movimentos intelectuais do Ocidente e do desenvolvimento social, econômico e político "moderno" por eles gerado, ganhando assim sua reputação de "atrasada".

Não devemos descartar essa dicotomia percebida entre Europa Ocidental "moderna" e Europa Oriental "atrasada" apenas por ela ser historicamente questionável. A Europa Oriental "atrasada" (ou seja, rural) abrigou algumas das maiores regiões industriais do século XIX.[1] Muitos estudiosos hoje entendem essa dicotomia não como uma evolução histórica orgânica, mas como uma criação de pensadores iluministas, que imaginaram sua Europa Ocidental como "moderna" baseando-se na antítese a uma Europa Oriental imaginada como "atrasada".[2] Essa dicotomia permanece importante, apesar de suas incorreções, porque continua a permear o pensamento europeu sobre o que o continente é, em especial sobre onde ele termina.

Dirigentes da UE em Bruxelas que vivem falando em "mais Europa", ou seja, uma UE maior, com mais membros, formando um bloco supranacional mais unido, em geral não estão de acordo com os políticos das capitais dos países da Europa Ocidental, que têm uma visão diferente. Afora todos os debates formais e processos burocráticos que seriam necessários à integração de

---

1 Norman Davies, *Europe: East and West* (Londres: Jonathan Cape, 2006), 16.
2 Larry Wolff, "Voltaire's Public and the Idea of Eastern Europe: Toward a Literary Sociology of Continental Division", *Slavic Review* 54, n. 4, 1995.

países do Leste Europeu como a Ucrânia ou os Bálcãs Ocidentais, eles são vistos como externos à Europa, ou, devido à sua história, não "suficientemente" europeus, ou pelo menos ainda não, para se tornarem membros plenos da UE.

Os critérios listados por Hirst como características fundamentais dos Estados ocidentais modernos – Estado de Direito, direitos individuais – não são vistos como orgânicos à Europa Oriental, mas são a baliza segundo a qual os países do Leste são medidos para avaliar sua "europeidade" e sua candidatura para integrar o bloco. Para os euro-otimistas, a bem-sucedida expansão realizada de 2004 em diante demonstra o potencial de superar essas divisões Leste/Oeste.[3] Para os céticos, o desafio Polônia/Hungria, que muitas vezes rejeitam esses critérios, inviabiliza esse otimismo. A experiência ucraniana entre a primeira invasão russa, em 2014, e a seguinte, em 2022, quando o entusiasmo inicial da UE com a integração da Ucrânia tropeçou rapidamente na realidade das políticas de ingresso, confirma para os céticos que a barra vai subindo à medida que esses países avançam. Desde sua candidatura oficial, a Macedônia do Norte esperou 17 anos (de 2005 a 2022) para avançar para negociações reais. Os motivos para a longa espera são muitos, a começar pelo veto dos vizinhos, e refletem complexidades mais profundas na política dos Bálcãs. Mas a Macedônia segue tendo poucas chances de vir a se tornar membro pleno no futuro próximo, se é que algum dia conseguirá. Não há uma pressão decidida e unificada entre os países pesos-pesados da UE para apoiar seu ingresso ou o de outros casos "complexos", o que limita o futuro europeu da Europa Oriental a percepções ocidentais de "atraso" histórico.

---

3 Brigid Laffan, "The Next European Century? Europe in Global Politics in the Twenty-First Century", *Journal of Contemporary European Research* 14, n. 4, 2018.

Tema de debates incessantes entre estudiosos da Europa e comentaristas da UE há muito tempo, essas questões sobre onde começa e onde termina a Europa, que tamanho a UE deveria ter e quem é europeu, ou pelo menos um "bom" europeu, têm hoje consequências mortais por conta da guerra da Rússia contra a Ucrânia, em especial após a Rússia invadir o país, em fevereiro de 2022. Essa invasão representa a maior ameaça à unidade da UE desde suas crises existenciais dos anos 2010, forçando-nos a uma reavaliação profunda, tanto dessas questões quanto do axioma da UE de ter superado os conflitos entre nações-Estado na Europa por meio de suas políticas de integração e cooperação, inclusive em relação à Rússia.

A UE não demorou a reavaliar seu axioma quando cerca de 150 mil soldados russos invadiram a Ucrânia. Putin lembrou a justificativa sem embasamento de Hitler para invadir a então Tchecoslováquia em 1938, alegando a proteção dos alemães dos Sudetos, ao atribuir a invasão, entre outras coisas, à necessidade de pôr fim ao "genocídio" da população de língua russa na região do Donbas. Enquanto milhares de civis ucranianos perdem a vida diante dos armamentos russos, muitos consideram que a Ucrânia está defendendo não apenas a si mesma, mas a democracia e os valores da Europa, da barbárie da Rússia de Vladimir Putin.

Esse momento é bem diferente da invasão inicial do Donbas pela Rússia "por procuração" em 2014, que lhe permitiu negar a guerra contra a Ucrânia e proporcionou aos líderes europeus um pretexto para evitar um confronto direto com os russos. Em 2022, quase da noite para o dia, a UE começou a se referir à Ucrânia, agora liderada pelo governo pró-europeu do presidente popularmente eleito Volodymyr Zelensky, não como o "Leste", mas como a nova fronteira da Europa contra o novo "Leste" da barbárie de Putin. O primeiro-ministro tcheco, Petr Fiala, enfatizou: "Os ucranianos estavam lutando por nós também."[4] O chanceler alemão, Olaf Scholz, extrapolou o "nós" de modo a incluir toda a UE ao argumentar que o caso da Ucrânia refletia o princípio basilar da UE: o de que uma ordem baseada em regras deve prevalecer sobre a "lei do mais forte", responsável pelas catástrofes da história europeia.

> A questão central nessa discussão é se o poder pode prevalecer sobre a lei. Se vamos deixar Putin voltar no tempo até o século XIX e a era das grandes potências ou se temos disposição para conter belicistas como Putin.[5]

Foi exatamente o que a Alemanha fez quando, após décadas de restrições ao fornecimento de ajuda militar a terceiros, somou-se à UE e aos Estados Unidos para fornecer bilhões em armamentos à Ucrânia, de modo que o país pudesse se defender. Em junho de 2022, todos os líderes dos países-membros da UE pareciam compartilhar esse comprometimento com a "lei" e sustentaram a recomendação unânime da Comissão Europeia de apoiar a candidatura da Ucrânia a ingressar no bloco. Talvez agora a UE tenha conseguido, de modo inequívoco,

> romper o antigo padrão [desde 2014] no qual fazia o suficiente para fortalecer a motivação dos ucranianos de lutar pela democracia e pela independência nacional, ao mesmo tempo que negava apoio suficiente para lhes permitir desafiar a Rússia.[6]

---

4 Stefan Auer, *European Disunion: Democracy, Sovereignity and the Politics of Emergency* (C. Hurst & Co. Publishers, 2002), 193.
5 *Ibid.*, 189-90.
6 *Ibid*, 190.

O nível inédito de apoio ao país – militar e financeiro, mas não só – talvez culmine num largamente debatido "Plano Marshall para a Ucrânia" promovido por UE e Estados Unidos, destinado a reconstruir o país da mesma forma que o Plano Marshall original reconstruiu a Europa depois da Segunda Guerra e a ajudou a alcançar a prosperidade do pós-guerra. Se esse apoio continuado romper o antigo padrão de 2014, UE e Ucrânia poderão sair da guerra como entidades mais fortes e mais unidas, da mesma forma que, segundo argumentam os otimistas, a UE saiu das crises dos anos 2010.[7] Será que a Ucrânia passará de fronteira figurativa a uma nova fronteira real contra o "Leste" da Rússia de Putin na condição de membro da UE, como agora desejam a maioria dos ucranianos e muitos europeus? Na própria Ucrânia, será que os indiscriminados bombardeios russos, sobretudo na parte oriental do país (onde a consequência tem sido um enfraquecimento dos laços culturais tradicionais com a Rússia), não acabará por empurrar mais ucranianos em direção à Europa?

Caso alguma justiça prevaleça para a Ucrânia, pode ser que tudo isso já esteja acontecendo – é o que desejamos – enquanto este texto é escrito. Para concluir este posfácio num tom tão otimista quanto o de Hirst em sua Mais Breve História, devemos matizá-lo também. Está cada vez mais claro que o apoio da UE à Ucrânia pode ameaçar a própria unidade que hoje se mostra tão solidária. As enormes sanções econômicas da UE contra a Rússia estão prejudicando também as economias do bloco. O embargo quase total sobre as importações de petróleo e gás russos, que abastecem grande parte da economia da UE, foi declarado antes de serem encontradas fontes alternativas, levando a uma disparada nos preços e a um aumento da inflação. A Hungria já optou

---

[7] E. Jones, R. D. Kelemen e S. Meunier, "Failing Forward? Crises and Patterns of European Integration", *Journal of European Public Policy* 28, n. 10, 2021.

por se retirar desse embargo coletivo e honrar seu compromisso de comprar combustíveis fósseis da Rússia. Isso sem falar nos bilhões de euros necessários para sustentar mais de 5 milhões de refugiados ucranianos que se deslocaram para os países da UE fugindo da guerra.

Sendo assim, o apoio à Ucrânia pode tropeçar nas mesmas brechas das crises da Zona do Euro e dos migrantes dos anos 2010. Esse tropeço se torna provável à medida que o conflito se prolonga e deixa de ser um confronto existencial ucraniano para se tornar uma guerra de desgaste, em que a Ucrânia estaria não se defendendo de uma invasão militar, mas lançando contraofensivas para libertar territórios orientais contestados desde a primeira invasão russa, em 2014. Se a probabilidade de os Estados Unidos e a Otan fornecerem tropas para ajudar a defender a Ucrânia era pequena, tornou-se ainda menor. Estaria, portanto, surgindo um novo padrão na conduta da UE em relação à Ucrânia e à Rússia, no qual seu apoio ajuda a Ucrânia a desafiar mas não a derrotar a Rússia? A resultante perpetuação do conflito não enfraqueceria ainda mais a capacidade da Ucrânia e da UE de resistir?

Esses antigos e novos padrões – de 2014 e de 2022 – podem acabar se revelando extremamente parecidos. Assim como em 2022, também em 2014 houve de início um grande otimismo em relação ao futuro da Ucrânia na Europa, quando os protestos da Euromaidan, também chamada de Primavera Ucraniana, derrubaram o governo pró-russo de Yanukovych. Apesar de a revolução ter levado anos para eclodir, seu estopim foi a decisão do governo de aceitar um acordo de cooperação com a Rússia, e não com a UE. A Rússia reagiu à revolução atacando a Ucrânia por procuração no Donbas e anexando a Crimeia. Isso gerou uma onda de patriotismo ucraniano que aumentou o otimismo em relação a trocar a sombra russo-soviética pela "luz" da Europa

– um otimismo que pareceu recíproco por parte de muita gente em Bruxelas, a julgar pelos pronunciamentos positivos de apoio à candidatura da Ucrânia.

Foi um momento curioso, não porque o ímpeto de integração à Europa fosse novidade na Ucrânia nem porque a UE jamais tivesse feito nenhum pronunciamento positivo sobre isso. A esse respeito, o divisor de águas foi a Revolução Laranja da Ucrânia, em 2005. O momento foi curioso porque ocorreu, a mim como a muitos outros nas ruas de Kiev, que o ceticismo que tanto pesava sobre as atitudes ucranianas em relação à política desapareceu juntamente com o ceticismo de Bruxelas em relação à adequação da Ucrânia como membro da UE.[8] Em plena crise da Zona do Euro, quando a coesão da UE estava ameaçada e o apoio à saída do bloco crescia entre as populações nacionais, muitos em Bruxelas se sentiram inspirados pelos ucranianos hasteando bandeiras da UE, lutando, e em alguns casos morrendo nas ruas de Kiev sob o fogo do regime de Yanukovych – tudo para poderem entrar na Europa.

Mas o ceticismo logo retornou, e o otimismo tanto na Ucrânia quanto na UE começou a cambalear à medida que a guerra foi pressionando a economia ucraniana e a sociedade em geral. Além disso, depois de 2014 a Europa perdeu o interesse em apoiar a Ucrânia para libertar a Crimeia e sua região do Donbas. A UE foi pouco a pouco aliviando as sanções contra a Rússia e tudo basicamente voltou à normalidade. A conclusão do acordo sobre o gasoduto Nord Stream 2, selado entre

---

8 Para reflexões diversas, tanto ucranianas quanto europeias, sobre o significado histórico da Euromaidan para a relação da Ucrânia com a UE e, de modo mais amplo, com a Europa, ver Mykhailo Minakov, "The Significance of Euromaidan for Ukraine and Europe", *Focus Ukraine*, Kennan Institute. Disponível em: <wilsoncenter.org/blog-post/the-significance-euromaidan-for-ukraine-and-europe>, acesso em 21 de setembro de 2022.

a primeira-ministra alemã Angela Merkel e Putin, aumentou imensamente a dependência alemã da Rússia para o fornecimento de gás. O desvio dos gasodutos russos para a Europa, contornando a Ucrânia, eliminou a capacidade estratégica do país de interromper o fornecimento de gás em reação a uma agressão russa caso seguisse combatendo a Rússia no Donbas.[9] Às vésperas da invasão militar russa, em fevereiro de 2022, a relação econômica e estratégica da UE com a Rússia tinha se revelado mais importante do que seu apoio à Ucrânia. É possível que esse apaziguamento tenha dado coragem a Putin para atacar a Ucrânia, e ele muito provavelmente prevê que a Europa reassumirá essa postura.

O principal desafio europeu hoje é distorcer o cálculo de Putin. O bloco precisa achar uma forma de equilibrar o apoio à luta da Ucrânia contra a Rússia e, ao mesmo tempo, em algum momento, promover um acordo entre as partes. Assim começará a restaurar o arcabouço de cooperação e integração destinado à manutenção da paz que vem praticando há décadas. A Europa agora precisa lutar pela paz. Trata-se de um desafio extremamente difícil.

A Mais Breve História da Europa expõe muitos motivos para crer que a Europa poderá superar esse desafio, sobretudo considerando a percepção histórica do autor de um "milagre europeu": de como o continente veio a dominar o mundo mesmo sofrendo grandes desastres, às vezes graças a eles. Os euro-otimistas fazem coro com Hirst ao afirmar que a UE, e a Europa de modo mais amplo, "avança pelo fracasso".[10] A UE saiu intacta das crises existenciais dos anos 2010 e ficou "mais forte ainda". Assim como o

---

9 O atual governo alemão suspendeu o projeto como parte do seu pacote de sanções contra a Rússia em reação à invasão de Putin à Ucrânia.
10 Jones, Kelemen e Meunier, "Failing Forward?".

debate sobre a Constituição em 2004, os problemas mais profundos da história europeia estão se desenrolando diante dos nossos olhos e gerando novos nós para o futuro do continente. Vamos torcer para que os europeus saibam desatá-los.

Filip Slaveski[11]
Canberra, Austrália, julho de 2022

---

11 Filip Slaveski é professor de história moderna da Europa na Universidade Nacional da Austrália e autor de *Remaking Ukraine after WWII* (A reconstrução da Ucrânia após a Segunda Guerra Mundial) e de *The Soviet Occupation of Germany* (A ocupação soviética da Alemanha).

Lista de mapas

p. 13.   Cidades e colônias da Grécia Antiga, c. 550 a.C.
p. 13.   O Império Romano, c. 100 d.C.
p. 75.   Invasores germânicos e o Império Romano, c. 500 d.C.
p. 80/135. O reino dos francos, c. 850 d.C.
p. 82.   O avanço muçulmano, c. 750 d.C.
p. 86.   Os vikings na Europa, c. 800-900 d.C.
p. 144. Europa Ocidental e Central em 1648.
p. 144. Estados da Itália durante a Renascença, c. 1494.
p. 156. As línguas da Europa.
p. 160. A fronteira entre línguas germânicas e românicas.
p. 224. Estados da Europa após a unificação da Alemanha.

Lista de imagens

p. 25.   Estátua de Constantino no Museu Capitolino, Roma.
p. 32.   Carlos Magno fazendo de Rolando um cavaleiro, de um manuscrito de poemas épicos franceses.
p. 33.   *Scriptorium* com monge trabalhando, de Lacroix.
p. 39.   *Hermes*, de Praxíteles.
p. 39.   *Deus confronta Adão e Eva*, portas de bronze na catedral de Hildesheim, Alemanha.

p. 39.	*Davi*, de Michelangelo.
p. 41.	*Martinho Lutero*, de Lucas Cranach, 1532.
p. 85.	Embarcação (Oseberg), no Museu de Barcos Vikings, Oslo.
p. 90.	Hagia Sophia, Istambul.
p. 103.	*Os litores levam para Brutus os corpos de seus filhos*, de Jacques-Louis David, 1789.
p. 103.	*O juramento dos Horácios*, de Jacques-Louis David, 1784.
p. 105.	Busto de Augusto, no Museu Nacional de Roma.
p. 110.	Juramento de lealdade, do manuscrito *Sachsenspiegel*, 1220-1235.
p. 127.	*O juramento na quadra de tênis*, de Jacques-Louis David, 1791.
p. 131.	Retrato de Mirabeau, artista anônimo, início da década de 1790.
p. 143.	Estátua de são Pedro, Basílica de São Pedro, Roma.
p. 148.	Arco de Constantino, Roma.
p. 149.	Arco do Triunfo, Paris.
p. 173.	Arado bifurcado, cortesia do Centro de Vida Rural, Tilford, Inglaterra.
p. 173.	Arado de rodas, ilustração de John Thompson.
p. 174.	Cenas de colheita de *Speculum Virginum*, c. 1200.
p. 177.	Relevo romano com camponeses pagando imposto, c. 200 d.C.
p. 200.	Casas junto ao rio Irwell, de *Manchester*, por Alan Kidd, Keele, Staffordshire: Ryburn, 1993.
p. 203.	Desfile e petição de 1842, de *Images of Chartism*, por Stephen Roberts e Dorothy Thompson. Woodbridge: Merlin, 1998.
p. 208.	*Liberdade liderando o povo*, de Eugène Delacroix, 1830, no Museu do Louvre, Paris.
p. 213.	Otto Fürst von Bismarck, de Braun & Cia.
p. 220.	Lênin discursa para uma multidão na Praça Vermelha, fotógrafo desconhecido, c. 1917.
p. 230.	Preparando obuses numa fábrica de munições, c. 1916, no Museu Nacional do Exército, Londres.
p. 231.	*O ato de coroamento da pirataria assassina da Alemanha*, de Norman Wilkinson, 1915.
p. 235.	Tropas dos *Freikorps* exibem orgulhosamente um prisioneiro pouco antes de sua execução, de *Germany, 1918-1933: Revolution,*

Counter-revolution and the Rise of Hitler, de Simon Taylor. Londres: Duckworth, 1983.

p. 238. Queimando dinheiro para calefação, fotógrafo desconhecido.
p. 241. Hitler discursando, fotógrafo desconhecido.
p. 251. Fornos crematórios em Dachau, cortesia de Terrazzo.

CONHEÇA ALGUNS DESTAQUES DE NOSSO CATÁLOGO

- Augusto Cury: Você é insubstituível (2,8 milhões de livros vendidos), Nunca desista de seus sonhos (2,7 milhões de livros vendidos) e O médico da emoção
- Dale Carnegie: Como fazer amigos e influenciar pessoas (16 milhões de livros vendidos) e Como evitar preocupações e começar a viver
- Brené Brown: A coragem de ser imperfeito – Como aceitar a própria vulnerabilidade e vencer a vergonha (600 mil livros vendidos)
- T. Harv Eker: Os segredos da mente milionária (2 milhões de livros vendidos)
- Gustavo Cerbasi: Casais inteligentes enriquecem juntos (1,2 milhão de livros vendidos) e Como organizar sua vida financeira
- Greg McKeown: Essencialismo – A disciplinada busca por menos (400 mil livros vendidos) e Sem esforço – Torne mais fácil o que é mais importante
- Haemin Sunim: As coisas que você só vê quando desacelera (450 mil livros vendidos) e Amor pelas coisas imperfeitas
- Ana Claudia Quintana Arantes: A morte é um dia que vale a pena viver (400 mil livros vendidos) e Pra vida toda valer a pena viver
- Ichiro Kishimi e Fumitake Koga: A coragem de não agradar – Como se libertar da opinião dos outros (200 mil livros vendidos)
- Simon Sinek: Comece pelo porquê (200 mil livros vendidos) e O jogo infinito
- Robert B. Cialdini: As armas da persuasão (350 mil livros vendidos)
- Eckhart Tolle: O poder do agora (1,2 milhão de livros vendidos)
- Edith Eva Eger: A bailarina de Auschwitz (600 mil livros vendidos)
- Cristina Núñez Pereira e Rafael R. Valcárcel: Emocionário – Um guia lúdico para lidar com as emoções (800 mil livros vendidos)
- Nizan Guanaes e Arthur Guerra: Você aguenta ser feliz? – Como cuidar da saúde mental e física para ter qualidade de vida
- Suhas Kshirsagar: Mude seus horários, mude sua vida – Como usar o relógio biológico para perder peso, reduzir o estresse e ter mais saúde e energia

sextante.com.br